Robert Goldmann

Flucht in die Welt

Ein Lebensweg nach New York

Aus dem Amerikanischen
von Mona Körte

Mit einem Vorwort
von Wolfgang Benz

Fischer Taschenbuch Verlag

Die Zeit des Nationalsozialismus
Eine Buchreihe
Herausgegeben von Walter H. Pehle

Der Autor dankt der Lucius N. Littauer Stiftung, New York,
für die Unterstützung dieses Buches.

Originalausgabe
Veröffentlicht im Fischer Taschenbuch Verlag GmbH,
Frankfurt am Main, Januar 1996

Gesamtherstellung: Clausen & Bosse, Leck
Printed in Germany
ISBN 3-596-12966-4

Gedruckt auf chlor- und säurefreiem Papier

Meiner Frau,
die mir die Anregung zum Schreiben gab
und mich stets ermunterte.

Inhalt

Vorwort

Die Lebensgeschichte des Robert Goldmann hat märchenhafte Züge: Es ist die Geschichte des introvertierten Jungen vom Lande, den das Schicksal nach New York führt, wo er die Bilderbuchkarriere zum wichtigen Mann macht, der sich aus eigener Kraft aus elendem Anfang hocharbeitet.

Zunächst ist sie aber die Schilderung der Ängste und Demütigungen der Juden im nationalsozialistischen Deutschland, erfahren im hessischen Odenwalddorf Reinheim bei Darmstadt, dann als Gymnasiast in Frankfurt, wohin die Familie nach der Machtübernahme der Nationalsozialisten übersiedelt, weil aus Nachbarn Nazis wurden, die ihre Überzeugung jetzt auch den verehrten Doktor, Roberts Vater, spüren lassen, nicht anders als die hochassimilierten Landjuden, mit denen man so lange gut zusammengelebt hat.

Es ist eine Zeit der Tragödien, keine jüdische Familie in Deutschland bleibt davon verschont. Der 17jährige Robert erlebt die »Reichskristallnacht«, den Novemberpogrom 1938, in Frankfurt am Main. Sozusagen geschäftsmäßig wird die Wohnung von einer Horde brüllender Nazis zertrümmert, während die Familie zitternd in der Küche sitzt, bis der Anführer die Tür öffnet, um mitzuteilen, man sei jetzt fertig mit dem Zerstörungswerk. Den Vater haben sie schon vorher abgeholt und nach Buchenwald verschleppt.

Eindrucksvoll und typisch die Entscheidung der Bildungsbürger, mit der Emigration zu warten, bis Robert das Abitur (am Frankfurter Philanthropin) abgelegt hat, nicht weniger die Wandlungen, die die einzelnen Familienmitglieder erleben. Der vom Patriotismus und der Überzeugung vom deutschen Rechtsstaat durchdrungene Großvater, der jüdische Getreidehändler aus Reinheim, verliert als letzter den Glauben an Deutschland. Er bleibt zurück, als Robert, gefolgt von den Eltern, im Mai 1939 nach London reist. Im Januar 1940 erhalten die Goldmanns das Einreisevisum für die Vereinigten Staaten, wenig später kommen sie in New York an, leben in engen Verhältnissen,

sind glücklich, gerettet zu sein, und arbeiten an der Errichtung einer neuen Existenz.
Der Vater kann nach dreijähriger Pause, vielem Lernen und neuen Examina, wieder eine Arztpraxis eröffnen. Er orientiert sich religiös und geistig nun ganz auf sein wiederentdecktes Judentum. Robert dagegen entfernt sich davon für lange Zeit, fühlt sich als säkularisierter Weltbürger. Er arbeitet in einer Kleiderfabrik, schreibt sich zu Abendkursen an der Columbia Universität ein, wird Journalist und ist aus Überzeugung Amerikaner.
Die Karriere führt ihn noch einmal zurück zu den Wurzeln im Odenwald. Die Genfer Gipfelkonferenz 1955, bei der sich die Sowjetunion, USA, Großbritannien und Frankreich weder über ein Abrüstungskonzept einigen können, noch in der Deutschen Frage Annäherungen oder gar Wege aus dem Kalten Krieg finden, bietet Robert Goldmann den Anlaß zur ersten Europareise seit der Emigration. Er hat den Auftrag, für die »Stimme Amerikas« aus Genf zu berichten, und benutzt die Gelegenheit, die Orte der Jugend, der Diskriminierung und Verfolgung zu besuchen. Er reist nach Frankfurt, Darmstadt und Reinheim.
Lisbeth, die treue Hausangestellte, die wie so viele dienstbare Geister der jüdischen Herrschaft Treue und Liebe bewahrten, hat sich nicht verändert, die Dorfbewohner, die dazulaufen, werden nicht müde zu betonen, wie sehr sie den alten Doktor vermißt haben, er müsse unbedingt wiederkommen, fordern sie. Sie sprechen auch viel von ihren anderen Sorgen und haben kein Bedürfnis, nach den Geschicken der aus Hitler-Deutschland Verjagten zu fragen. Es kommt ihnen nicht in den Sinn, darüber zu reden, was die früheren jüdischen Bürger ihres Ortes erlitten haben, ob und wie sie die Kränkung des Verstoßenwerdens, der physischen und psychischen Mißhandlung überstanden haben.
Für Robert Goldmann ist die Begegnung mit der früheren Heimat ein schmerzhafter und heilsamer Prozeß des Erinnerns und Gewahrwerdens. Der überzeugte Amerikaner findet zum Einklang mit seinen europäischen Traditionen. Als Liberaler und Humanist engagiert er sich für Minderheiten und soziale Probleme, ist unter Kennedy ein Botschafter guten Willens in Lateinamerika, später ist er bei der Ford Foundation in humanitären Projekten tätig, schließlich leitet er – 65jährig – für zwei Jahre (1986–1988) das europäische Büro der Anti-

Defamation-League in Paris. Im Kampf gegen Rassismus, im Engagement für Benachteiligte, im Einsatz für Gerechtigkeit und Projekte der Entwicklungshilfe ist der als Journalist und Philanthrop erfolgreiche Robert Goldmann immer noch tätig; dabei verbindet er die ererbten Tugenden der Alten mit den erlernten der Neuen Welt: Liberalität und Humanität, Tatkraft des Pragmatikers und die Ungeduld des Helfenden, der selbst erfahren hat, daß Halbherzigkeit keine Hilfe ist.
Robert Goldmann lebt und arbeitet nach vielen Dienstreisen und Auslandsaufenthalten wieder in New York. Er hat seine Lebensgeschichte, die für den Druck mit seinem Einverständnis gekürzt werden mußte, in englischer Sprache verfaßt. Der Originaltext enthält jedoch zahlreiche deutsche Ausdrücke, und auch die gelegentlichen Wendungen im hessischen Dialekt finden sich im Original. Die Übersetzerin hat den Gebrauch aller deutschen Worte durch den Autor vermerkt und vorgeschlagen, sie im Druck durch ein Sternchen zu kennzeichnen. Wir haben zugunsten der Lesbarkeit darauf verzichtet, es wären zu viele Sternchen geworden.

Wolfgang Benz

Kindheit in Reinheim im Odenwald

Ich saß am Küchenfenster und sah zu, wie das Blut über das Kopfsteinpflaster des Stuckertschen Hofes floß. Wieder einmal waren sie dabei, ein Schwein zu schlachten. Der Strom tiefroten Blutes und die Todesschreie des Opfers widerten mich an, ohne daß ich mich jedoch von dem Anblick losreißen konnte. Der Nervenkitzel, der von dieser tödlichen Szene ausging, siegte über den Abscheu, den der Anblick und die Schreie auslösten.
Wir bewohnten den zweiten Stock eines Hauses in Reinheim, in der Hindenburgstraße 16. Die Stuckerts waren unsere Nachbarn zur einen Seite; sie waren Bauern wie die meisten in diesem Dorf. Die Stuehlingers, die ein Kurzwarengeschäft besaßen, waren unsere Nachbarn zur anderen Seite. Wir selbst hatten kein Geschäft und hatten mit unseren Nachbarn nichts weiter zu tun. So war die Stimmung zwischen den etwa zwanzig jüdischen Familien und den Nichtjuden in Reinheim. Man verkehrte geschäftlich miteinander, doch über das tägliche »Guten Morgen« oder »Guten Tag« ging es nicht hinaus.
Mein Vater war der Arzt im Dorf. Er war *der* Arzt nicht nur für Reinheim, sondern auch für vier weitere umliegende Dörfer in den Ausläufern des Odenwalds. Die Eltern meiner Mutter wohnten seit Jahrzehnten im Parterre. Meine Mutter war in diesem Haus zur Welt gekommen, genau wie ich. Papi – so nannten meine Mutter und ich meinen Vater – hatte in diese Familie eingeheiratet und war nie ganz als enges Mitglied der Familie akzeptiert worden. Obwohl er der Hauptverdiener war (mein Großvater hatte ein eher bescheidenes Einkommen als Getreidehändler, der kurz vor seinem Ruhestand war), schien er der Familie nicht so nahe zu sein wie meine Großeltern, meine Mutter und natürlich ich als das einzige Kind.
Ich konnte kein Blut sehen, was bestimmend war für meine mit fünf oder sechs Jahren getroffene Entscheidung, nicht wie mein Vater Arzt zu werden. Bekam der Großvater eine Injektion, so tat mir der bloße Anblick mehr weh. Bis auf den heutigen Tag bemitleide ich die Kran-

kenschwester, die für eine Untersuchung Blut abnimmt, mehr als mich selbst, den sie mit einer Nadel traktiert.
Von der Ferne konnte ich den unangenehmen oder widerlichen Dingen ins Auge sehen, sobald sie jedoch näher kamen, zog ich mich in die Geborgenheit meines Zimmers zurück. Dies war der Ort, an dem keine Gefahren lauerten, an dem ich geschützt war, und zudem der Ort, an dem meine Mutter mich wissen wollte. Die Sicherheit und Ruhe, die ich dort erfuhr, übertraf alle aufregenden Erlebnisse auf der Straße, in der Schule und in allen sonstigen Bereichen, in denen meine Mutter nicht präsent, zumindest nicht in der Nähe war.
Wie mein Zimmer mein Königreich, war Reinheim unsere Heimat, der sichere Hafen in einer gefährlichen Welt. Zumindest war das der Fall für meine Mutter und mich, der ich dort geboren war, oder für jemanden wie Großvater, dessen Geburtsort das einige Kilometer von Reinheim gelegene Überau war. Meine Großmutter, die aus einem winzigen Ort namens Romrod in der Nähe von Gießen, aus einer Gegend im nördlichen Teil Hessens kam, hatte wie mein Vater »eingeheiratet«. Beide, Großmutter Hilda und meine Mutter Martha, witterten überall »Gefahren« von außen, und die Geborgenheit, die behagliche und wohltuende Sicherheit des Hauses, im besonderen der uns eigenen Zimmer, brachte den größtmöglichen Genuß und war die wichtigste Quelle meiner Zufriedenheit.
Reinheim lag an einer Schmalspurbahn, die das »Lieschen« genannt wurde, da sie klein wie eine Spielzeugbahn war und sich langsam und zögernd fortbewegte. Das Lieschen sorgte für die Anbindung der tief im Odenwald gelegenen Orte an die Provinzhauptstadt Darmstadt. Unser Haus lag an einer Durchfahrtstraße, die – von den Bahnschienen überquert – direkt nach Darmstadt führte. Im Zentrum von Reinheim, in der Kirchstraße, standen wunderschöne Fachwerkhäuser. Das Besondere an ihnen sind die geometrische Formen bildenden dunkelbraunen Holzbalken, die ausgemalt sind mit weißer Farbe. Diese Häuser kamen mir wie riesige Linzertorten vor. Die Farben der Häuser sind von denen der Torten verschieden, aber die Struktur ist dieselbe. Beide sind vorzüglich, das eine für das Auge, das andere für beides: für Auge und Mund.
Durch Reinheim floß die Gersprenz, ein stilles Bächlein, kleine Brükken führten darüber, und an einigen Stellen entlang der Heinrichstraße hingen Äste von Bäumen hinein. Steht man auf einer der Brük-

Das Elternhaus von Robert Goldmann in Reinheim (Odenwald), Hindenburgstraße 16. In den Fenstern seine Mutter Martha Goldmann und der Großvater Hermann Frohmann (ca. 1923)

ken, den Blick in Richtung des Dorfes, bekommt man das Gefühl eines friedfertigen, beinahe idyllischen Lebens, welches sich immer einstellt, sobald ich nach Europa komme und einem Fluß in einer ähnlich sanften, schlichten Landschaft entlangsehe. Sei es Cher oder Indre in Frankreich oder eines der Bächlein in Kent, die von den Reisegesellschaften so sehr in Anspruch genommen werden, um Kunden anzulocken. Diese Flüsse wissen, wovon sie reden. Sie sprechen von Geborgenheit, und ich fühle mich denjenigen Menschen verwandt, die meine Vorliebe teilen, wenn auch wahrscheinlich und hoffentlich nicht das dringende Bedürfnis danach.

Beinahe alle Einwohner des Dorfes, auch die aus Spachbrücken, Georgenhausen, Zeilhard und Überau waren Patienten meines Vaters. Ein schmales Büchlein über die Geschichte Reinheims aus dem Jahre 1952 zeigt, daß »de Doktor«, wie man ihn im örtlichen Dialekt nannte, sprichwörtlich geworden ist. Das Buch erzählt folgende Anekdote: Eine Gruppe von Reinheimern sitzt am Stammtisch beim Bier in einer für die Gegend typischen Kneipe. Im Spaß ziehen sie sich gegenseitig auf, bis einer auf einen anderen deutend sagt: »Ihr Männer, wann der heit Owend haamgeht, rette en kaa zehn Goldmänner.« Dr. Goldmann war der ungesalbte Heilige von Reinheim und der Umgebung. Dr. Möllmann dagegen, der ebenfalls in Reinheim praktizierte, hatte viel Zeit. Er und mein Vater und auch ihre Familien hatten nicht viel füreinander übrig. Prompt kam es zu einer starken Verbrüderung zwischen dem eifersüchtigen Kollegen und den Nazis im Dorf. Hierbei handelte es sich um den offensichtlichen Fall einer unausgesprochenen, aber klar verstandenen Trennung zwischen Juden und Nichtjuden, die sich auf alle Lebenssphären mit Ausnahme der zum Alltag gehörenden geschäftlichen Beziehungen bezog. Wir kannten unseren Status und fanden ihn selbstverständlich. Die im Ort herrschende Absonderung war die Brutstätte, aus der der Nationalsozialismus erwuchs. Allein mein Vater durchschaute es und fühlte es tief. Die anderen Juden im Ort, alles einfache Landleute ohne das Privileg höherer Bildung und ohne Sinn für eine Welt jenseits von Reinheim, wußten nichts von der Gefahr. Sie fühlten sich in ihrem Ort zu Hause und befanden sich in tiefem Einverständnis mit Deutschland. Sie weigerten sich, von den Dingen Kenntnis zu nehmen, selbst dann noch, als sie unübersehbar wurden.

Die hessischen Landjuden waren vermutlich die am stärksten assimilierten innerhalb der eine halbe Million zählenden jüdischen Bevölkerung Deutschlands. Als einfache Gewerbetreibende waren sie nicht Teil der intellektuellen Gemeinschaft, die man in den großen Städten – in Berlin, Frankfurt, Hamburg und München – fand. Gewerbetreibende lebten in diesen Dörfern seit Jahrhunderten. Eine oder zwei Generationen nach der Emanzipation der Juden waren sie in der Mitte des 19. Jahrhunderts Deutsche geworden, ihr Judentum bezog sich nur noch auf die Religion. Bisher in den Ghettos der Städte lebend als mehr oder weniger geduldete Wucherer und Handeltreibende für Hunderte von Jahren, setzte die Emanzipation bei ihnen das Bedürfnis und die Forderung nach Gleichberechtigung frei. Dies Bedürfnis drückte sich in der Aneignung der deutschen Kultur aus, in einem unübersehbaren, offensichtlichen Wunsch, so zu werden wie ihre nichtjüdischen Nachbarn. Dieses Verhalten schien zu besagen: »Wir danken euch, daß ihr uns eingelassen habt, dafür werden wir treuer und euch um so vieles ähnlicher sein, als ihr es euch vorstellen könnt!« Nicht, daß sich die Nichtjuden darum scherten, den Juden selbst war so viel an der jüdischen Akzeptanz innerhalb der deutschen Kultur gelegen.

Obwohl sich Bildung und sozialer Wandel auf dem Land nicht mit der den Städten eigenen Geschwindigkeit vollzog, hielten die Landjuden, als die Assimilation begann, mit ihren städtischen Brüdern Schritt. Mein Urgroßvater Frohmann nannte sich noch Mordechai, aber sein 1865 geborener Sohn hieß bereits Hermann. Während Omas Vater noch Abraham hieß, war ihr Name Hilda, geboren 1871. Und unser in den 80er Jahren des 19. Jahrhunderts geborener Nachbar Steiermann, welcher der Generation meines Vaters angehörte, hieß Siegmund. Mutters 1900 geborener Cousin, der in den 20er Jahren während der Inflation nach Amerika emigrierte, wurde Siegfried genannt. In der Tat wurden zu der Zeit Siegmund und Siegfried, die germanischen Helden in Wagners »Ring des Nibelungen«, zu jüdischen Vornamen. Trug jemand einen solchen Namen, so wußte man, daß er jüdischer Herkunft war!

In der Familie meines Vaters vollzog sich die Entwicklung etwas langsamer. Sein Vater hieß Moses, und er nannte seinen Sohn Jacob. Moses' Frau, meine Wormser Großmutter, allerdings hieß Julie, also ganz in einer Linie mit Hilda und Hermann. Natürlich war meine Mutter dann die Martha, und ich konnte nicht anders als Robert heißen, so wie die Steiermannschen Kinder, mit denen ich spielte, eben Günther, Walter und Edith hießen. Der Wandel vollzog sich in einem halben Jahrhundert und hielt nicht einmal so lang wie das Leben meiner Großeltern.

In den späten 20er Jahren, vier oder fünf Jahre, bevor Hitler an die Macht kam, stolzierten Heinz und Dieter, die Söhne Stuckerts und der Metzger Appel im Dorf umher mit ihrem Hakenkreuz am Hemd oder am Revers. Polizeichef Szlipczak grinste ihnen zu. Für meinen Vater war dies ein schlechtes Vorzeichen, während die anderen Juden keine Notiz davon nahmen.

Viele im Dorf sympathisierten mit den Nazis, dabei waren sie aber nicht aktiv. Für sie war es an der Zeit, daß nach Jahren der Inflation, nach wechselnden Regierungen und Streiks in Darmstadt, die viele in den Fabriken Arbeitenden um ihren Lohn und ihre Ruhe brachten, endlich einmal Recht und Ordnung in die Verhältnisse gebracht wurde. Vielleicht glaubten sie, daß Hitler die Lösung kannte. Der Antisemitismus war in dem sozialen Gefüge der Reinheimer heimisch, machte aber nicht die wesentliche Anziehungskraft des Nazismus aus. Vermutlich half er Hitler, zumindest schadete er ihm nicht. Aber zu der Zeit dachte man wenig nach über die Worte von Max Strauss, dem Metzger, Hermann Wolf, dem Besitzer des Kurzwarengeschäfts, oder Siegmund Steiermann, dem die Tankstelle auf der Darmstädter Straße gehörte. Sie waren in Ordnung, und ihre Dienstleistungen waren gut und wichtig. Man schätzte sie als ehrliche Geschäftsleute und als gute Bürger, auch wenn man sie niemals zu sich eingeladen hätte.

Damals machte eine Geschichte die Runde: Zwei Nichtjuden unterhalten sich über ihre Heimatstädte. Fragt der eine: »Sag mir, habt ihr Juden in der Stadt?« Antwortet der andere: »Ja, es müßten drei oder vier sein: der Besitzer des Textilgeschäfts, einer der Anwälte und der Gynäkologe. Vielleicht gibt es auch noch einige mehr von der Sorte... Und was ist mit euch, habt ihr welche?« fragt er zurück. Sein in einer größeren Stadt ansässiger Freund antwortet: »Aber ja, wir haben drei- bis vierhundert!« Dies führt zu der weiteren Frage: »Ja, braucht ihr denn so viele?« Kurz gesagt, die Juden waren nützlich und angenehm, solange sie wußten, wo sie hingehörten. Dehnten sie ihren eigenen Bereich zu sehr aus, mußte man sie in ihre Schranken weisen, und das genügte in der Regel.

Als ich acht Jahre alt war, besuchten meine Eltern und Großeltern einen Gemeindeball, zu dem jeder, die Juden eingeschlossen, eingeladen war. Es war ein Dorfereignis, nicht zu vergleichen mit einer Gesellschaft mit geladenen Gästen. Oma tanzte gerade mit meinem Großvater, als ihr jemand auf der Tanzfläche eine Ohrfeige gab. Mein Vater war wütend, meine Mutter war beschämt und brach in Tränen aus. Mein Opa sagte, wir hätten nicht auf den Ball gehen sollen. Meine Großmutter machte mir angst. Sie sagte nichts. Ihr Gesicht war wie zu Stein erstarrt, nicht ein Muskel spannte sich. Nur ihre Augen sprachen zu mir. Niemals zuvor hatte ich solche Augen gesehen. Sie erschreckten mich, da sie mir zu erklären schienen, daß die Oma nie mehr reden und bald nur noch zu sich selber sprechen würde...

Großmutter Hildas liebstes und unermüdlich wiederholtes Wort war »vorsichtig«. Alles mußte in ihrem Haushalt »in Ordnung« sein, welcher der Inbegriff von Sauberkeit war, angefangen vom staublosen Wohnzimmer bis zum großen eisernen Kohlenherd, um den herum nicht ein einziges Holz- oder Kohlekrümelchen zu sehen war. Das gleiche galt für die wesentlich wichtigeren Beziehungen der Familie zu ihrer Umwelt. Jede Art von Schwierigkeiten – das war ihr Wort für Fragen, Probleme, unvorhergesehene Nöte – machte ihr zu schaffen, versetzte sie sogar des öfteren in Panik. Diese Panik äußerte sich in solchen, wenn auch weniger starken, Reaktionen, wie sie die Ohrfeige auf dem Ball ausgelöst hatte. Oma war groß und stattlich, sie war nicht zu schwer für ihre Größe und ihr Alter.

Sie kämpfte immer mit ihrem zu hohen Blutdruck. Ihre grauen Haare waren straff zu einem Knoten zusammengebunden, wodurch sie noch ernster aussah, als sie ohnehin schon war. Zudem wirkte sie auch noch streng, was sie überhaupt nicht war. Oma war zärtlich, geduldig und zu allen sehr liebevoll. Mit ihrem auf Gewohnheiten bedachten, einfallslosen und egozentrischen Ehemann, der der Ordnung um ihrer selbst willen ergeben war, ging sie sehr weise um. Es war mindestens ebenso wichtig, daß die Akten mit seinen Geschäftspapieren in Reih und Glied standen, vergleichbar den »einjährigen« Soldaten, in deren Reihen er in den späten 80er Jahren des 19. Jahrhunderts gedient hatte, wie es ihr wichtig war, daß der Inhalt der Akten fein säuberlich und vollständig in korrekter Reihenfolge sortiert war. Opa war von mittlerem Wuchs, ein ganzes Stück größer als mein Vater und nur etwas kleiner als meine Mutter. Er hatte einen Schnurrbart von riesenhaften Dimensionen und den ganzen Kopf voller Haare, die er, dem Stil der Zeit entsprechend, kurzgeschnitten trug.

Ich entwickelte eine enge Beziehung zu Opa. Sie vertiefte sich während des Sommers, als er mich auf lange Spaziergänge nach Groß-Bieberau und Niedernhausen mitnahm. Wir streiften durch die Wälder und gingen auf kleinen Wegen durch die Felder mancher seiner Kunden, denen er Getreide abgekauft hatte. Mein Großvater brachte mir alle möglichen Regeln bei, führte mich in die wunderbare Welt des Militärs ein und erzählte von Deutschland. Als wir durch die Wälder zogen und er mir die Wegemarkierungen erläuterte, sagte er mir, daß Deutschland in jeder Beziehung das Beste sei. Zum Beispiel habe Deutschland die beste Marschmusik. Wie etwa sollten die Franzosen auf dem Schlachtfeld eine gute Figur machen, wo sie doch eine Militärmusik hatten, zu der kein Mensch marschieren konnte? Ihre Musik sei zu schnell und zwinge die französischen Soldaten dazu, lächerlich kleine Schritte zu tun. »Was ist mit den anderen Völkern, Opa?« begann ich zu fragen, nachdem ich ein paar Jahre Unterricht in europäischer Geographie in der Volksschule in Reinheim gehabt hatte. »Ach«, antwortete mein Großvater, »was soll schon mit ihnen sein. Den Engländern kann man nicht trauen; die Italiener rennen immer weg; und schau dir bloß die Polen an, die waschen sich nie: polnische Wirtschaft.« Bis auf den heutigen Tag haben die Bilder, die der Großvater auf diesen Spaziergängen entworfen hat, ihre Spuren hinterlassen. Erfahrung, intellektuelle Schulung und relativierende Einflüsse haben Opas Stereotype zwar in die Tiefen meines Gedächtnisses verbannt, aber sie sind trotz der langen Laufbahn im Hinblick auf internationale Angelegenheiten und auf den Kampf gegen Vorurteile immer noch da.

Glücklicherweise gab es da meinen Vater. Er trat erst später, in der Pubertät, in mein Leben, aber er übte einen Einfluß auf mich aus, für den ich ihm in meinem Erwachsenenleben immer dankbar war. Es dauerte sehr lange, bis ich begriff, was er darstellte, bis ich die Werte schätzen lernte, die sein Leben bestimmt haben.

Mein Vater war klein und stämmig. Er kam nach seiner Mutter Julie: breite Schultern, kurzer Rumpf und respektabler Umfang. Beide hatten sie Augen, die strahlen oder ärgerlich aufblitzen konnten. Allerdings war Oma Julie fast immer ärgerlich zu den seltenen Gelegenheiten, an denen ich sie in Worms besuchte. Papi hatte einen kleinen Schnurrbart und wie Opa volles kurzgeschnittenes Haar. Er bewegte sich schnell und mühelos, nahm meistens zwei Treppenstufen auf einmal. Seine Wutausbrüche waren selten, aber wenn sie kamen, schienen sie die Kräfte eines Vulkans zu entfesseln. Mein Großvater väterlicherseits starb, als ich sechs Jahre alt war. Ich erinnere mich an ihn als einen ruhigen freundlichen Mann. Ich lernte meine Goldmann-Großeltern nie wirklich gut kennen, da sie so weit weg wohnten. (Heutzutage ist Worms eine Autostunde von Reinheim entfernt.) Moses Goldmann handelte mit Kühen und war von Gundersheim am Rhein nach Worms gezogen. Sein Beruf und sein Lebensstil ähnelten denen meines Großvaters Frohmann in Reinheim. Großmutter Julie, seine Frau, war in einem größeren Dorf, in Bretten, im »Musterländle« Baden aufgewachsen. Mein Vater sprach mit viel Liebe, sogar mit Bewunderung von dieser Landschaft, in der er die meisten Sommer verbracht hatte, als er noch zur Schule ging. Er sagte immer, daß die Menschen »dort unten« nicht hinein-, sondern hinaussehen über den Rhein, nach Frankreich. Schon vor seiner vierjährigen Dienstzeit als Arzt in der Kaiserlichen Armee an der Westfront war er frankophil. Und es hatte den Anschein, als habe ihn die Militärzeit in Frankreich noch mehr dazu gemacht.

Er war sehr stolz auf die Tatsache, daß Philipp Melanchthon, den er als Philosophen der Reformation beschrieb, in Bretten geboren worden war. Papi war sehr weltoffen. Die Universität Heidelberg, an der mein Vater seine medizinische Ausbildung absolvierte, und Aufenthalte in München und Hamburg hatten diesen Zug noch verstärkt: Er wurde der »Phantast«, als den ihn mein Opa und manchmal auch meine Mutter bezeichneten. Meine Großmutter Julie hat die Heirat ihres Sohnes mit meiner Mutter nie ganz akzeptiert. Nicht nur, daß die Familie in Reinheim mit ihren Sichtweisen und Vorstellungen bezüglich ihres Sohnes nicht konform ging, Reinheim selbst war ein Ort, an dem der Sohn in seinem Beruf keine Karriere machen konnte. Es war in Ordnung, eine Assistentenstelle bei einem sich allmählich in den Ruhestand begebenden Allgemeinmediziner in Reinheim anzunehmen, so wie Papi es 1912 getan hatte, um dort praktische Erfahrungen zu sammeln. Aber mit einem »summa cum laude«-Abschluß im Bereich der Gynäkologie, erworben an einer der besten medizini-

Dr. med. Jacob Goldmann (vordere Reihe, 3. v. l.), der Vater des Autors, als Oberarzt des Feldlazaretts des 18. Armee-Corps beim Abmarsch aus Darmstadt (Dezember 1914)

schen Fakultäten, nach Reinheim zurückzukehren, nachdem er gesund und wohlbehalten von der Front heimgekehrt war, das war zuviel!

Jacob aber ging zurück, da er Martha Frohmann, eines der schönsten Mädchen weit und breit, heiraten wollte. Ich war mir nie sicher, ob die Liebe auf Gegenseitigkeit beruhte. Sicher, ein junger Arzt bedeutete »eine gute Partie« für ein Mädchen aus Reinheim, das in die Viktoria-Schule in Darmstadt gegangen war, jedoch nicht viel mehr zu bieten hatte, um einem Arzt zu gefallen. Es schien, als ob Mutti ihren Cousin Hugo Mayer, der in Flandern gefallen war und dessen lebensgroßes Portrait an der Wand im Wohnzimmer meiner Großeltern hing, nicht vergessen konnte. Er war außerordentlich gutaussehend in seiner Uniform, auf der das Eiserne Kreuz Erster Klasse prangte. Ob eine solche Heirat jemals zustande gekommen wäre, ist zweifelhaft. Aber da Mutti in Hugo verliebt und er ja umgekommen war, bevor der Gedanke an eine Heirat ernsthaft erwogen werden konnte, konnte Mutti an ihren Phantasien festhalten.

Diese Dinge wurden aber niemals ausgesprochen, bloß von entfernteren Verwandten der Familie angedeutet. Wahr oder nicht, zumindest halfen diese Andeutungen, die permanente Spannung zwischen meinem Vater und meiner Mutter, mehr noch zwischen Vater und Opa, zu erklären und auch die Tendenz meiner Reinheimer Großmutter, sich auf die Seite meines Vaters zu schlagen.

Oma Hilda war eine gute Ehefrau, aber es gab nicht viel Liebe zwischen ihr und meinem Großvater Hermann. Dafür verstanden sich Oma Hilda und mein Vater gut, vielleicht weil beide »eingeheiratet« hatten und das Gefühl der Nichtzugehörigkeit teilten. Da die beiden Männer meistens außer Haus waren, meine Großmutter ihren Haushalt führte und es vermied, sich in die Spannungen zwischen den drei anderen Erwachsenen einzumischen, übernahm meine Mutter in Familienangelegenheiten und Entscheidungen die tragende Rolle. Mutter war größer als die anderen drei, und obwohl sie sehr zugenommen hatte – das geschah, wie mir berichtet worden war, nach meiner Geburt –, besaß Martha Frohmann noch ihre Schönheit, für die sie berühmt war, wie ich einigen Bemerkungen in den frühen, aber auch in späteren Jahren entnehmen konnte. Photographien von Martha um die Zwanzig zeigen ein ebenmäßiges Gesicht mit schönen Zügen. Martha war wie ich das einzige Kind gewesen. Ich habe nie herausfinden können, warum Oma Hilda nur ein Kind hatte. Allerdings wurde mir erklärt, warum ich keine Geschwister hatte. Nach meiner Geburt hatte meine Mutter mit 26 Jahren Gallen- und Blasenprobleme bekommen, weshalb sie des öfteren Bad Mergentheim besuchte, wo man Wasser trank und andere Behandlungen über sich ergehen ließ, um die Beschwerden loszuwerden.

Damals akzeptierte ich diese Erklärung. In späteren Jahren wurde mir klar, daß die Europäer für alles und jedes einen Kurort hatten, deren Nutzen viele Autoritäten auf dem Gebiet der Medizin, so auch mein Vater, anzweifelten. Auf Anraten des Arztes einen Kurort aufzusuchen diente als Legitimation, sich Ferien zu gönnen und sich selbst zu verwöhnen. So fragte ich mich, ob es wirklich einzig und allein mit Mutters Konstitution zu tun hatte, daß ich keine Geschwister bekam. Lag es vielleicht daran, daß weitere Kinder ihr eine zu große Last gewesen wären? Oder waren die Spannungen zwischen ihr und meinem Vater dafür ausschlaggebend? Hinderte sie die ungebrochene Neigung zu Cousin Hugo daran, sich auf ihre eigene Familie derart einzulassen, wie sie es im Hinblick auf ihre alten Eltern tat, denen sie herzlicher begegnete? Ich habe mich nie danach erkundigt, nicht weil ich Angst davor hatte; es war eben einfach so. Alles nahm seinen Lauf; Fragen zu bestimmten Themen hob man sich für die Schule auf, und selbst dort war es entscheidend, immer nur dann zu fragen, wenn es angebracht war oder einem gut zu Gesicht stand.

Am sichersten und behaglichsten fühlte ich mich im physischen wie im emotionalen Sinn in meinem eigenen Zimmer, wo ich meine Hausarbeiten machte oder las und das Gefühl genoß, genau dasjenige zu tun, was Mutti von mir erwartete. Das Entscheidende war, Ärger zu vermeiden; Ärger war all das, was die gefürchtete Wortfolge »Wie konntest du« von seiten meiner Mutter hervorbrachte. »Wie konntest du« waren die Begrüßungsworte, wenn ich von Gewitter und Regen durchnäßt aus der Schule kam, selbst wenn morgens noch die Sonne hell geschienen und Mutter nicht einmal daran gedacht hatte, mir Regenmantel und Schirm mitzugeben. Wurde einmal bei einer der regelmäßigen Untersuchungen meine Verdauung zum Thema und es zeigte sich dabei eine kleine Unregelmäßigkeit, so folgte auf die Frage, was ich gegessen habe, unweigerlich die Beschuldigung »Wie konntest du« – und waren es auch nur drei Pflaumen, die ich zu mir genommen hatte.

Diese drei Wörter wurden zur Gefahr, zu der schlimmsten, die passieren konnte, da sie bedeuteten, daß meine Mutter, die mich als mein Schutzschild immer und überall bewachte, böse mit mir war. Ich brauchte sie, so wie ich die Luft zum Atmen brauchte. Es gab, was meine Fehler und Versäumnisse im Betragen betraf – in den Augen der anderen Schüler wären sie nicht der Rede wert gewesen –, keine kleinen Sünden. »Wie konntest du« hieß es gleich bei welcher Übertretung, und sobald ich diese Worte hörte, erschrak ich, fing an zu zittern und erwartete meine Strafe. Sie erfolgte in Worten, Schlägen oder schlimmstenfalls durch Einsperrung in den dunklen Keller. Selbst wenn ich in den Genuß behaglicher Sicherheit kam und das von mir verlangte unauffällige Benehmen an den Tag legte, fühlte ich mich anders als die anderen. Ich ließ mich nicht so auf die Mitschüler ein, wie es der Rest der Klasse oder wie es die Steiermann-Kinder mit den jüdischen Klassenkameraden und anderen Freunden taten. Im Sportunterricht drückte ich mich am Rand des Feldes herum, anstatt in das Getümmel des Völkerballspiels zu stürzen. Damals ahnte ich nur, was ich heute weiß: Ich fühlte mich zerbrechlich; wäre ich mit einem Kratzer heimgekommen, hätte ich ein »Wie konntest du« riskiert und meine Mutter dazu veranlaßt, meinen Vater zu fragen, ob ich einer Tetanusimpfung bedürfe.

Lisbeth, die Haushaltshilfe, die mein Opa in Niedernhausen entdeckt hatte, war Teil unserer Familie. Sie war klug, sehr treu und hatte einen ausgeprägten Gerechtigkeitssinn. Unmerklich wurde sie zu einer wichtigen und einflußreichen Person im Haushalt. Sie vermittelte oft, wenn es Spannungen gab, und ich hoffte auf ihre Hilfe, wenn mich ein »Wie konntest du« untröstlich machte oder meine Eltern eine ihrer großen Auseinandersetzungen hatten.

In den frühen 30er Jahren, als die Nazis im Dorf begannen, meinem Vater zuzusetzen, hat Lisbeth mit einer Spontaneität reagiert, mit der sie sich über die Angst vor Konsequenzen hinwegsetzte oder diese sogar nicht erst aufkommen ließ. Lisbeth gehörte zu den Menschen, die Risiken eingingen, ohne sich darüber im klaren zu sein oder sich darum zu kümmern. Diese Menschen sind auf ganz natürliche Art und Weise gerecht und können gar nicht anders. »Geht heim, ihr schlechten Kerle«, schimpfte sie, sobald junge Nazis meinem Vater Beleidigungen an den Kopf warfen oder einfach nur an unserem Haus vorübergingen. »Der Doktor ist gerade gut genug, um eure Mutter und den Bruder zu verarzten und um nach einem Anruf um drei Uhr morgens auf sein Fahrrad zu steigen und eure Wunden zu versorgen, die ihr euch im Biergarten geholt habt. Aber tagsüber riskiert ihr ein großes Maul und beschimpft ihn als Saujud. Ihr solltet euch schämen. Geht nach Hause, und laßt euch hier nicht mehr blicken!«

Lisbeth war gutaussehend, von mittlerem Wuchs, sehr gewandt in ihren Bewegungen und sparte nicht mit Worten. Aber alles, was sie sagte, war voller Achtung und Liebe, gewürzt mit dem etwas rauhen Humor, der dem Streit und Haß den Stachel nahm. Neben dieser entschiedenen Neigung und der natürlichen Veranlagung zu Intelligenz und Sensibilität fühlte sich Lisbeth unserer Familie gegenüber tief in der Schuld, einer Schuld, die sie nie begleichen zu können glaubte. Daß sie ihren zukünftigen Mann in unserem Haus kennengelernt hatte, war nur ein glücklicher Zufall, zu dem wir nichts beigesteuert hatten.

Fritz, ein eher schmächtiger Zimmermann und Sohn einer gutgestellten Familie, welcher eine schöne Möbelfabrik und ein Geschäft, das über die Region hinaus bekannt war, gehörte, hatte ein Hobby: Autos, Motoren, kurz alles Mechanische. Sein Tummelplatz und »Laboratorium« waren die Autos und das Motorrad meines Vaters. Das Motorrad wurde ausrangiert, nachdem mein Vater eines Tages von einer Visite heimgekehrt war und ich mir beide Hände an dem Zylinder verbrannt hatte. So konzentrierte sich Fritz ganz auf den Brennabor, zunächst ein offener Wagen, dessen Handbremse außen angebracht war und der mit einer Plane gegen Regen und Kälte abgedeckt werden konnte; später folgte dann die geschlossene Version.

Wurde Papi an einem verschneiten Morgen zu einem Patienten gerufen und der Wagen sprang nicht an, auch wenn der wütende Arzt noch so oft den Anlasser betätigte, schimpfte er: »Verdammte Karre, das ist ein Haufen Schrott! Der Fritz muß komme!« Ein Anruf, und Fritz traf einige Minuten später ein. Fritz und Lisbeth verliebten sich ineinander, heirateten einander einige Jahre später und bekamen eine Tochter; mit ihr und ihrem einzigen Sohn haben sie viel Trauriges erlebt. Wir erfuhren das alles nach dem Krieg, als meine Mutter Kontakt mit Lisbeth aufnahm und meine Frau und ich die Familie besuchten.

Obgleich Lisbeth einen unabhängigeren und weniger neurotischen Umgang mit mir pflegte als meine Mutter, hatte sie kaum eine andere Wahl, als Mutters Anordnungen zu folgen. Sie konnte sie nur in der subtilen Weise umgehen, die ich bereits angedeutet habe und über die meine Mutter hinwegsah. Wenn Lisbeth mir ein Zeichen gab, das meine Mutter nicht wahrnahm oder zumindest nicht beachtete, so war das für mich von größter Bedeutung. Es war die einzige Möglichkeit, den Tragödien in Form der Einsperrung in den Keller oder anderen Strafen vorzubeugen oder zu erkennen, daß es auch andere, weniger strenge und erträglichere Interpretationsweisen des »Wie konntest du« gab.

Lisbeth nannte mich selbst noch mit zehn oder elf Jahren »Robertche« und behandelte mich auch so. Zudem war sie nicht immun gegen die übertriebene Wachsamkeit meiner Eltern im Hinblick auf meine »Anfälligkeit«, noch dazu war ja mein Vater »de Doktor«, der wissen mußte, wovon er sprach. Und feinfühlig, wie sie war, hätte sie ihm auf seinem Gebiet nie reingeredet; auch wollte sie nicht zur Kenntnis nehmen, daß seine Diagnosen keineswegs objektiv waren (auch wenn sie es vielleicht vermutete). Dies vor allem dann, wenn mögliche oder wahrscheinliche Anstürme einer gewaltigen Armee von Bakterien und anderen Feinden auf die zarte Konstitution von Robertche zu befürchten waren. Hatte ich einen Schnupfen, so handelte es sich mit ziemlicher Sicherheit um eine Lungenentzündung, und mein Fieber mußte unzählige Male am Tag gemessen werden. Mein »großes Geschäft« sowie die Farbe meines Urins wurden in regelmäßigen Abständen überprüft.

Als ich vier oder fünf Jahre alt war, steigerte sich die hysterische Wahrnehmung meiner heiklen Gesundheit durch meine Eltern zu einem ungeahnten Höhepunkt. Die Angelegenheit endete zwar nicht eben harmlos, jedoch um so witziger, was aber durchaus nicht dazu angetan war, meine Eltern zum Lachen zu bringen. Ein Abendessen wurde veranstaltet, und ich war zu Bett gegangen, lange bevor die Gäste in das Herrenzimmer umgezogen waren. Der Gesprächslärm hielt mich wach, und ich stand wieder auf. Irgendwann kehrte ich ins Bett zurück und schlief ein. Lange nachdem die Gäste nach Hause gegangen waren, erwachte ich durch einen schrecklichen Traum, in dem die Pferde aus der Kirchstraße allesamt in den Himmel galoppierten und nun im Begriff waren, auf mich herunterzufallen. Ich geriet in Panik, stand auf und ging unruhig im Zimmer herum. Meine Eltern hörten, wie ich herumlief und dabei phantasierte.

»Gleichgewichtsstörung!« rief meine Mutter in größter Verzweiflung. Mein Vater widersprach ihr nicht, war selbst ängstlich und bekümmert. Pläne wurden gemacht: Ich sollte am nächsten Morgen zur Untersuchung ins Elisabethen-Krankenhaus nach Darmstadt gebracht werden. Zweifellos sahen meine Eltern bereits einen Gehirntumor. Lisbeth war durch den nächtlichen Aufruhr wach geworden und kam herunter, um für Ruhe zu sorgen. Sie kam näher und sagte: »Ach, ich hab's! Der hat Bier getrunke!« Gleich darauf mußte ich mich erbrechen, und der Verdacht bestätigte sich. Ich gestand, daß ich, da ich nicht schlafen konnte, in das noch nicht abgeräumte Speisezimmer gegangen war und all die Reste aus den Biergläsern getrunken hatte. Diesmal wurde ich nicht bestraft, vermutlich, weil mein Verbrechen so unerhört war und solch unangenehme Konsequenzen für mich hatte, daß es keiner Abschreckungsmaßnahme bedurfte. Zudem waren meine Eltern nach all dem sehr erleichtert. Einen Gehirntumor hatte ich wohl nicht.

Das Familienleben spielte sich in dem zweistöckigen Haus ab. Als

mein Vater eingeheiratet hatte und mitsamt seiner Praxis in unser Haus eingezogen war, wurde an der Seite des Hofes ein kleines Gebäude errichtet für das Warte- und Behandlungszimmer. Praxis und Haus waren im oberen Stockwerk durch einen geschützten »Übergang« verbunden, der es Papi erlaubte, sich zwischen beiden Orten hin und her zu bewegen. Der frühere Stall (alle Häuser in Reinheim waren in früheren Zeiten Bauernhäuser gewesen) wurde zur Garage umgebaut, in der sich die verschiedenen Fahrzeuge, Ersatzteile und sonstige zum Auto oder Motorrad gehörige Dinge befanden. Neben dem Stall führte an der Hinterseite des Hofes eine Treppe in den Garten, den Großmutter mit großer Liebe und Sorgfalt pflegte und der an die schmalspurigen Gleise des »Lieschens« grenzte. Die Zuglinie war die »Lebenslinie« für Menschen aus dem Odenwald, die keine andere Möglichkeit hatten, Darmstadt – das New York unserer Welt – zu erreichen.
Es war eine angenehme Welt, klein in der Zahl ihrer Bewohner und behaglich; für den wichtigsten unter den weltlichen Genüssen war gesorgt durch die vorzügliche deutsche und natürlich um nichts weniger koschere Küche meiner Großmutter Hilda. Sie hatte den Ruf als die beste Köchin weit und breit, und meine Mutter lernte alles von ihr. Trotz Mutters Talent gelang ihr nie die ausgeklügelte Ausgewogenheit der feinen Gerichte ihrer Mutter, so der Schmorbraten und ihre berühmten Apfeltörtchen.
Ein jährlicher Höhepunkt waren unsere Ferien auf Norderney. Wie ich mich auf diese Reisen, auf den dreiwöchigen Aufenthalt an der Nordseeküste freute! Ich war in freudiger Erregung, konnte es kaum erwarten, während meine Mutter die Reise vorbereitete. Mein Vater war beunruhigt, da er seine Patienten einer »Vertretung« überlassen mußte, und er wußte ja nicht, ob diese alles richtig machen würde... Was aber entscheidender war: Die psychische Belastung, die ihm durch die Aussicht auf eine Arbeitspause erwuchs, hätte kein Urlaub je ausgleichen können.
Mutti mußte vieles erledigen, da eine Reise nach Norderney einen großen Aufwand an Gepäck bedeutete. Sie füllte zuallererst eine Seemannskiste mit all der Kleidung für kalte und warme Tage; die vielen Badeutensilien, verschiedene Bademäntel für jeden von uns, falls einer naß werden würde, die Hüte für meine Eltern, die in Schachteln aufbewahrt wurden, damit sie keine Dellen bekamen, und, wie

Martha und Jacob Goldmann mit ihrem Sohn Robert während der Sommerfrische auf der Nordseeinsel Norderney (1928)

könnte es anders sein, eine Miniapotheke für alle wahrscheinlichen und unwahrscheinlichen widrigen Umstände. (Ich bin mir nicht ganz sicher, wäre aber nicht überrascht, wenn wir einen Impfstoff gegen Typhus dabeigehabt hätten.) Ich freute mich auf Norderney, da ich den Strand liebte, vor allem aber, da ich etwas Zeit mit meinem Vater verbringen konnte. Und selbst meine Mutter entspannte sich etwas, was seltenere »Wie konntest du« zur Folge hatte. Ich konnte es kaum erwarten, zu unserem Nachmittagsspaziergang aufzubrechen, der die Rast im »Café Hag« einschloß. Das Café war unvergleichlich, da es sich in einem Gebäude in Form einer großen, runden Kaffeekanne mit dem Logo des berühmten Fabrikats »Café Hag« befand. Meiner Meinung nach gab es dort die besten Torten der Welt. Ich konnte es kaum erwarten, so wie die älteren Jungen und Mädchen, ja sogar wie die Erwachsenen an die Theke zu gehen und mir ein Stück davon auszusuchen.

Nichts war schöner und gefahrloser, als zwischen den Eltern, an Mutters Hand, den Strand entlang zu wandern, das heißt auf dem rötlichbraunen, sanft abfallenden Boden oberhalb des Strandes zu spazieren. Diese Nachmittagsspaziergänge gingen dem Besuch des Café Hag voraus, so daß ich mich nicht nur durch die Anwesenheit meiner Eltern sicher fühlte, sondern auch jeglicher Ärger, der zu einem »Wie konntest du« führen konnte, vermied. Denn ich träumte ja von meiner Trüffeltorte, die ich mir bald auf der Zunge zergehen lassen würde, verriet aber keine Ungeduld. Meine Mutter nannte das ungebührliche Verlangen nach einem Genuß mit einem kleinen Unterton: »genießerisch«.

Den Morgen verbrachten wir am Strand. Nach dem Frühstück wurden die Vorbereitungen zum Aufenthalt im Sand und Wasser getroffen: Es wurden riesige Körbe mit unseren Badekleidern und verschiedenen Anziehsachen gepackt, so daß wir am Strand nie in nassem Zeug ausharren mußten. Natürlich war das sofortige Umziehen nach dem Baden, bei dem mich meine Mutter stets begleitete, Pflicht. Es gab Kabinen, in denen man sich umziehen konnte, und Strandkörbe, die eine Rück- und Seitenwand und ein Dach hatten, durch das sich die sogenannten Sonnenanbeter vor der Sonne schützten. Ich liebte das Wasser, was meine Mutter dazu zwang, ebenfalls viel Zeit im Wasser zu verbringen. Papi saß in der Zwischenzeit in einem der Strandkörbe und las sein Lieblingsblatt, die »Vossische Zeitung«, für die er zu Hause keine Zeit hatte. Während ihn die Nachrichten bekümmerten, vor allem die wachsende Macht der Nazis, ließ ich die Brandung auf mich zurollen, nie ohne Mutters Hand loszulassen.

Ich versuchte, die Zeit, die wir im Wasser zubrachten, so lang wie möglich auszudehnen. Mutter war in dieser Hinsicht relativ geduldig, vermutlich weil das Salzwasser und die Luft auf Norderney den Appetit des schwächlichen Kindes anregten... Wir fuhren nach Norderney, da entschieden worden war, daß ein kränkelndes Kind mit kleinem und unregelmäßigem Appetit Seeluft benötigte. Außerdem gingen wir dorthin, da es auf der Insel eine »gepflegte«, das hieß, eine koschere Pension gab, und meine Mutter mehr aus traditionellen denn aus religiösen Gründen dazu erzogen worden war, koscher zu kochen und zu essen. Das war Brauch in Reinheim und anderen kleinen Dörfern. Meinem Vater war zu jener Zeit noch nicht wichtig, daß das Essen koscher war. Er hatte viele Jahre in den nichtkoscheren Restaurants in Heidelberg, München und Hamburg ge-

gessen und war von seiner liberalen, weltoffenen Mutter auch nicht zur Beachtung der koscheren Küche genötigt worden.
Die Reise im Personenzug bis an die Küste dauerte viele Stunden. Die Fahrt selbst war so aufregend, daß sie bei mir einen bleibenden Eindruck hinterlassen hat. Zugfahren in Europa ist für mich noch heute ein spannendes Erlebnis. Wir fuhren, besser gesagt: Fritz fuhr uns mit dem Auto nach Darmstadt (die Seemannskiste war als Fracht vorausgeschickt worden). Dort nahmen wir den Zug und stiegen in Frankfurt in den D-Zug mit Schlafwagen um. Ein großer Teil der Reise wurde bei Tag zurückgelegt; an manchen längeren Aufenthalten in großen Städten, wie Münster oder Hagen, bekam ich ein Würstchen und ein Brötchen mit Senf. Dies war ein weiterer Höhepunkt, der allerdings, was ich damals noch nicht wußte, wahre Süchte hervorrief.
Mir ist nicht ganz klar, ob ich der einladenden und bedeutenden Orte des Vergnügens wegen (die wunderschönen Städte, die alten Zentren, die Museen und Musik-Festivals und – nicht zu vergessen – die exquisite Küche, die den Durchschnittsreisenden erfreuen) so gerne nach und in Europa reise. Ich glaube, ich mache es mindestens ebenso gerne wegen der Würstchen, die ich dort wie in guten alten Tagen bekommen kann, darunter auch die damals verbotenen Würste, die so lecker aussahen, aber »zu scharf« und außerdem aus Schweinefleisch waren. (Diejenigen, die ich auf den Bahnsteigen bekam, waren, wie es meine Mutter verlangte, selbstverständlich aus Rindfleisch.) Ich muß gestehen, daß ich mich, hätte ich mittags die Wahl zwischen einem dreigängigen Menü in Paris und zwei verschiedenen Würstchen mit frischen, warmen Brötchen in Deutschland, mit hochrotem Kopf für das letztere entscheiden würde.
Es kam der traurige Tag, an dem wir zusammenpacken und dieses Paradies aus Sonne und Meer, aus Café Hag und Würstchen verlassen mußten, um nach Hause, in die Schule, zu den Auseinandersetzungen und dem »Wie konntest du« zurückzukehren.
Es waren nur noch ein paar Wochen bis zu den hohen Feiertagen, die entgegen ihrem allgemeinen Verständnis eher ein Ereignis, das man hinter sich bringen wollte, denn ein reinigendes geistiges Erlebnis waren und es bis auf den heutigen Tag geblieben sind. Wir alle gingen am Abend, an »Rosh Hashono« (so sprachen wir es aus) und am Yom Kippur in die in einem Gäßchen hinter der Kirchstraße gelegene Syn-

agoge. Opa ging in seinem weißen Sargenes (dem Stoff, in dem religiöse Juden begraben werden und den sie nur zu den Feiertagen tragen). Ähnlich wie meine Mutter, Oma und ich ging mein Vater in jenen Tagen schwarz gekleidet. Später erst wandte er sich zurück zur Orthodoxie.

An den heiligen Tagen fühlte ich mich immer niedergeschlagen, und das ist bis heute so. Es war zuviel und zu lang; obwohl ich in den Hebräischunterricht ging, verstand ich sehr wenig von den hebräischen Gebeten, die eher geistlos vom Vorsänger Vorenberg intoniert wurden. Es herrschte ein modriger Geruch in der kleinen Synagoge, da die Menschen ihre Hungergefühle ausatmeten. Es war schon schlimm genug an »Rosh Hashono«, wenn wir um 8 Uhr 30 oder gar um 8 Uhr frühstückten und nicht zu Mittag aßen, bevor wir um ein oder zwei Uhr aus der Synagoge zurückgekehrt waren. An Jom Kippur war das alles noch viel schlimmer. Der Tag zog sich endlos hin, und ich fragte oder sah unaufhörlich auf die Uhr meines Vaters, um herauszufinden, wie lange ich noch ausharren mußte...

So ist es geblieben. Und so ist es mit den meisten Gläubigen an diesem Tag, obwohl man es heute leichter zugeben und darüber reden kann. In früheren Tagen waren selbst versteckte Langeweile, Unbehagen oder Ungeduld eine wahre Sünde. Aber wie können wir diese ehrlich bereuen, wenn wir unterdessen immer unglücklicher werden? Es wurde nie über die Bedeutung der Feiertage gesprochen, mit Ausnahme der offiziellen Erklärungen, die wir im Hebräischunterricht bekamen. Alles andere wurde einfach ausgeführt. Die einzige Frage war: Sind die richtigen Gebetbücher zur Hand, und hat auch jeder eines? Waren die Sargenes gewaschen und gebügelt? Und los ging es. Während des Verlesens der Thora oder auch in anderen Momenten, in denen die Gemeinde nicht aktiv teilnehmen, vielmehr zuhören sollte, begannen die Gespräche sowohl zwischen den Männern auf dem unteren Rang als auch zwischen den Frauen oben auf dem Rang. Zum großen Teil bestanden die Gespräche aus Klatsch und Tratsch, an dem wir Kleineren natürlich nicht teilnehmen durften. Uns fehlte auch der Hintergrund all der persönlichen und geschäftlichen Einzelheiten, die dort eher lustlos behandelt wurden.

Es war während der jüdischen Feiertage – den hohen, aber auch an Sukkoth und Pessach –, an denen meine Eltern zur Mittagszeit zu scheußlichen Streitereien neigten. Mein Vater wurde wütend über etwas, was meine Mutter sagte, und überschüttete sie mit Beschimpfungen und Beleidigungen, zumindest nahm sie meine Mutter als Beleidigungen auf. Oma versuchte zu beschwichtigen, was allerdings im Eifer des Gefechts meistens ohne Erfolg blieb. Dies waren die Momente, in denen ich mich zutiefst unglücklich fühlte, verloren, ohne den sicheren Anker, den meine Eltern, vor allem meine Mutter, für mich bedeuteten. Sie war sich immer so sicher in allem, wußte auf alles eine Antwort, wußte, was richtig war und wo der Anfang und das Ende dessen war, was für mich Sicherheit und Schutz bedeutete. Aber wenn sie weinte, sich weigerte, mit meinem Vater zu sprechen, und sich, wie üblich nach einem solchen Streit, krank ins Bett legte, war sie nicht verfügbar. Ich fühlte mich hilflos und hoffnungslos hinausgestoßen auf ein endlos weites und tiefes Meer. Ich hoffte entweder bei Oma oder noch lieber bei Lisbeth auf Trost.

Mutti war in diesen Stunden nicht zu haben, und manchmal dauerte dieser Zustand ein oder zwei Tage. »No, 's wird schon widder gehe«, sagte Lisbeth dann. Aber das war nur ein schwacher Trost für mich. Sie schien so ungerührt und wenig bereit, meine Krisenstimmung, mein Trauma mit mir zu teilen. In Wahrheit hat sie natürlich das einzig Richtige getan: Sie verharmloste das, was mir als Tragödie erschien, und machte mir damit Hoffnung, selbst wenn sie mir dabei nicht teilnahmsvoll genug erschien. Die Dinge kamen schließlich auf dem Wege über die Medizin wieder ins Lot. Mutti benötigte ärztlichen Beistand oder sagte, daß sie dessen bedürfe, und mein Vater fand sie schwach oder von einer besonders gräßlichen Migräne befallen (sie bekam selbst an ganz normalen Tagen Migräneanfälle), wodurch der Gesprächsfaden wieder aufgenommen wurde. Aus solch einem knappen fachbezogenen Wortwechsel entwickelte sich Schritt für Schritt wieder der normale Kontakt. Allerdings fühlte sich mein Vater dabei meistens schlecht und schuldig, was meine Mutter zutiefst erfreute und was sie ihn, wenn nicht mit Worten, dann aber mit triumphalem Lächeln wissen ließ. Ich dagegen fühlte mich Papi gegenüber schlecht und war gleichzeitig glücklich, daß Mutti wieder in guter Verfassung war.

Einen besonders großen Wutausbruch bekam mein Vater, nachdem ich in das Ludwig-Georg-Gymnasium zu Darmstadt eingetreten war. Es handelte sich um ein humanistisches Gymnasium, auf das Kinder gutsituierter Familien im Alter von zehn Jahren hinüberwechseln

konnten, um dort Abitur zu machen, das einem die Erlaubnis zum Studium und zur beruflichen Karriere bot, also das, was von Kindern unserer sozialen Schicht erwartet wurde.
Das Gymnasium, das ich mit Hilfe von Lieschen und nach einem langen Fußmarsch vom Darmstädter Ostbahnhof erreichte, unterhielt ein Sommerlager in Dorndiel, nicht weit von Darmstadt auf dem Land gelegen. Ich hatte Angst davor, da ich noch nie über Nacht von zu Hause fortgewesen war, abgesehen von den wenigen Malen, die ich in Begleitung meiner Eltern bei Großmutter Julie in Worms zu Besuch war. Diese Ausflüge waren eher freudlos. Ich vermißte mein Zuhause, mein Zimmer, meine Sicherheit, die »Geborgenheit«, die diese meine vier Wände, das Bett und das Haus in der Hindenburgstraße für mich bedeuteten. Meine Eltern, mein Vater mehr als meine Mutter, bestanden darauf, daß ich mit meiner Klasse nach Dorndiel fuhr. Ich versuchte, mich zu widersetzen, meine Mutter unterstützte mich dabei sanft, aber Papi wollte nichts davon hören. Er meinte zu wissen, daß ich »abgehärtet« werden müsse. Aber ich war nicht so formbar und konnte mich auch nicht vom Ton in eine Töpferware verwandeln, indem man mich drehte und wendete. Ich mußte hin. In Dorndiel angekommen, verwandelte sich mein Heimweh in Hysterie. Ich weinte, verlangte, nach Hause geschickt zu werden, tat kein Auge zu, lief in den Schlafsälen herum und weckte die anderen. Ich achtete nicht darauf, was ich tat, daß ich mir vor den anderen Jungen und vor unserem Leiter weh tat. Ich wußte, daß ich meinen halbwegs guten Ruf, den ich mir bei den Klassenkameraden erworben hatte, aufs Spiel setzte, aber das war mir gleichgültig. Ich wollte einfach nur nach Hause, nach Hause: »Ich will heim«, schrie ich immer und immer wieder, bis der Leiter meine Eltern anrief und sie bat, mich abzuholen.
Sie kamen noch am gleichen oder am folgenden Tag. Meine Sachen wurden gepackt, während ich wartend Ausschau hielt nach dem braunen »Wanderer«, Papis drittem Auto. Als sie kamen, sprachen sie einige Minuten mit dem Leiter, ohne daß ich es hören konnte. Es kümmerte mich auch nicht, worüber sie sprachen, ich stürmte nur auf den Rücksitz und wartete auf die Nachhausefahrt. Mutti war beunruhigt, aber nicht verärgert. Trotz allem wünschte sie mich sehnlich nach Hause zurück. Aber die wirkliche Probe würde Vaters Reaktion sein.

Auf unserer Fahrt sprach er merkwürdigerweise kein Wort. Er lenkte nur, sah aber grimmig und wütend aus. Nachdem wir angekommen waren, gingen wir hinauf, mein Vater immer noch wortlos, was bedrohlich war, da es ihm nicht ähnlich sah. Er lenkte mich zum Sofa: »Leg dich hin«, schrie er, »auf den Bauch.« Jetzt wußte ich, was mir drohte, hatte aber keine Zeit mehr, mich zu ängstigen oder mich auf das Unvermeidliche vorzubereiten, da die Schläge bereits auf mich hinunterprasselten. Kein Werkzeug, nur die Hand meines Vaters. »Du verwöhntes Ding, fast zwölf bist du. Du solltest dich schämen für das, was du getan hast. Ich zeig dir das ›Heimweh‹!« Und es setzte weitere Schläge. Ich schrie, und meine Mutter versuchte Vater zu bremsen, aber er schien nicht enden zu wollen. Als es vorüber war, waren wir alle erschöpft. Papi am allermeisten, auch war er bereit, die Vergangenheit ruhen zu lassen.
Er bekam ab und an solche Zornausbrüche, schlüpfte aber schnell wieder zurück in seine gewohnte, ermutigende und fröhliche Art. Meine Mutter und ich waren schwach, sie vom Leiden um mich, ich durch die körperlichen Schmerzen und den Stachel der Schande und Demütigung. Ich hatte mich so benommen, daß die Vergehen, die einem »Wie konntest du« vorausgingen, in jeder Hinsicht ein Kinderspiel dagegen waren.
Umgehend wurde ich zurück nach Dorndiel geschickt. Ich fürchtete mich vor den Anspielungen meiner Zimmergenossen, aber es war gar nicht so schlimm. Verglichen mit der Szene zu Hause erschien mir nun nichts mehr schlimm. Wenn mein Vater mir auch nicht das Heimweh ausgetrieben hatte, so hatte er mich zumindest gegen weitere Heimsuchungen immun gemacht. Ich habe aus diesem Erlebnis einiges gelernt. Aber es war keine Heilung, nur eine Lektion. Und Lektionen sind vielleicht gut für das Verhalten, aber nicht für die Art, wie man fühlt. Ich reagierte mit einer engeren Bindung an mein Zimmer, meine Bücher, meine Hausaufgaben und das Bedürfnis, Problemen auszuweichen. Das bedeutete, mich aus allem herauszuhalten, was Probleme zur Folge haben könnte, sei es in Form schlechten Betragens wie in Dorndiel oder in Form einer falschen Äußerung oder Handlung, die meine Mutter mißbilligen könnte.
Ende 1932 drohte die Naziherrschaft. Wie sich herausstellte, war es das letzte Jahr, in dem wir nach Norderney fuhren. Mein demokratisch und frankophil gesinnter Vater war unruhig, und dies schon seit

längerem. Zu dem Zeitpunkt war er noch der Phantast, von Mutti und Opa, also den Menschen, die in unserem Haus das Sagen hatten, nicht ernstgenommen. Trotz allem war Deutschland »ein Rechtsstaat«, wie mein Großvater immer beteuerte, und somit war jede Regierung an die Gesetze des Staates gebunden. Soweit es uns betraf, waren wir gute und ehrenwerte Bürger, kümmerten uns um unsere eigenen Dinge und hatten nichts zu befürchten. Falls doch etwas passierte, so würde es unsere Schuld oder die der anderen Juden sein, die nicht wußten, wie man sich anständig benahm.

Ich habe mir den Ordnungswahn von Opa angeeignet. Er paßte gut zu meiner Zufriedenheit, die mir aus der häuslichen Sicherheit und »Geborgenheit« erwuchs. Zu meiner Ordentlichkeit gehörte, daß ich meine Hausarbeiten beendete, bevor ich irgend etwas anderes tat, in jedem Fall bevor ich mich ausruhte, meine Lieblingsmusik hörte – in den Tagen italienische Opern wegen ihrer hohen Tenöre und der klangprächtigen Soprane – oder irgend etwas anderes Angenehmes unternahm. »Pflicht« war das große Wort. Immer, wenn ich Florestan »Oh meine Pflicht hab' ich getan« singen hörte, während er in seinem Groll den Tod erwartete, fühlte ich mich im Hinblick auf diese Zeile guten Gewissens. Ich konnte das Mitleid, das diese Szene implizierte, nicht aufbringen.

Auch wenn ich mir noch so sehr wünschte, ganz »gewöhnlich« zu sein, fühlte ich mich als etwas Besonderes, das Aufmerksamkeit verdient. So war ich von meiner Mutter erzogen worden, und wenn es um meine »Kränklichkeit« ging ebenso von meinem Vater, der, abgesehen von dem Zwischenfall in Dorndiel, sein Einverständnis dadurch gab, daß er sich heraushielt. Da ich gut in der Schule war, wollte ich entsprechend gelobt werden. Und dies so sehr, daß ich die Dinge in halsbrecherischer Eile zu Ende brachte, nur um meine Anerkennung so schnell als irgend möglich zu bekommen!

Meine Sucht nach Aufmerksamkeit zeigt sich auch heute auf vielerlei Arten: Befinde ich mich in einer größeren Menge oder mit anderen zusammen im Fahrstuhl, falle ich ins Deutsche, wenn ich mit meiner Frau spreche. In Gesellschaft werde ich zum Einzelgänger und trete gern in Opposition zur herrschenden Ansicht der Gruppe. Darüber haben wir manchen Freund verloren und ganz gewiß einige Einladungen zum Abendessen, da ich, indem ich Streit vom Zaun brach, die Zusammenkunft störte und sachliche Diskussionen vergiftete. Mein

Robert und seine Mutter (ca. 1932/33)

»Besonders-sein« verhinderte, daß ich mich mit Studienkollegen abgab, daß ich enge Freunde erwarb, und blockierte zudem die Suche nach Aufgaben im beruflichen Leben, die anregend gewesen wären, aber eben über den Punkt, an dem mir mein innerer Zwang »Halt!« gebot, hinausschossen. Erst spät im Leben übernahm ich Aufgaben, die unabhängiges und kreatives Denken und Handeln erforderten. Und selbst da, inmitten der Überraschungen, in die ich mich gestürzt hatte, stürmte ich vorwärts dem Punkt entgegen, an dem all das, was meinerseits getan werden mußte, erledigt war und andere Menschen dafür verantwortlich waren. Was in Reinheim anfing, verstärkte sich im Verlauf meines Lebens: Ich staute Ärger auf. Warum wurde ich nicht für diese Eigenschaft gelobt? »Die haben keine Ahnung, worum es in dieser Ausgabe geht«, brüllte ich, nachdem ich von einer Gemeindesitzung nach Hause gekommen war. »Denen hab' ich es gezeigt!« sagte ich, stolz darauf, meinen Unmut hinausgeschrien zu haben.

Das Robertche trug in der Tat ein Bündel aus Zwang, Hang zur Andersartigkeit und Wut mit sich herum. Ordnung, Pflicht, Übereinstimmung mit den anderen, das war Opas Botschaft, die deutsche Botschaft. Kränklichkeit, besondere »Vorsicht« waren Mutters Botschaft. Auch wenn meine Mutter es nicht merkte und es niemals zugegeben hätte: Es war die jüdische Botschaft im Deutschland der Vor-Hitler-Zeit. Das Naziregime war im Begriff, die Macht zu übernehmen. Würden die Botschaften nun auf die Probe gestellt? Würde es irgendeinen Unterschied machen, wie wir uns benahmen? Anfang 1933 kam die erste Probe in Gestalt einer Explosion.

Frankfurt 1933–1939
Jüdisches Leben unter nationalsozialistischer Diskriminierung

Ich erwachte durch einen lauten Knall, ein Geräusch, das ich niemals zuvor gehört hatte und das mich erschreckte. Ich sprang aus dem Bett; es war mitten in der Nacht. Ich hörte meine Eltern aufgeregt sprechen, dann rannten wir alle die Treppen hinunter den Großeltern entgegen. Sie hatten den Knall noch stärker vernommen. Es kam vom Hof, und mein Vater äußerte als erster eine Vermutung: Es waren die Nazis, die uns Angst einjagen wollten. Und er sollte recht bekommen.

In einer Zeugenaussage, die mein Vater nach dem Krieg der örtlichen Behörde in Deutschland gab, beschrieb er das Erlebnis so: »In einer Nacht im Jahre 1933 wurde in unserem Hof ein sogenannter Kanonenschlag (von der Sorte, wie man sie bei Feuerwerk benutzte) gezündet. Ich rief den Polizeichef Slipczak um Schutz an. Es dauerte eine Stunde, bis er kam, nur um zu sagen, daß alles ruhig sei. Dann ging er wieder. Bald darauf bin ich dahintergekommen, daß Ludwig Appel (der in der Nähe von uns wohnende Metzger, der ein führender Nazi war) die Tat begangen hatte. Ich halte ihn für verantwortlich für die Depressionen, die meine Schwiegermutter daraufhin befallen haben und von denen sie sich nie erholt hat. Sie wurde viele Monate lang in einem Sanatorium und beinahe zwei Jahre lang neurologisch und psychiatrisch behandelt, dies ohne Resultat. Meine Schwiegermutter hat sich am 24. Februar 1935 das Leben genommen...«

Der Nationalsozialismus hatte uns früh und mit einem großen Knall getroffen, lange bevor es die anderen Juden in Deutschland, besonders diejenigen in den großen Städten, traf, die weniger exponiert waren und weniger enge – wie auch immer geartete – persönliche Bindungen hatten. In einem Dorf wie Reinheim boten die Juden eine klare Angriffsfläche und der von der Bevölkerung verehrte Arzt das augenfälligste Ziel der kleinen Gruppe Hasser und Fanatiker, die den Kern der Partei innerhalb des Dorfes ausmachten.

Von dem Moment an wollte mein Vater auswandern, aber zum einen hatten die Nazis meinen Eltern in einem weiteren Übergriff die Pässe weggenommen, und zum anderen wäre mein Großvater nirgendwohin mitgegangen. Das bedeutete, daß meine Mutter ebenfalls nicht fortgehen würde.
Den Ausschlag gab Oma Hildas Verfassung. Sie hatte aufgehört zu sprechen. Ihre Augen sahen an uns vorbei. Es schien, als habe sie beschlossen, keinen Kontakt mehr aufzunehmen, sich weder sprachlich noch über die Augen, über den Körper oder mit anderen Mitteln, die man hätte interpretieren können, zu verständigen. Meine Mutter war untröstlich. Großvater war davon seltsam berührt, sprach wenig, obgleich er dafür ganz andere Gründe als seine Frau zu haben schien. Ich konnte nicht dahinterkommen, was er dachte und inwiefern er davon berührt war. Vater konsultierte an die Dutzend Neurologen und Psychiater. Eine Zeitlang wurde die Schocktherapie erwogen und schließlich angewendet. Es zeigte sich keine Änderung.
Ich setzte den Schulbesuch fort, versuchte mich auf das Lernen zu konzentrieren, nahm jedoch nur am Rande wahr, was sich in meiner Klasse ereignete. Die schwer zu ertragende Atmosphäre zu Hause, die ich damals noch nicht als Hoffnungslosigkeit über Omas Zustand interpretierte, drückte mich zu Boden. Zudem war das Gymnasium, waren die Nazis 1933 einmal an der Macht, nicht mehr dasselbe wie zuvor. Uns jüdischen Schülern wurde ein anderes, ein reservierteres Verhalten von den anderen Schülern entgegengebracht. Gelegentliches Flüstern hinter unseren Rücken... Mich störte das weniger als die jüdischen Klassenkameraden, da ich nicht auf Freunde angewiesen war. Am Ludwig-Georg-Gymnasium gab es noch wenig Aggressionen, ob in Worten oder Taten. Die Schüler eines humanistischen (klassischen) Gymnasiums kamen aus anständigem Hause, wo Grausamkeit nicht zum guten Ton gehörte. Andererseits machte der Geographielehrer ganz offen beleidigende antisemitische Bemerkungen. Er äußerte sie nicht innerhalb der Klasse, von der Tafel aus, aber in den Gängen oder im Hof in Hörweite von uns jüdischen Schülern und anderen Umstehenden. »Warum müssen wir immer noch mit jüdischen Schülern verkehren? Dieses Gymnasium sollte ›gereinigt‹ werden«, murmelte er. Einmal rief er mir über den Hof zu: »›Judenjunge‹, heb' diese Bananenschale auf, die einer von euch ›Schweinen‹ fallengelassen hat.« (Mit »Schweinen« meinte er einen von uns Juden,

obwohl man es ihm nicht nachweisen konnte.) Wir trauten uns nicht, etwas zu sagen, und wir hörten auch weder Einwände noch offensichtliche Anzeichen von Mißbilligung von seiten unserer guterzogenen Mitschüler.

Die Erlebnisse seit der Übernahme Hitlers hatten Mutter sehr zugesetzt und ihre Ängste geschürt. Fast schien es, als ob sie die noch übertriebenere »Vorsicht« ihrer Mutter, die nicht mehr sprach, als eine zusätzliche Verantwortung auf sich genommen habe. Noch während des Schuljahrs 1932/1933 hatte meine Mutter mich zur Seite genommen und mich vor den fatalen Folgen gewarnt, die ein mir abgelauschtes falsches Wort außerhalb des Hauses und auf meiner langen Fahrt zur Schule haben könnten. »Überall haben sie Spione, und wenn du nur irgend etwas sagst, das als feindlich oder beleidigend Hitler gegenüber gewertet werden kann, dann wirst du verhaftet. Und du weißt, was das für uns alle bedeutet«, warnte sie mich. »Aber was wäre denn so schlimm?« fragte ich voller Verzweiflung, um mich zumindest an Mutters Richtlinien orientieren zu können. Die schier unerträgliche Verantwortung, die meine Mutter mir auferlegte, nahm mir die Luft zum Atmen. Ich dachte, ich müsse, wenn auch unwissentlich, schuld sein an einer ähnlichen Katastrophe wie derjenigen von Oma. »Alles, was du sagst, kann so gedeutet werden«, sagte meine Mutter, »also kümmere dich nur um deine Schulaufgaben und die Themen innerhalb der Klasse. Sprich über nichts, was mit Deutschland zu tun hat oder mit den Problemen anderer Leute, sofern keine durch die Schulthemen gegebene Notwendigkeit dazu besteht.«

Dieser Befehl war so weitreichend und weitgesteckt, daß ich beschloß, alle Themen, die ich, sobald ich das Haus verließ, im Austausch und in den Gesprächen mit anderen berührte, aufzuzeichnen. Ich legte ein Notizbuch an und entwickelte eine Technik; um mich an jedes Gespräch zu erinnern, erfand ich ein Schlüsselwort oder einen Satz, den ich notierte. Kam ich nach Hause, so rannte ich zu meiner Mutter hinauf, um mit ihr die Liste der Eintragungen durchzugehen und zu überprüfen, ob die Gespräche sich in einem sicheren Rahmen abgespielt hatten. Meistens war es so, gelegentlich gab sie mir einen Rat, da oder dort etwas vorsichtiger zu sein.

Die »Frankfurter Zeitung«, die mein Großvater jeden Montag aus Frankfurt, wohin er wegen seines Getreidehandels fahren mußte, mitbrachte – war dies ein gefährlicher Gegenstand? Das Notizbuch wurde zum Äquivalent meines Zimmers: Es gab mir das Gefühl der Sicherheit. Diese neue und ungewohnte Last, unter der ich mich nun abmühte, machte mich noch schüchterner im Umgang mit Beziehungen, so daß ich nicht einmal mehr Bindungen und Freundschaften erwähnte. Ich wollte nichts geben müssen, da alles, was ich hätte geben können, mich nur in Schwierigkeiten bringen würde. Die große Wirkung, die von diesem Notizbuch und seiner Bedeutung auf mich ausging, ist mein Leben lang erhalten geblieben. Erst in den letzten Jahren habe ich mir etwas Distanz dazu verschafft, wenn auch nur in intellektueller Hinsicht.

Mein Vater hatte bereits über Emigration gesprochen, bevor die Nazis an die Macht kamen. Aber zum einen sah mein Großvater die Idee als eine Ausgeburt der Phantasie an – seine Tochter sah es genauso –, zum anderen hatten die Nazis meinen Eltern die Pässe weggenommen. Was wichtiger war: Durch Omas Zustand schien eine Auswanderung unrealistisch. So wurde aus zweierlei Gründen entschieden, nach Frankfurt zu ziehen: erstens, damit Vater und die Familie nicht weiter als Zielscheibe in Reinheim fungierten, und zweitens, damit meiner Oma eine bessere Behandlung zuteil werden konnte.

Mitte des Jahres 1934 zogen wir in eine Wohnung in der Eschenheimer Anlage, eine der Grünflächen in der Innenstadt. Das Ludwig-Georg-Gymnasium, in dem es immer ungemütlicher geworden war, gehörte nun der Vergangenheit an. Lisbeth hatte sich entschieden, Fritz zu heiraten, und der Versuch vieler Patienten, meinen Vater zum Dableiben zu bewegen, nützte nichts. »Herr Dokter«, bat Käthe, die den Gleisen gegenüber wohnte, »bleiben Sie doch, bitte! Lassen Sie es nicht zu, daß schlechte Kerle wie Dieter und Appel Sie wegscheuchen! Wir werden Sie beschützen, keine Sorge! Wir brauchen Sie doch!« Andere reagierten ganz ähnlich, einige von ihnen etwas behutsamer und diskreter, und mein Vater fühlte sich ihnen gegenüber schuldig. Natürlich war ihnen nicht klar, daß sie nichts tun konnten, um die antijüdischen Ausschreitungen zu verhindern oder aufzuhalten. Sie sahen darüber hinweg, da es ein Problem mit sich brachte: Der »Dokter« wollte wegziehen, und sie wollten, daß auch er einfach darüber hinwegsah. Sie durchschauten nicht, daß das Opfer anders damit umgehen mußte als der Nutznießer. Das machte nicht unbedingt schlechte Menschen, Nazis oder Kollaborateure aus

ihnen – Menschen reagieren eben normalerweise in dem Kontext und in den Grenzen ihrer Erfahrung und ihrer Bedürfnisse.
Das Auto wurde verkauft. Fritz übernahm die Aufgabe. Blanka, unsere Schäferhündin, wurde weggegeben. Generationen von Frohmanns in Überau und Reinheim hatten nun keine Nachkommen mehr. Die Wurzeln waren tief, die Treue zu dem Land, in physischer wie ethnischer Hinsicht, noch tiefer.
Opa schien für all das empfindungslos geworden zu sein; seine Frau war nur noch physisch anwesend, und er beendete sein Berufsleben als Getreidehändler. Er verließ Reinheim, seine Wälder und Wiesen, die Feldwege, in denen man seine Fußspuren erkennen konnte, und den behaglichen Stuhl im Wohnzimmer, in dessen Lehne seine Hand einen leichten Abdruck hinterlassen hatte.
Für meine Mutter hatte das Fortgehen oberste Priorität. Es war die einzige Möglichkeit, den Kontakt zu Oma wieder aufzunehmen. »Wir müssen raus hier«, sagte sie immer wieder, und es gab keinen unter uns, der ihr widersprochen hätte. Mein Vater hatte keine Schwierigkeiten, ein Dorf zu verlassen, das ein so kurzes Erinnerungsvermögen hatte für all die Dinge, die er getan hatte. Zudem hatten so viel Ärger und so viele Vorbehalte in dem Haus geherrscht: Hugos großes Portrait, Opas Vorurteile, Muttis Ängste und ihr unaufhörliches Nachbeten der Ansichten ihres Vaters.
Ich sah einem neuen Leben entgegen: Ich mußte nun nicht mehr pendeln. Das Philanthropin, die anerkannte Oberschule, wurde von der 25 000 Mitglieder starken Jüdischen Gemeinde unterhalten. Die Schule war nur drei Minuten von unserem neuen Zuhause entfernt. Wir konnten nun Konzerte und Opern besuchen, ohne dafür extra nach Darmstadt fahren zu müssen, wo meine Mutter ein Abonnement am Hessischen Landestheater gehabt und wohin sie mich gelegentlich mitgenommen hatte. Und in der Schule mußte ich nun nicht mehr so betont vorsichtig sein, da ja die jüdischen Schüler und Lehrer hören durften, was auch immer ich an »gefährlichen« und »riskanten« Dingen von mir gab. »Täusche dich nicht«, sagte meine Mutter, nachdem ich meine Erleichterung über meine neue Freiheit kundgetan hatte. »Es ist zwar weniger gefährlich als in Darmstadt, aber sicher ist es deswegen noch lange nicht. Also rede nicht zuviel und gewöhne dich daran, dich selbst zu beobachten. Es ist in jedem Fall gut für den Rest deines Lebens.« Zu dieser Zeit übernahm ich die Ansichten meiner

Mutter, die ich als gültige Befehle akzeptierte. Erst später erkannte ich, daß ich für den Zwang, den die Befehle meiner Mutter bei mir ausgelöst hatten, einen hohen Preis zahlen mußte: Initiative, Kreativität und andere Energien hielt ich aus Angst, meine Familie zu gefährden, ein »Wie konntest du« zu riskieren oder – schlimmer noch – mich selbst anklagen zu müssen, in mir zurück.

In der Zwischenzeit lebte ich mich am Philanthropin ein. In Französisch mußte ich einiges aufholen, da es die erste Fremdsprache an dieser Oberschule war, die im übrigen auf einen »praktisch« ausgerichteten Stundenplan Wert legte. Ich fühlte mich etwas entspannter in der Atmosphäre der jüdischen Mitschüler, war aber andererseits nicht an eine ausschließlich jüdische Umgebung gewöhnt. Optisch ähnelte die Schule dem Darmstädter Gymnasium: dunkel, mit einer breiten, ausladenden Steintreppe, mit seinen großen Klassenzimmern und bühnenähnlichen Emporen und dem »Pult« des Lehrers. Jungen und Mädchen saßen beisammen, und ich begann für Mathilde Rosenthal zu schwärmen, ein großes, schlankes Mädchen mit langen blonden Haaren, wunderschöner makelloser Haut und dazu noch klug. Unsere Lehrer, mit Ausnahme unseres Sportlehrers alles Juden, unterrichteten und prüften uns ebenso wie diejenigen in Darmstadt. Die Konfession machte keinen Unterschied, sobald es um tief verwurzelte Ansichten der Pädagogik ging. Wir machten die üblichen gemeinen Bemerkungen über die Lehrer – über Freudenbergers Lispeln, Schaumbergers nasse Aussprache des »s« und des »sch«, über Rothschild, der immer in der Nase bohrte, was ihm einen entsprechenden Spitznamen einbrachte, und über Marbachs Ohren, die beinahe im 90-Grad-Winkel von seinem Kopf abstanden. Nur einer kam ungeschoren davon: Dr. Philipp, der Deutschlehrer. Seine Kompetenz und Bescheidenheit sowie die Liebe für sein Fach und für uns als Menschen, die wir für ihn mehr als nur »Schüler« waren, machten ihn zu einer hochgeschätzten Person.

Frankfurt ließ sich wirklich gut an. Eine schöne Wohnung mit Blick über den Park und auf die Innenstadt, die Schule, nur einige Minuten von zu Hause entfernt, in der man sich ohne weiteres aufgehoben fühlte, und zu Fuß erreichbare Geschäfte und Kaffeehäuser. Nach den Qualen und dem Terror in Reinheim war es das beste für uns. Daß es sich in der Mitte der 30er nur um einen »scheinbaren Frieden« für die Juden handelte, konnten und wollten wir nicht erkennen. Zu-

mindest hatten wir »Einwanderer« aus Reinheim die viel bessere Atmosphäre schätzen gelernt, und vor allem Großvater und Mutter hatten wenig Geduld mit den Frankfurter Juden, die immer das Schlimmste erwarteten. Mein Vater teilte die Befürchtungen, aber wissend, daß sie ihm von Mutti und Opa verübelt und lächerlich gemacht worden wären, behielt er sie für sich. Zudem war die Geschichte mit Großmutter schlimm genug für uns alle. Es bestand kein Bedürfnis danach, den Pessimismus noch zu vergrößern.
Wir lebten ungefähr sechs Monate in Frankfurt, als meine Großmutter vom zweiten Stock unseres Wohnhauses nach oben zu den Mansarden stieg. Niemand weiß, wann dies geschah, vermutlich um Mitternacht. Sie öffnete ein Fenster und stürzte hinunter. So jedenfalls rekonstruierten wir den Hergang, als mein Großvater am Morgen des 24. Februar 1935, einen Tag nach dem 48. Geburtstag meines Vaters, feststellte, daß seine Frau nicht mehr neben ihm lag. Er rief nach ihr, weckte uns, und wir suchten in der Wohnung, bis einer aus dem Fenster sah. Eine Menge hatte sich unten auf dem Bürgersteig vor unserem Haus versammelt. Polizei und Krankenwagen standen schon dort. Wir stürzten hinaus. Ich sah Blut und etwas, das in ein Nachthemd eingewickelt war, dann noch mehr Blut. Ein blutiger Haufen – ein kaum mehr erkennbarer Mensch. Es war Oma Hilda!
In mir und um mich herum war alles erstarrt. Mit versteinertem Blick schickte mich meine Mutter nach oben; ich ging aber nicht. Mein Großvater, zu dem Zeitpunkt 69 Jahre alt, sah verloren aus und sagte nichts. Es war mein Vater, der sich dem Todesort näherte und mit den Polizisten zu reden begann. »Wie ist sie bloß dort hinaufgekommen, wie konnte sie das nur tun?« begann meine Mutter nach einer Minute zu schreien. Ihre Versteinerung hatte sich gelöst. »Wie? Wie?« weinte sie weiter. Großvater blieb still und schien nach wie vor weit weg zu sein. Es wurde kalt, wir hatten nur dünne Mäntel über die Schlafanzüge geworfen. Mein Vater nahm die Situation in die Hand, so wie er es in Krisenmomenten immer tat, und schickte uns drei nach oben. Meine Mutter brach zusammen. Sie weinte, schrie und fragte zwischendrin immer wieder: »Wie? Wie?« Ich hatte immer noch Mühe herauszufinden, was wirklich geschehen war und was jetzt um mich herum mit meiner sonst so zuversichtlichen, willensstarken Mutter, die sich völlig aufgelöst in einen

Stuhl hatte fallen lassen, und mit meinem sprachlosen Großvater geschah.
Ich fühlte mich verloren, ohne jemanden, an den ich mich hätte halten können und der mir zu verstehen half. War das Oma gewesen? Ich hatte nur einen ganz flüchtigen Eindruck von der Szene auf dem Bürgersteig bekommen. Ich wollte verstehen, reden, jemanden etwas mir Verständliches sagen hören. Aber es gab niemanden, der das hätte tun können. Mit vierzehn Jahren war ich ja alt genug, um zu begreifen, was mir gesagt wurde. Schließlich kam mein Vater nach oben. Er gab Mutti und Opa ein Medikament und sprach mit mir. Er rekonstruierte, was oben auf der Treppe und an dem Fenster im obersten Stock geschehen war, und sagte: »Es war halt zu spät.« Omas Depression hatte solche Ausmaße angenommen, daß man sie nicht zurückhalten konnte von dem, was Menschen in einer solchen Situation oft taten. Was eine Depression war, mußte er mir nicht erklären, da dies seit der Nacht, in der der »Kanonenschlag« in unserem Hof in Reinheim gezündet worden war und Oma in der Folge die Sprache verloren hatte, immer wieder besprochen worden war.
Mein Vater mußte die Beerdigung arrangieren, da Mutter selbst, nachdem sie sich von dem unkontrollierten und unkontrollierbaren Anfall erholt hatte, dazu nicht fähig war. Mein Großvater war immer noch weit weg. Bei ihm sah ich keine Tränen. Er sagte nicht viel mehr als: »Ich sah hin, und sie war net im Bett...« Oma wurde auf dem Neuen Jüdischen Friedhof begraben. Immer wenn ich nach Deutschland fahre, besuche ich das Grab, und die Szene auf dem Bürgersteig kommt mir wieder in den Sinn. Jedesmal sehe ich zu, daß ich an dem Haus vorbeigehe, in dem wir damals gewohnt hatten; dann gehe ich zu dem nächsten, in das wir gezogen waren, um der ewigen Erinnerung an das Schreckliche zu entkommen. Und immer, wenn ich mich der entscheidenden Stelle auf dem Bürgersteig vor dem Haus in der Eschenheimer Anlage nähere, weiche ich auf die Straße aus...
Wir zogen also wieder um und wieder nicht außer Landes. Wir hatten ja immer noch nicht unsere Pässe zurückerhalten. Der wirkliche Grund aber war, daß wir »Opa nicht allein lassen« konnten und er sich hartnäckig weigerte fortzugehen. Es war nicht nur der blinde Glaube an den »Rechtsstaat«, den selbst Omas Tod nicht ganz erschüttert hatte. Es war die Angst, mit 70 Jahren in ein fremdes Land zu gehen, dessen Sprache er nicht beherrschte und dem gegenüber er starke

Vorurteile hatte, obwohl er nie zugegeben hätte, daß er Vorurteile oder auch nur Tendenzen dazu hatte. Für ihn waren die Dinge eben so, wie sie waren.
Die Schwester meines Vaters war mit ihrem Mann nach New York ausgewandert. Mein Vater glaubte und sagte es, daß sie richtig gehandelt hatten. Aber auch das zeigte keine Wirkung. Julius Graf, der Schwager meines Vaters, war in Opas Augen nicht vertrauenswürdig: »Der ist immer unterwegs und hat diese verrückten Einfälle.« Und: »Der ist nicht seriös«, das sagte er über jeden, der nicht seinen »geradlinigen«, »feinfühligen« und »verantwortungsbewußten« Standpunkt teilte. Dies waren euphemistische Ausdrücke für das, was man – gelinde gesagt – einen kleinbürgerlichen, etwas bourgeoisen und wunderlichen Romantizismus nennen würde. Diese Haltung zeichnete sich im weiteren dadurch aus, daß sie grundsätzlich nie zur Diskussion stand. Das hieß, daß Toleranz anderen Ansichten gegenüber etwas Fremdes und Ungewohntes blieb, was geradezu mißtrauisch und als zu demokratisch beargwöhnt wurde.
Wir bezogen eine Wohnung in einem Haus in der Scheffelstraße, das an die Rückseite meiner Schule grenzte. Zweifellos war diese Lage der Hauptgrund, der uns, das heißt meine Mutter, diese Wahl treffen ließ. Für mich war das gut so. Es schränkte die Gelegenheiten, mit jemandem auf dem Schulweg, in einem Zug oder einer Straßenbahn reden zu müssen, ein, mehr noch, schloß dies sogar aus. Das bedeutete, daß ich mein kleines Notizbuch nicht mehr brauchte.
Omas Tod schwebte als dunkle Wolke über uns. Aber das Leben mußte weitergehen. Mein Vater eröffnete in der neuen Umgebung wieder eine Praxis und zog bald neue Patienten an. Ich genoß die Schule und saß abends mit einigen Schulfreunden, die klassische Musik liebten, zu Hause, um die Radioübertragungen des italienischen Senders EIAR zu hören. Sie sendeten Live-Opernübertragungen aus einem der großen Opernhäuser in Italien – dem Reale in Rom, La Scala in Mailand oder anderen in Florenz, Neapel und Venedig. Meine Ausbildung im Genre der italienischen Oper rührt von diesen Abenden in der Scheffelstraße 13. Nachdem meine Mutter und mein Großvater nach den Erlebnissen in Reinheim und nach Omas Tod in Frankfurt allmählich zur Ruhe kamen und sich befreiter fühlten, kam es bei meinem Vater und in der Folge bei mir zu einer entscheidenden Veränderung. Er wurde orthodox, ein über-

zeugter Zionist, eifrig darauf bedacht, dasjenige aufzuholen, was er als Jude versäumt hatte.
Mich bezog er in die Versäumnisse mit ein. Er konnte die Gewohnheiten meines Großvaters nicht mehr ändern, auch versuchte er erst gar nicht, Mutti zu beeinflussen, mit Ausnahme der koscheren Küche, auf der er seitdem regelrecht bestand. Aber mich konnte er gewinnen. Immer schon hatte das Judentum eine entscheidende Rolle in meinem Leben gespielt, Seite an Seite mit meiner »normalen« Erziehung in den Jahren kurz vor und während der Pubertät. »Normal« meinte hier, wenn auch zu der Zeit nicht ganz bewußt, die deutsche Erziehung.
Es begann alles damit, daß wir in die Synagoge am Börneplatz gingen, die nach Frankfurter Maßstab konservativ, nach gängiger amerikanischer Auffassung orthodox war. Der Rabbiner war Dr. Jacob Hoffmann, ein in Ungarn geborener Gelehrter, was sowohl die jüdische Religion als auch das deutsche kulturelle Erbe betraf. Zudem war er ein brillanter, im Stil anregender, wenn auch in seinem Temperament ruhiger Redner. Er wurde Idol und Ratgeber meines Vaters. Bald kam der Hebräischunterricht dazu. Aaron Lischner, ein junger Hebräischlehrer, kam mehrere Abende in der Woche, um meinem Vater Privatstunden zu geben. Ich wurde zum Einzelunterricht zu einem Talmudgelehrten, Rabbi Donath, geschickt, um die komplexen Strukturen innerhalb der großen rabbinischen Lehren der Mischna- und Gemara-Bücher zu studieren. Dies kam zu den normalen Religionsstunden im Philanthropin noch hinzu, und Samstag nachmittags wurde in Verbindung mit dem Synagogenbesuch in der Talmud-Thora-Schule gelernt. Ich wurde in eine Kultur gestoßen, die bisher in unserer Familie neben den Ritualen zu seltenen Gelegenheiten im Grunde nicht viel bedeutet hatte. Wer hatte nun recht? Opa oder mein Vater? Wo gehörte ich hin? Damals stellte ich diese Fragen nicht mit diesen Worten. Mir war nicht ganz klar, was um mich herum geschah.
Trotz allem war Frankfurt um so vieles besser als Reinheim. Der permanente Druck der Nazis auf die Juden, den die seit langem in Frankfurt ansässigen Juden stark und unheilverkündend empfanden, machte uns nicht viel aus. Wir hatten viel Schlimmeres erlebt als das, was nun in Frankfurt zwei bis drei Jahre später geschah! Die SA boykottierte ein oder zwei Tage lang jüdische Geschäfte und schmierte

widerliche Sprüche auf die Schaufenster. Firmen wurden »arisiert«, die großen Kaufhäuser wie Wronkers und Tietz auf der Zeil und Carsch an der Hauptwache.
Und wir hatten unseren Kulturbund. Aus den Frankfurter Orchestern und Opernhäusern entlassene Musiker bildeten ein jüdisches Orchester und Kammerensemble, und wir genossen nun unter uns die Musik. Und was war eigentlich so schlimm daran, seinen Unterhalt in einer gutgehenden, kulturell angesehenen, gutorganisierten und lebendigen Gemeinschaft aus 25 000 Juden zu verdienen? Was noch entscheidender war: Wir hatten unsere eigene vortreffliche Oberschule, das Philanthropin, gleichrangig mit dem Gymnasium, an dem ich mein »Abitur« machen konnte, um danach an der Universität zu studieren. Was will man mehr? »Vergleich das doch einmal mit Reinheim«, schien die Botschaft meiner Mutter und meines Opas zu sein, jedoch nicht die meines Vaters, der sich immer weiter von Frau und Schwiegervater zu entfernen schien, je näher er dem Jüdischen und dem Zionismus kam. Dort fand er so etwas wie Identität, was unweigerlich hieß, daß er seine Wahl getroffen hatte: Er war Jude geworden und nicht mehr so – wie bisher – Deutscher. Aber er war gefangen. Die übrigen Familienmitglieder waren nicht für die Emigration und ich, hin- und hergerissen zwischen den Positionen innerhalb der Familie, war vollkommen verunsichert. Ich war so damit beschäftigt, zwischen der Schule, Rabbi Donath und der Talmud-Thora-Schule hin und her zu rennen, meine Hausaufgaben zu erledigen und Freunde zu treffen, daß ich keine Zeit hatte, über irgend etwas außerhalb meines persönlichen Lebens nachzudenken. Ich ging an den »Stürmer«-Kästen, in denen die antisemitische Zeitung von Julius Streicher mit ihren gräßlichen Karikaturen der Juden ausgestellt wurde, ohne tiefere Erkenntnis vorüber. Auch das wurde Normalität, und wir achteten kaum mehr darauf. Man erzählte sich, daß ein jüdischer Junge auf dem Nachhauseweg von der Schule vor einem der »Stürmer«-Kästen stehengeblieben war und, als ob er auf die Titelzeile »Die Juden sind unser Unglück« antworte, mit Kreide ein »hoffentlich« auf den unteren Rand des Rahmens geschrieben hatte.
Ich wurde durch meine Mitschülerin Mathilde Rosenthal regelrecht betört. Sie war die Tochter eines angesehenen Frankfurter Arztes und – viel wichtiger – umwerfend schön. Sie trug eine Brille, was aber kaum etwas ausmachte. Sie war unerreichbar für mich, zumindest

gaben meine Mitschüler und meine Mutter mir das Gefühl. Im Hof des Philanthropin ging ich ein paar Schritte neben ihr her und war stolz darauf, daß sie mir antwortete, egal wie banal das Thema war, das ich angeschnitten hatte. Schließlich begleitete ich sie nach Hause in die Bockenheimer Anlage; das waren Momente höchsten Glücks. Aber wir hatten nicht viel Zeit, ihre Antworten blieben kühl, so gab es nicht viel mehr als diese flüchtigen Momente aufkeimender Hoffnung und eben die Phantasie...

Hitler wurde stärker, Deutschland immer mächtiger, die »Rassengesetze« wurden bekanntgegeben. Na und? Keiner aus unserer Familie oder dem Bekanntenkreis hatte vor, zu heiraten oder legte auch nur Wert auf die Gesellschaft von Nichtjuden jenseits der geschäftlichen und alltäglichen Notwendigkeiten. Auf die große, intellektuell und künstlerisch rege und hochentwickelte Frankfurter Gemeinde machte die nazistische Politik wenig oder gar keinen Eindruck. Für uns war es der Ausschluß aus einer Gesellschaft, die von unkultivierten, intellektuell, moralisch und sozial unakzeptablen Leuten angeführt wurde, die auch noch für sich beanspruchten, gute Deutsche zu sein.

Das Frankfurter Leben war in diesen Tagen grau, braun und schwarz. Und die schwarz-weiß-roten Hakenkreuzfahnen hingen überall. Grau waren der Stein und die Wände im Inneren des Philanthropin. Braun war die SA, die überall war. Und schwarz war die SS. Grau auch das Leben von uns Juden. Es war die meistgetragene Farbe. Es war auch die Farbe des Lebensgefühls: ungewiß, schwankend zwischen der dunklen Verzagtheit mancher Juden und der vorsichtigen, vertrauensseligen Hoffnung darauf, daß alles schon gutgehen werde.

Obgleich wir uns wohl dabei fühlten, in die jüdische Gemeinschaft einzutauchen, uns auf die Arbeit, die Schule, auf die Synagoge und auf Freunde zu konzentrieren, mußten wir uns sehr darum bemühen, dieses Gefühl der Normalität, an dem uns auf so verzweifelte Art gelegen war, aufrechtzuerhalten. Immer, wenn Hitler den nächsten Schlag gegen die Juden geführt hatte, war es der letzte in den Augen meines Großvaters und meiner Mutter und für all die anderen, die es vorzogen, sich an die wenigen verbliebenen schönen Dinge zu halten, anstatt sich in die Fremde aufzumachen.

Sogar noch viel später, als wir endlich gelernt hatten, die Zeichen zu deuten und das letztendliche Ausmaß des Grauens zu erahnen, wollte niemand von uns die unüberwindliche Macht der Verwurzelung wahrgenommen haben. Die Routine, das Gewohnte, ist für die Seele das, was für den Körper die Nahrung ist. Die Angst davor, das Gewohnte aufgeben zu müssen, macht uns blind. Wir lehnen die Gründe, die für eine radikale Veränderung sprechen, ab, selbst wenn der Befund letztlich von größter Gefahr zeugt. Anders gesagt, ich fing an, all diejenigen zu bewundern, die sich nicht unter dem Zwang brutaler Verfolgung, nicht erst wie wir nach der »Kristallnacht« im Angesicht des Todes, von ihrer Heimat losrissen, um woanders ein neues Leben zu beginnen. Ich meine die »Wirtschaftsflüchtlinge«, wie man sie im pejorativen Sinn bis auf den heutigen Tag bezeichnet (im Gegensatz zu den Opfern der Verfolgung): Die Iren, die ihre Heimat, in der es keine Zukunft mehr gab, verließen und nach Amerika gingen, die Menschen aus Apulien und Calabrien, die wenigen Juden wie Siegfried, der Cousin meiner Mutter, der während der Inflation im Deutschland der 20er Jahre sein Glück in Amerika versuchte, und die Pakistanis, Indianer, Koreaner und Griechen heute: das sind die Helden. Sie verabschieden sich von ihren Gewohnheiten und kappen ihre Wurzeln. Sie haben die Entscheidungen selber gefällt, anstelle eines Diktators, der die Entscheidung für sie getroffen hat.

Wir sahen zu, wie die Nichtjuden die Treppen zum Opernhaus hinaufgingen, von dem wir längst ausgeschlossen waren, lebten in unserem Ghetto mit den anderen »Deutschen jüdischen Glaubens« einigermaßen bequem und schmückten alles aus mit dem Schein der Normalität, was überzeugend sein sollte, aber den Zweifel nicht zerstreuen half.

Die Wiederbesetzung des Rheinlands war die erste »fremdländische« Eroberung der Nazis. Alles lief so glatt, und die Photos vom »Einmarsch« waren so eindrucksvoll, ebenso die Nachgiebigkeit Frankreichs, daß es schwerfiel, diesen Einsatz nicht zu bewundern. Meinem Vater waren jedoch andere Dinge wichtiger als glatte Verläufe dieser Art. Er machte sich über die Behandlung der Juden ebensowenig vor wie in bezug auf die »Neuordnung« Europas. Aber seine Ansichten kümmerten mich wenig, denn er hatte sich nie in meine Erziehung eingemischt, abgesehen von einigen seltenen Momenten. Die Folge davon war, daß dasjenige, was mein Großvater und meine Mutter mir in Verstand und Seele eingepflanzt hatten, den Rahmen meines Denkens und Handelns bildete. Dies vor allem, was die Prioritäten und, wichtiger noch, die Werte anlangte wie: Ordnung, Anpassungsbereitschaft, Akzeptanz und Pflicht. Und falls irgend etwas schiefging, so kam das »Wie konntest du« – und es war mein Fehler.

Das ließ wenig Raum, um die Autorität in Frage zu stellen. Hitler war zwar in intellektueller Hinsicht inakzeptabel, hatte jedoch klargemacht, daß er dazu auserwählt war, die Juden in den Griff zu bekommen (nicht zu vernichten!); er verkörperte die Regierung. Er war Autorität. Womit sollte sich ein auf Ordnung bedachter, autoritätsgläubiger, deutschfühlender, angsterfüllter Teenager identifizieren, der dazu noch den Talmud in sich hineingepaukt hatte? Was habe ich zu der Zeit gedacht und gefühlt? Dachte ich an Gefahren? Gefahr für unser Leben? Ja, alles, was ich sagte und tat, konnte uns in Schwierigkeiten bringen, und Schwierigkeiten bedeuteten meist den Tod. Und warum? Weil wir als Juden besonders vorsichtig sein mußten. Das darauf folgende »Warum?« wurde nie gestellt und genau dieses »Warum?« wurde in späteren Jahren – bis heute – vorherrschend. Damals schien es so, als ob die Deutschen entweder das Recht oder die Macht oder beides hatten, und wir nichts dagegen tun konnten. Alles, was wir tun konnten, war, vorsichtig zu sein. Die Tefillin am Morgen, die Synagoge, der Talmud und das Hebräisch – der Mittelpunkt von Vaters neuem Leben und durch seine Anordnungen meine neue Bürde – wurde mit dem Bild des »Phantasten« identifiziert, der Papi für meinen Opa und für meine Mutter immer war. Die wirkliche Welt und dasjenige, was zählte, war der Ort, an dem wir lebten, das Gesetz, das uns regierte und das wir zu befolgen hatten. Ob wir die Gesetze guthießen, ob sie uns paßten oder nicht, das spielte dabei keine Rolle. Der springende Punkt war, daß sie befolgt werden mußten, um uns dadurch unsere Sicherheit oder zumindest unser Überleben zu ermöglichen. Die Antwort auf die Frage nach der Zugehörigkeit, die immer unklar war und nie wirklich diskutiert wurde, liegt hier, in der grundsätzlichen Herrschaft der Deutschen und dem problematischen, nicht sehr realen Jüdischen, das ebenso unvermeidlich zu uns gehörte und das mein Vater unerklärlicherweise deutlicher hervorhob, als es nötig gewesen wäre.

Ein Ereignis Mitte der 30er Jahre verdeutlicht die Zwänge, die über unser Leben und in meinem Fall über meine Gefühle und Vorstellungen herrschten. Meine Mutter fand heraus, daß mein Vater einige

tausend Mark ins Ausland bugsiert hatte, dies aus Sicherheitsgründen, falls wir genötigt waren zu fliehen. Dies verstieß gegen das Gesetz und wurde mit hohen Geldstrafen, vielleicht sogar mit dem Tod, geahndet, wenn man Gelder ohne offizielle Genehmigung außer Landes schaffte. Und Juden bekamen niemals eine solche Genehmigung. »Ist das wahr?« fragte Mutter. Mein Vater versuchte es zu verharmlosen und wich der Frage aus, was meine Mutter nur noch wütender machte. »Ich will wissen, ob das wahr ist, da das bedeutet, daß du hinter Opas und meinem Rücken entschieden hast, unser aller Leben aufs Spiel zu setzen!« »Übertreib nicht«, so die eher gelassene Antwort meines Vaters, indem er immer noch versuchte, die Sache etwas herunterzuspielen mit der vagen Hoffnung, Mutter zu beruhigen. Statt dessen wurde seine Reaktion als Eingeständnis gewertet. Was von meines Vaters Seite aus als kleine Vorsichtsmaßnahme im Hinblick auf den Schutz unserer Familie gedacht war, wurde von Mutter als unverantwortliches und uns alle gefährdendes Vergehen gesehen. Selten waren die verschiedenen Standpunkte meiner Eltern und die grundsätzlichen Unterschiede in der Wahrnehmung dessen, was es bedeutete, deutscher Jude zu sein, offensichtlicher zu Tage getreten. Die Differenzen in Hinblick auf unseren Status – was war richtig oder falsch, sicher oder riskant, gut oder schlecht? – wurden nirgends so deutlich wie in diesem Zwischenfall, und zweifellos gab es viele vergleichbare Fälle in jeder jüdischen Gemeinde und in unzähligen jüdischen Familien.
Das Ergebnis dieser Auseinandersetzung war bereits vorprogrammiert im Sinne der herrschenden Kräfteverteilung. Es bedurfte keiner Abstimmung, da es in solchen Fällen immer »zwei zu eins« für die »legale«, ordentliche Lösung von Opa und Mutti stand. Ich zählte natürlich nicht. Schweren Herzens veranlaßte mein Vater die Rückführung der Gelder auf demselben Umweg, den er zur Ausfuhr benutzt hatte. Wir waren nun wieder »ehrlich«, was meiner Mutter ermöglichte, mit ihrer üblichen Dosis an Beruhigungsmitteln zu schlafen und auf die extra Dosis, die sie gebraucht hatte, bevor das Geld zurück war, zu verzichten.
Die Tatsache, daß meine Mutter mit niemandem, zuallerletzt mit Opa, ihrem dauernden Ratgeber, darüber sprechen konnte, machte die Sache noch schlimmer. Er hätte meinen Vater beschimpft, sobald er von der »Schiebung« erfahren hätte. Das Wort war Teil des jüdi-

schen Stereotyps, ein Hauptvorwurf im »Stürmer«, der den geldraffenden, international operierenden jüdischen Kapitalisten darstellte, welcher ständig damit beschäftigt war, sich durch illegale Machenschaften zu bereichern und die anständigen Deutschen um die Früchte ihrer Arbeit zu bringen. Im Wörterbuch der Nazis war ein »Schieber« etwas Schlimmeres als ein Mörder: Ein Mensch, der ein Gewehr oder ein Messer benutzte, war entweder verrückt oder mutig. Das eine war verzeihlich, das andere bewunderungswürdig. Ein Schieber aber war ein Krimineller, der im geheimen agierte, war ein Feigling, der für sein Verbrechen nicht verantwortlich sein wollte. Er war eben schleimig, »typisch jüdisch«. Zweifellos war dieses Bild des Juden, das der Nazismus nicht erfunden, lediglich weiterentwickelt hatte, ein wahrer Alptraum für Menschen wie Opa und meine Mutter. Für sie entsprachen zu viele Juden diesen Vorstellungen, außerdem war die peinliche Einhaltung der Gesetze die höchste aller Pflichten, wer auch immer sie gemacht hatte oder wie auch immer sie zustande gekommen waren.

Es kam das Jahr 1938 und der Einmarsch in Österreich, die wilde Begeisterung der Menge auf dem Heldenplatz in Wien, die mir, verbunden mit dem dünnen scharfen Nebenton selbst der besten Radios dieser Tage, nachhaltend im Ohr klingt. Und als Hitler weiter vorrückte, flüchteten immer mehr Mitschüler mit ihren Familien. Viele flohen in die USA, aber auch nach Südamerika oder Palästina. Viele, nur wir nicht. Die Schule und die anderen privaten Unterrichtstunden dauerten an: Die Gesangsstunde ersetzte den Geigenunterricht, den ich unglücklicherweise unter den strengen, aber nicht unattraktiven Augen von »Fräulein Schnerb« über mich ergehen lassen mußte. Der alte Herr Würzburger wurde mein neuer Musiklehrer, es wurde entschieden, daß ich eine schöne Baßstimme hatte, was eine Ausbildung rechtfertigte.

Ein neuer Höhepunkt kam früh genug. Diesmal waren es die Deutschen in der Tschechoslowakei, die »nach Hause« kommen wollten. Ihr Führer, Konrad Henlein, hielt ausladende weitschweifige Reden über die Verfolgung der unterdrückten, aber stolzen Deutschen, die unter der grausamen tschechischen Regierung litten. Ich hörte meinen Vater herzhaft lachen angesichts dieser Nazipropaganda. »Die armen Deutschen werden von den grausamen Tschechen unterdrückt!« sagte er, lachend über den perfiden Witz. »Das ist so, wie

wenn ich beschuldigt werde, den wilden Hund im Haus der Stühlingers gebissen zu haben! Ihr werdet sehen, Hitler ist im Begriff, sich das nächste Land einzuverleiben! Wir müssen jetzt wirklich raus hier! Es wird einen Krieg geben, und was wird dann mit uns passieren?«
»Mach dich nicht lächerlich«, sagte meine Mutter dann zu Papi. »Er kann sich nicht mit allen westlichen Alliierten schlagen. Außerdem sollten wir solche Themen nicht einmal ansprechen. Wer weiß, ob es nicht unser aller Ende bedeutet, wenn du so etwas außerhalb der Wohnung verkündest. Wir sollten uns um unsere Dinge kümmern und so oder so nicht über die Emigration sprechen, bis Robert sein Abitur gemacht hat.«
Mir fehlte immer noch ein Jahr bis zum Abitur. Die krisenhafte Atmosphäre im Osten spitzte sich zu. Dann kamen die Verhandlungen mit Großbritannien, und schließlich das Münchner Abkommen, welches Hitler das Sudetenland sicherte und Neville Chamberlain auf dem Rückweg von München nach London zu dem triumphalen Satz »Frieden in unserer Zeit« bewog. »Siehst du«, sagte Mutti zu meinem Vater, »ich hatte mal wieder recht. Die Alliierten haben Hitler gebremst, und er mußte ihre Bedingungen akzeptieren.« »Woher willst du das wissen?« sagte Papi. »Sie haben ihm gegeben, was er wollte, und jetzt denken sie, das war's. Siehst du nicht, daß das erst der Anfang ist? Die sind doch ganz blind, geblendet von ihrer Angst vor Stalin und dem Kommunismus!« Mein Vater entrüstete sich vor allem über die Polen, die sich auf die Seite der Nazis geschlagen und dafür von dem tschechischen Territorium ein kleines Stück Land um die Stadt Teschen herum abbekommen hatten. »Diese Bande«, fluchte er über die Rydz-Smigly-Regierung und derem Außenminister Beck, »sie sind die nächsten, die die Pistole im Genick spüren. Nur wissen sie noch nichts davon. Das sind Faschisten, diese Polen, kein Haar besser als die Nazis. Sie übervorteilen die Tschechen, kaum zu glauben. Aber sie werden die nächsten sein!«
Mein Großvater äußerte sich nicht einmal dazu. Mein Vater war in seinen Augen unrealistisch wie immer, zudem war es viel zu gefährlich, über diese Dinge zu sprechen. Meine Mutter brachte ihren üblichen Einwand, daß mein Vater über Dinge sprach, von denen er nichts verstand. »Du verstehst das alles, natürlich«, würde sie ironisch sagen, um dann wie gewohnt die »Sei realistisch und paß auf, was du sagst«-Botschaft zu wiederholen.

Wir blieben also weiterhin in Frankfurt. Es wurde November 1938; durch einen Pistolenschuß wurde Ernst vom Rath, ein Diplomat an der deutschen Botschaft in Paris, ermordet. Er wurde von einem polnischen Juden namens Grynszpan umgebracht, der mit dieser Tat die Welt auf die wachsende Gefahr Hitlers aufmerksam machen wollte, vor allem seine Politik gegen die Juden. Heutige Leser werden fragen: »Warum in aller Welt mußte er so etwas tun, um Aufmerksamkeit für eine Sache zu erregen, von der sowieso jeder wußte?« Es ist eine Frage, die durch späte Einsicht verstanden und, ja, auch entschuldigt werden kann. Was die Zeit um 1938 anbelangt, war den meisten Europäern – nicht nur den weit entfernten, abgeschiedenen Amerikanern – entweder nicht bewußt, was in Deutschland geschah und was Hitler plante, oder sie fanden es nicht allzu beunruhigend und hatten nichts dagegen, daß den Juden ein kleiner Tritt gegeben wurde, aus Furcht davor, daß sie zu selbstbewußt wurden und alles übernahmen... War es nicht schon genug, daß Frankreich einen jüdischen Premierminister (Leon Blum) und Deutschland einen jüdischen Außenminister (Walther Rathenau) gehabt hatte?

Meine Mutter änderte ihre Meinung am Morgen nach der »Kristallnacht«, dem 10. November 1938, gefährlich schnell. Wir hatten am 9. November den ganzen Tag über am Radio und am Telephon verbracht, als die Nazis in großem Stil ihre Warnungen vor dem »spontanen Volkszorn«, der sich als Folge des Mordes an vom Rath über ganz Deutschland ergoß, verbreiteten. Die vertraute antisemitische Rhetorik lief zu ihrer Hochform auf, erreichte den Gipfel widerwärtigster Schimpfreden. »Der Stürmer« schwang überall in der Luft. Und wir hatten Angst. Der Brand aller über das ganze Land verteilten Synagogen war vorhergesagt worden. Der »spontane Volkszorn« war bloß ein anderes Wort für »angeordnet«. Am Abend sahen wir den glutroten Schein über der nahegelegenen Synagoge in der Friedberger Anlage, der den grauen Herbsthimmel erleuchtete. Wir wußten, daß unsere Synagoge am Börneplatz, wie alle anderen, ebenfalls brannte.

Wir fühlten uns schutzlos und waren es. Zum ersten Mal stand uns unsere Nacktheit angesichts der Armee von SA und SS, ausgestattet mit raffinierten und schnell feuernden Waffen, klar und kalt vor Augen. Die Debatten der vergangenen fünf Jahre waren beendet. Der rote Himmel hatte ihnen eine Grenze gesetzt. Die Ahnung vor dem, was kommen sollte, bewahrheitete sich. Plötzlich hatte sich die Bedeutung dessen, was »realistisch« war, in unserer Familie radikal geändert. Mein Großvater war verstummt, gezwungen zu erkennen, daß er sich nicht länger auf den Schutz seines »Rechtsstaats« verlassen konnte. Und meine Mutter widersprach nun wütend. Das alles offenbarte sich am nächsten Morgen, dem 10. November, nach einer schlaflosen Nacht. Wir waren noch in unseren Schlafanzügen. Da keiner von uns schlafen konnte, kamen wir in regelmäßigen Abständen im Wohnzimmer zusammen, um darüber zu beraten, was wohl passieren würde. Gerüchte waren zu uns gedrungen, daß alle jüdischen Männer verhaftet und in Konzentrationslager gebracht werden sollten. Aber vielleicht betraf das nicht alle. Vielleicht ließen sie die Ärzte zurück, da sie gebraucht wurden. »Unsinn«, sagte mein Vater, »um Juden zu behandeln? Mach dich nicht lächerlich«, erwiderte er auf Opas Spekulationen. »Ja, wir müssen auf alles gefaßt sein«, räumte Mutti ein, was erstmals auf die Änderung ihrer Ansichten hinwies. »Wenn sie kommen«, sagte mein Vater zu mir, »und auch dich mitnehmen, dann versuche alles, um in meiner Nähe zu bleiben, hast du verstanden?« Wir gingen wieder in unsere Schlafzimmer, und ich hörte meine Eltern sprechen, während mein Großvater – und das war neu – ganz still blieb.

Der befürchtete Morgen brach an. Wir mußten uns nicht lange quälen, bis es an der Tür klingelte. Meine Mutter ging an die Tür und zog mich hinter sich her. Vor uns stand ein SS-Mann in der verhaßten schwarzen Uniform und ein Schupo, ein einfacher Polizist in blauer Uniform mit schwarzem Helm. Der Polizist sprach ruhig und höflich: »Ich habe den Befehl, Herrn Dr. Goldmann auf das Polizeirevier mitzunehmen. Sorgen Sie dafür, daß er sich bereitmacht.« In der Zwischenzeit war mein Vater zu uns getreten und ging wieder, um sich wortlos anzuziehen. Auch der SS-Mann blieb still. Nur meine Mutter nicht: »Ich weiß, was Sie vorhaben«, schrie sie den Polizisten an, der sich als Herr Roeth vorgestellt hatte. »Sie wollen meinen Mann in ein Konzentrationslager stecken!« Sie brach nun vollkommen mit ihrem früheren Verhaltensmuster, das aus Vorsicht und Besorgnis bestanden hatte, das in ihrem und meinem Leben so großgeschrieben wurde und das jeden Versuch meines Vaters, zu opponieren oder zu emigrieren, rigoros unterbunden hatte. Sie schleuderte den beiden Repräsentanten der Macht an der Tür Haß und Beleidigungen entgegen. Als Roeth versuchte, sie zu beruhigen, indem er ihr sagte, daß sein Befehl nur laute, meinen Vater auf das Polizeirevier zu bringen, unterbrach sie ihn: »Sie lügen, und das wissen Sie! Ihr seid alle Lügner! Ihr wollt uns vernichten. Wenn Sie schon dabei sind, warum nehmen Sie ihn nicht auch gleich mit?« schrie sie, auf mich deutend.

Ich fühlte mich in die Höhle des Löwen geworfen und wartete nun darauf, verspeist zu werden. Aber ich traute mich nicht, auch nur ein einziges Wort von mir zu geben. Ich war wie betäubt, voller Angst und ohne den festen Grund, auf dem ich bis dahin so solide und zuverlässig gestanden hatte. Hier standen wir nun, in unseren Schlafanzügen und Schlafröcken, mit den bis auf den Boden heruntergebrannten Synagogen. Mein Vater machte sich fertig, um einem unbekannten und wahrscheinlich fürchterlichen Schicksal entgegenzugehen. Meine Mutter beschimpfte die Menschen, die unbegrenzte Macht über uns hatten, gegen die man sich nicht wehren oder auflehnen konnte.

Mein Vater hörte Mutters Schimpftirade – wie hätte er sie auch überhören können – und kam, angezogen und mit seinem Mantel bekleidet, an die Tür. Er legte meiner Mutter nahe, mich ins Bett zu bringen, da er letzte Nacht eine erhöhte Temperatur bei mir gemessen habe und davon ausgehe, daß ich eine Grippe bekäme. Ich verstand, was er damit sagen wollte, und Mutti glücklicherweise auch, trotz ihrer Wut. Mein Vater suchte nach einer letzten, wenn auch wenig hoffnungsvollen Möglichkeit, mich vor der Gefangennahme zu bewahren. Roeth stimmte sofort zu, indem er sagte, daß meine Mutter gut daran täte, dem Rat des Arztes zu folgen. Er fügte hinzu, daß er keinen mich betreffenden Befehl habe. »Wie alt ist Ihr Sohn?« fragte er. »17«, antwortete Mutter und sagte in rasender Wut: »Aber macht das für euch irgendeinen Unterschied?« »O nein, Frau Goldmann«, sagte Roeth, »diese Anordnung betrifft nur jüdische Männer ab 18. Also, bitte machen Sie sich keine Sorgen wegen Ihrem Sohn, schicken Sie ihn ins Bett, damit er seine Grippe kuriert. Und ich bin ganz sicher, daß Dr. Goldmann bald zurückkommt.«

Mein Vater küßte meine Mutter und mich zum Abschied (Opa war in seinem Zimmer geblieben), gab meiner Mutter mit einem Blick und einer Geste zu verstehen, daß sie sich beruhigen solle, und ging mit den Männern fort. Der SS-Mann hatte nicht ein einziges Wort gesagt.

Wir riefen Opa und berichteten ihm, was geschehen war; dann wurde ich ins Bett geschickt. Meine Mutter war vor Erschöpfung ganz still geworden. Opa sagte nichts; sein lebenslanges Vertrauen und auch sein Bild vom »Rechtsstaat« mußte zumindest erschüttert, wenn nicht zerbrochen sein.

Aber warum war Roeth so geduldig? Was konnte an dem Tag des allgemeinen »spontanen Volkszorns« nur hinter seiner scheinbaren Besorgnis stecken? Es herrschte Kälte im Zimmer und in unseren Gedanken und Gefühlen. Nichts schien mehr etwas zu bedeuten. Gestern noch war meine Mutter damit beschäftigt, alles sauber und ordentlich zu halten. Was machte das noch aus? Würde Papi nach Buchenwald gebracht, Gerüchten zufolge ein Konzentrationslager, in das die jüdischen Männer geschickt werden sollten? Was würden sie dort mit ihm machen? Würden sie auch mich abholen? Wenn ich nach Buchenwald käme, würde ich ihn finden, damit wir wenigstens zusammen waren und uns gegenseitig helfen konnten?

Wir hatten nicht viel Zeit, um uns mit diesen quälenden Gedanken zu beschäftigen. Ein Knall vor der Haustür ließ uns zusammenfahren. Ein Haufen von 15 bis 20 brutalen Kerlen brüllte antisemitische Parolen: »Saujuden, verdammte Aussauger, jetzt kriegt ihr, was ihr verdient«, während sie uns in die Küche drängten, die Tür hinter uns zuknallten und dazu übergingen, die Möbel im Speisezimmer umzuwerfen. Wir wußten, was sie taten, da wir hörten, wie die große Vitrine fiel und das Glas und Porzellan am Boden zerschmetterte. Wir hörten das Holz krachen, weiteres Geschirr zersprang auf dem Boden. Und der schrille Klang der brechenden Gläser mischte sich mit den Schreien »weiter, weiter – dort drüben« und ähnlichen Ausrufen, die auf erneute Entdeckungen und gegenseitige Anfeuerungen schließen ließen. Wir gaben keinen Laut von uns, waren reglos und emotionslos. Was bedeutete uns das noch, nachdem sie Papi weggebracht hatten. Wir alle würden bald tot sein ... was gingen uns noch die Möbel an?

Das waren unsere Gedanken in der Küche; später tauschten wir uns darüber aus, was wir während der wenigen Minuten der Zerstörung, die uns wie Stunden vorkamen, empfunden hatten. Plötzlich kehrte Ruhe ein. Die Küchentür öffnete sich, und der Anführer sagte: »Sie könne jetz' rauskomme, wir sin' fertig.« Wir sahen auf ein Meer von Scherben und spitzen Glas- und Kristallsplittern.

Der Name »Kristallnacht« war in unserem Fall nicht ganz richtig. »Kristallmorgen« wäre genauer gewesen. Eigentlich und fälschlicherweise stand der Name für den Brand der Synagogen, der sich in der Tat nachts ereignete, und die Verhaftung der jüdischen Männer. Das zerbrochene Glas war nicht das Wichtige, da es sich um wiederherstellbares und ersetzbares, materielles Gut handelte. Ich denke seit langem, daß der Name – auch wenn er für ein unwissendes Publikum eindrucksvoller klingt – die tiefe menschliche und kulturelle Wunde herabminderte, die während dieser Nacht und am nächsten Morgen geschlagen wurde und die Deutschlands große, lebendige und vertrauensvolle Jüdische Gemeinde – ja im Grunde ganz Deutschland – getroffen hatte. Die Deutschen hatten zu dem Zeitpunkt ihren Führer nicht nur akzeptiert, sie verehrten ihn sogar. Aber war das wirklich so einfach? Ist das alles mit dem splitternden Glas und den Möbeln zu Bruch gegangen? Die deutschen Werte »Dem Wahren, Schönen, Guten« prangten weiter auf dem Frankfurter Opernhaus, und was war mit »Faust«, mit seiner kühnen und vertrauensvollen Wette im Hinblick auf den menschlichen Anstand? Die Ideale der Emanzipation, hergeleitet von der Französischen Revolution und ihren deutschen Nachfahren, hatten einen Moses Mendelssohn dazu bewogen, seine Wette mit dem deutschen Volk abzuschließen – ob die Wette ihm nun nicht verwegen erscheinen würde?

Im Laufe des Vormittags am 10. November 1938 gab es einen kleinen Hoffnungsschimmer durch eine unerwartete Antwort auf diese Fragen. Weniger als eine halbe Stunde, nachdem die Zerstörerbande gegangen war, klingelte es wieder an der Tür, und das, obwohl nach dem Ausbruch des spontanen Zorns nun jeder hineinspazieren konnte, ohne sich anzumelden. Meine Mutter ging an die Tür, und ich konnte vom Bett aus das Gespräch hören. Es war Roeth. Ich spähte heimlich ins Zimmer und sah, daß er in Uniform war, aber eine normale Schirmmütze anstelle eines Helms trug. Das bedeutete, daß er nicht im Dienst war.

»Jetzt kommen Sie also wegen meinem Sohn, richtig?« sagte meine Mutter, allerdings weniger wütend, dafür aber mit mehr Traurigkeit als vorher. »Nein, Frau Goldmann, bitte glauben Sie mir. Lassen Sie ihn im Bett, bis er wieder gesund ist«, sagte Roeth. »Ich komme, um das Scheckheft zu holen. Dr. Goldmann erwähnte, daß Sie keinen Zugang zu dem Konto haben, da Sie nicht Mitinhaberin sind. Er möchte, daß ich ihm das Scheckheft bringe, damit er die Schecks unterzeichnen kann. Ich bringe sie Ihnen dann zurück. Auf diesem Wege können Sie Geld abheben, wann immer Sie welches brauchen.« »Sie wollen, daß ich Ihnen das glaube?« fragte meine Mutter, die bei jedem Wort ärgerlicher wurde. »Jetzt wollen Sie also auch noch unser Geld und erfinden dafür dieses dumme Märchen!« »Nein, nein«, sagte Roeth, »bitte glauben Sie mir, ich sage die Wahrheit. Der Doktor und niemand anderes bat mich darum, das zu tun; das schwöre ich.« Meine Mutter ging, um das Scheckheft zu holen, und ich hörte sie schimpfen: »Also gut, nehmen Sie's, das macht auch schon keinen Unterschied mehr.« Ich hörte Roeth sagen, wie furchtbar er sich fühle in Anbetracht dessen, was die Kerle aus unserer Wohnung gemacht hatten. Er entschuldigte sich für dieses »schreckliche Unrecht«. Meine Mutter nahm das gar nicht zur Kenntnis. Roeth ging.

Als wir die zertrümmerte Wohnung inspiziert und uns gerade überlegt hatten, wie ein bißchen Ordnung in dieses Chaos zu bringen war, klingelte es wieder. Es war weniger als eine Stunde her, seitdem Roeth uns verlassen hatte, und schon war er wieder zurück. Zur großen Überraschung meiner Mutter drückte er ihr das Heft voller unterschriebener Schecks in die Hand. Schließlich war Mutti davon überzeugt, daß er vertrauenswürdig war. Zum ersten Mal richtete sie ein höfliches Wort an Roeth: »Vielen Dank. Es tut mir leid, daß ich Sie beschimpft habe.« Roeth aber erwiderte bloß, daß er dies verstehe. Sogleich stand ich auf, um die Szene an der Haustür zu verfolgen. Es gab keinen Grund mehr, sich diesem Mann gegenüber krank zu stellen. »Frau Goldmann«, sagte Roeth weiter, »bitte geben Sie mir ein Paar Socken und etwas Unterwäsche, und legen Sie es in einen kleinen Koffer. Bereiten Sie bitte auch einige belegte Brote. Es ist unklar, wann Doktor Goldmann entlassen wird, obwohl ich zuversichtlich bin, daß es nicht allzu lange dauert. Aber ich möchte das für ihn mitnehmen, nur für den Fall. Er hat mich nicht darum gebeten, aber ich glaube, es ist besser, Vorsichtsmaßnahmen zu treffen.«

Roeth muß zu diesem Zeitpunkt gewußt haben, daß Buchenwald der Bestimmungsort meines Vaters und der anderen jüdischen Männer war. Er leugnete es nicht, als meine Mutter ihn danach fragte. Er sagte nur, er wisse nicht sicher, was geschehen würde. Offensichtlich wollte er Mutti beruhigen, ihr aber auch keine Lügen auftischen. Nach dem Krieg nahmen wir zu Roeth Kontakt auf, wir besuchten ihn. Er war aufgestiegen, hatte eine gute Stellung im Frankfurter Polizeipräsidium, was zum Teil der freiwilligen Zeugenaussage meines

Vaters zu verdanken war und vielleicht auch der Aussagen anderer, denen er geholfen hatte.
Was wir die Jahre über besprochen hatten, fand ich bei meinem Besuch bei Roeth 1955 bestätigt: Es gab nichts, womit man sich erkenntlich zeigen oder Roeth und andere »Gerechte« angemessen ehren konnte – so großartig war ihr Sinn für Anstand. Auch gab es keinerlei Erwartung einer Anerkennung oder Belohnung bei diesem seltenen Menschenschlag. Eine kleine Gruppe von Männern und Frauen innerhalb des besetzten Europas und in Deutschland taten, was sie für notwendig hielten, ohne sich dabei mutig und heldenhaft zu fühlen, auch wenn ihnen die Nachkriegsgeneration das so dringend bescheinigen wollte. Sie sind die wirklichen Helden des Krieges, da sie nicht um der Anerkennung willen handelten. Sie fühlten sich unbehaglich, wenn ihnen Auszeichnungen zuteil wurden. Nicht, weil sie schüchtern waren, sondern weil sie nicht wußten, warum so viel Wirbel darum gemacht wurde. Daß bei ihnen das Bewußtsein für ihren Mut fehlte, wurde zum Zeichen ihres Anstands.
An jenem Morgen 1938 wurde uns die Bedeutung von Roeths Verhalten nicht bewußt. Alles, woran wir denken konnten, war: Wo ist Papi? Und meine Mutter wartete immer noch darauf, daß man auch mich holen kam. Aus ihr war ein anderer Mensch geworden. So wie ihre Mutter von einer Minute auf die nächste, nachdem der »Kanonenschlag« in unserem Hof in Reinheim explodiert war, krank und sprachlos geworden war, wurde die Tochter nun eine andere. Ihr Charakter und ihr Benehmen schlug praktisch in dem Augenblick um, als am 10. November 1938 die beiden uniformierten Männer vor unserer Haustür auftauchten. Als die Tage vergingen und es zur Gewißheit wurde, daß Vater und Tausende jüdischer Männer tatsächlich nach Buchenwald deportiert worden waren, beruhigte sich Mutti. Sie kehrte aber nicht zu ihrem früheren ängstlichen Wesen zurück. Sie blieb wütend, war aber nicht mehr so unkontrolliert oder panisch wie an jenem Morgen. Statt dessen setzte sie all ihre Kräfte zur genauen Planung der Emigration ein. Sie kümmerte sich um die Instandsetzung und den Erwerb neuer Möbel, neuen Porzellans und anderer Haushaltsgegenstände, die zerstört worden waren, sowie um die medizinische Ausrüstung meines Vaters, um die Geräte, die der Mob zerbrochen hatte. Wir würden das alles in Amerika brauchen; hier mußten wir es kaufen, ungeachtet der Ungerechtigkeit hinsichtlich

der Preise und anderer Probleme, die einen normalerweise beschäftigt hätten. Ja, auch wir mußten unseren Teil zu der immensen Kontribution zahlen, die die Naziregierung über alle deutschen Juden als kollektive »Sühneleistung« für das Attentat Grynszpans verhängt hatte.
Mein Großvater hatte sich nicht so wie Mutter gewandelt, hatte nicht zu der Realität gefunden, die sie nun akzeptierte und auf der sie ihre Planungen baute. Immerhin war sein Vertrauen in den Rechtsstaat brüchig geworden. Während er mit Mutter und mir auf meines Vaters Rückkehr wartete, war er gezwungen, den Tatsachen ins Auge zu sehen, Tatsachen, die er noch ein paar Tage vorher als wüste und geradewegs unpatriotische Spekulationen von sich gewiesen hätte. Wir dachten nicht nur darüber nach, wann mein Vater zurückkehren würde, sondern auch darüber, ob er überhaupt wiederkommen würde. Und wenn er käme, in welcher Verfassung würde er sein?
Jede Verpflichtung innerhalb meiner täglichen Routine war nun aufgehoben. Das von Juden besuchte und geleitete Philanthropin hatte seinen Schulbetrieb eingestellt. Talmud-, Gesang- und Tanzstunden fanden nicht mehr statt. Alles schien unterbrochen worden zu sein, und die einzigen Menschen, mit denen wir sprechen konnten, waren Betroffene anderer Familien, deren Ehemänner, Väter oder Brüder ebenfalls abgeholt worden waren. Das führte jedoch nur zu unendlich vielen Gerüchten und Spekulationen und förderte Depressionen. Meine Mutter sprach auch mit einem HAPAG-Mitarbeiter, der in unserer Familie während der Gespräche über Emigration zu einer bedeutenden Figur geworden war. Er war eine gute Informationsquelle nicht nur darüber, was die Ausreise betraf, sondern auch im Hinblick auf die Wartedauer für ein amerikanisches Visum und auf die politische Situation. Ihm konnte man trauen, und da er Nichtjude und der einzige in einer nichtjüdischen Institution war, mit der wir in Berührung kamen, wurde er eine Autorität. Er war, wie meine Eltern später feststellten, auch einer der wenigen, dem die Juden am Herzen lagen, und das weit über die Erfordernisse seines Dienstes als Vorstand einer Reisegesellschaft hinaus. Dann gab es noch Herrn Beutel, unseren Steuerberater, der sich jedoch mehr an seine berufliche Verantwortung hielt.
Wir räumten die Wohnung auf, planten und träumten jetzt von Amerika und von Onkel Siegfried, dem Cousin meiner Mutter in New York, und den Grafs in der 149. Straße, die uns das Affidavit ausstel-

len sollten. In den Tagen nach dem 10. November wurde Amerika zum Kap der Hoffnung, aber es war eingehüllt in einen unglaublichen Nebel von »wenn und ob«. Das größte »ob« war Papis Rückkehr. Ein anderes mein Abitur. Ja, selbst im Sog der »Kristallnacht« plante meine Mutter die Ausreise erst nach dem Abitur. Es gab auch das »ob«, bezogen auf das amerikanische Visum. Die deutsche Quote war seit langem überschritten, weshalb Wartelisten für die Personen, die die notwendigen Papiere hatten, erstellt worden waren. Diejenigen, die ein von amerikanischen Bürgern ausgestelltes Affidavit vorweisen konnten, erhielten Priorität. In diesen Tagen gab es keine Möglichkeit, die weniger genutzten und damit unvollständigen Quoten, wie diejenigen, die es für Großbritannien oder andere nichtbesetzte Länder in der Welt gab, den hoffnungslosen Nöten der Juden im besetzten Deutschland zugänglich zu machen. Amerika entwickelte seine Sensibilität für die Notlage der Opfer der Verfolgung und für die der Flüchtlinge erst nach dem Krieg.

Meine Mutter schlief so gut wie nie, und ich schlief nur, wenn ich vollkommen erschöpft war. Eines glorreichen Tages – es war in der zweiten Dezemberwoche – kam mein Vater wieder. Er war einer der ersten Juden, die zurückkehrten. Unsere Freude war grenzenlos. Wir umarmten und küßten ihn, liebten geradezu den strengen Geruch, den er nach Wochen schlechter oder nichtvorhandener Hygiene ausströmte. Diesen Geruch habe ich noch immer in der Nase; es war eine Mischung aus der abgestandenen Luft einer nicht belüfteten Toilette und dem ekligen Geruch unseres Kellers in Reinheim, wo Kohle, Kartoffeln und alte Möbel gelagert wurden.

Als die erste Freude nachließ, merkten wir erst, wie Papi aussah: Sein Kopf war kahlgeschoren, wo er doch sonst so volles, immer gutgeschnittenes Haar hatte. Und dünn war er. Seine Wangen waren eingefallen, seine Nase schien um vieles länger geworden zu sein, sein Körper, der bisher eher stämmig gewesen war, war nur noch die Hälfte von dem, was er vor dem 10. November war. »Gott sei Dank«, sagte meine Mutter, und Opa umarmte ihn ebenfalls. »Erzähl uns, was passiert ist, und wie du dort herausgekommen bist«, sagte meine Mutter. Aber Papi wollte zuerst ein langes Bad nehmen; er sagte, er habe in all der Zeit, in der er weg war, nicht baden können. Zuvor wollte er seine Kleider loswerden. »Wirf sie weg, oder verbrenn sie!« sagte er zu meiner Mutter.

Dr. Jacob Goldmann (geb. 1887) nach seiner Entlassung
aus dem Konzentrationslager Buchenwald (Dezember 1938)

Bis auf den heutigen Tag weiß ich beinahe nichts von dem, was in Buchenwald in den vier Wochen zwischen November und Anfang Dezember 1938 geschehen ist. Mein Vater sprach so gut wie nie darüber. Er sagte immer wieder, ihn habe nur gekümmert, was mit mir passieren würde. Das einzige, was er sagte, war, daß es ihm gelungen sei, den Schlägen der Wachmänner zu entgehen, und daß viele Menschen in den Graben, der den Häftlingen als gemeinsames Klo diente, gefallen waren. Man mußte behende sein und gut balancieren können, um sich auf dem schmalen Balken über dem Graben zu halten.
Die Veränderung, die an dem Morgen, an dem sie die Männer angeschrien hatte, über meine Mutter gekommen war, hielt an. Mutter dachte praktisch, weniger emotional, war aber auch um vieles trauriger geworden. Ihre Traurigkeit war nicht zu vergleichen mit der Verzagtheit, die in ihren depressiven und hoffnungslosen Äußerungen der Vergangenheit Besorgnis widerspiegelte. Es war die gesunde, normale Antwort auf die trübe Realität, der wir gegenüberstanden. Anstelle der Lähmung durch Angst und Besorgnis, die dazu geführt hatte, daß alle schwierigen Entscheidungen meinem Vater überlassen worden waren, war sie nun wachgerüttelt und durch die »Kristallnacht« und die darauf folgenden Wochen auf alles gefaßt. Es war, als ob die Belanglosigkeiten auf einmal kraft der Erlebnisse ausgelöscht waren. Von nun an wurde die Planung der Emigration ernsthaft in Angriff genommen. Es wurden Vereinbarungen mit der Schwester meines Vaters und ihrem Mann, den Grafs in New York, getroffen, um die Wartezeit auf das amerikanische Ausreisevisum in England zu überbrücken. Unsere Pässe wurden überprüft und mit den nötigen Stempeln für die Emigration versehen.
Mein Großvater sah und hörte das alles, ohne viel Worte zu verlieren. Eines aber machte er uns klar: er würde uns nicht begleiten, sondern weiterhin in Frankfurt bleiben. Falls wir wirklich gehen würden, würde er sich nach einem Zimmer in einer »Pension« umsehen, wo er unterkommen und die ihm verbleibenden Jahre verbringen könne. Zu diesem Zeitpunkt war er 73 Jahre alt. Er protestierte nicht mehr gegen unsere Pläne – wie konnte er es auch angesichts meines Vaters, der aus dem Lager zurückgekehrt war? –, aber er gab nicht nach, was seine eigene Zukunft betraf.
Vater erholte sich schnell. Sein Leben war immer schon geprägt gewesen von Rückschlägen und Zwischenfällen. Ich glaube, er hat seine

Gegner gestraft, indem er ihre Schläge an sich abprallen ließ und immer an seiner Arbeit und an seiner Verantwortung festhielt. Binnen weniger Wochen trieb er unsere Auswanderungsbemühungen voran, dies um so leichter, da er sich nicht mehr mit Einwänden meines Großvaters und der Verdrießlichkeit meiner Mutter abgeben mußte. Sie war an seiner Seite und ich natürlich auch. Ich wäre am liebsten gleich nach England gefahren. Im Dezember hatte ich meinen Paß und die notwendigen Bescheinigungen für England zusammen, die es mir erlaubten, dort auf mein Einreisevisum für die USA zu warten. Jeder von uns und vor allem ich fürchteten uns vor einer weiteren »Kristallnacht«. Am liebsten wäre es mir gewesen, wir wären alle fortgegangen, sobald die nötigen Papiere kamen – einerlei, was mit den Möbeln, Geräten und anderen für mich unwichtigen Dingen geschah, mit denen sich meine Eltern, vor allem meine Mutter, im Geiste ständig beschäftigten.

Wichtig war, daß Großvater einigermaßen gut untergebracht wurde, zumindest so gut, wie es für einen Juden in diesen Tagen möglich war. Seine Entscheidung, nicht mit uns zu gehen, war unwiderruflich. Aber so einfach war das nicht. Wichtige Argumente mußten gegeneinander abgewogen werden. Eine hastige, panische Abreise kam nicht in Betracht. Darin waren sich mein Vater und meine Mutter einig, und ich stimmte ihrer Ansicht zu. »Ohne Abitur gehst du nicht weg!« so meines Vaters Entscheidung.

Ich sollte die Schule beenden und mein Reifezeugnis erhalten, was man in Deutschland als Bedingung einer Karriere und eines Lebens, das den Schüler anderen Söhnen und Töchtern aus »guter« Familie gleichwertig machte, ansah. »Aber die Schule ist doch seit Wochen, seit der ›Kristallnacht‹ geschlossen. Manche Lehrer sind verletzt worden und können nicht unterrichten. Wer weiß, wie das alles weitergeht und ob es überhaupt eine Abschlußprüfung geben wird«, sagte ich. »Du wirst dafür lernen und arbeiten. Die Schule wird bald wieder geöffnet, und ich bin ganz sicher, daß es ein Abitur geben wird«, antwortete mein Vater. »Bist du in die Schule gegangen und hast gute Noten erhalten, um das alles aufzugeben, gerade jetzt vor Torschluß?« lautete die rhetorische Frage meines Vaters. Es brauchte nicht viel, um mich zu überzeugen. Die Einwände, die ich machte, kamen zögernd, ohne allzuviel Überzeugung vor dem Hintergrund des allumfassenden Respekts, den ich den Urteilen meiner Eltern entgegenbrachte. Wie konnte ich, ein Siebzehneinhalbjähriger, es nach all dem wagen, die Weisheit meiner Eltern in Frage zu stellen? Ein tief verwurzeltes und behutsam gepflegtes Verhalten erlaubte nur leise Andeutungen einer Differenz in Sichtweise oder Gefühl, damit das gefürchtete »Wie konntest du« mit all seinen aufreibenden Schuldgefühlen nicht wieder aufkam. So erwarben meine Eltern neue Möbel und medizinische Apparaturen und bezahlten all die Steuern und anderen Summen, die das mit sich brachte... Und ich ging auf mein Zimmer, um für eine Prüfung zu pauken, die vielleicht niemals stattfinden würde...

Selbst mein Vater, der Einzelgänger und Jude, der durch die Hölle von Buchenwald gegangen war, konnte sich nicht ganz vom Sog der Verpflichtungen freimachen, die Gewohnheit und Klasse erforderten. Um sicher zu gehen, daß die Entscheidungen auch im allgemeinen Maßstab gerechtfertigt waren, ließ er Vorsicht walten im Hinblick auf unsere Zukunft in Amerika: Wir mußten so gut ausgestattet sein wie irgend möglich, um eine wirkliche Chance zu haben. Wir wollten es vermeiden, unseren Verwandten zur Last zu fallen. Aber mit der fortwährenden Drohung neuer Lebensgefahren im Deutschland der Jahre 1938/39 war Vorsicht ein schwacher Ratgeber. Es war die kulturelle Tradition, die uns hielt.

Das Philanthropin öffnete tatsächlich seine Pforten wieder. Dr. Marbach, unser Lateinlehrer, saß an dem Pult, mit vernarbtem und verbundenem Gesicht. Andere Lehrer hinkten oder trugen neue Brillen, welche die Veränderungen in den Gesichtern, die kleiner und dünner geworden waren, betonten. Aber eine Abitursprüfung würde es geben! Auch wenn wir diese nur noch zu acht bestehen würden. Und auch wenn der Direktor, Albert Hirsch, nicht sicher davon ausgehen konnte, daß die jüdisch verwaltete, aber öffentlich anerkannte Institution weiterhin den Stempel des staatlichen Erziehungsministeriums, vertreten durch einen beaufsichtigenden Schulrat, erhalten würde.

Wie konnten wir nur davon ausgehen, daß wir die offizielle Anerkennung bekommen würden – eine jüdische Schule mit einem deutschen Lehrplan im Jahre 1939? Die bloße Vermutung erscheint grotesk. Aber es gelang, wie sich herausstellte. Da dem Philanthropin bisher sein Status noch nicht aberkannt worden war, war es berechtigt, das Abitur unter staatlicher Aufsicht abzunehmen. So kam am 29. März 1939 Herr Dr. Seidel mit einem glänzenden Hakenkreuzabzeichen am

Revers zu uns, um unsere Zeugnisse zu unterzeichnen und mit dem Hakenkreuzstempel des Oberpräsidenten der Region Hessen-Nassau zu versehen.

Unsere mündliche Prüfung an diesem Tag wurde allerdings geändert. Das Hakenkreuz zeigte seine Wirkung auf das Verfahren der Lehrer, die Schüler in einer Auswahl von Fächern zu prüfen, die im voraus feststanden und die die Vorbereitung der Schüler auf das Abitur bestimmten. »Diese Schüler werden nicht im Fach Deutsch und Geschichte geprüft«, verkündete Dr. Seidel. »Jüdische Schüler sind per definitionem nicht in der Lage, diese Fächer zu begreifen, und sind es nicht wert, mit ihnen umzugehen. Statt dessen werden die Schüler mit der Fächerkombination Deutsch und Geschichte in Physik und Chemie geprüft.«

Ich fühlte mich so, als ob das Ende gekommen sei. Nicht nur hatte ich mich auf Deutsch und Geschichte vorbereitet, sondern ich war von meinem Wesen her für die beiden naturwissenschaftlichen Fächer ungeeignet und hatte daher seit Monaten kein Chemie- oder Physikbuch mehr angerührt. Aber Dr. Narewczewitz, ein vernünftiger und feiner Lehrer mit einem Sinn für Humor, ging sehr gut mit diesem Problem um. Die Fragen waren einfach, obwohl sie in komplizierter Sprache verfaßt waren (in der berechtigten Hoffnung, daß sich Seidel nicht gut in Naturwissenschaften auskannte), und wenn die Antworten nicht genügend überzeugten oder unvollständig waren, bekundete Dr. Narewczewitz mit herrlich vielsagendem Gesicht oder übertriebener Körpergestik sein Einverständnis und brachte durch unzählige Fragen das heraus, was noch ergänzt werden mußte. Wir bekamen unsere amtlich bestätigten Zeugnisse, allerdings mit einer Änderung: Seidel hatte einen schwarzen Stempel benutzt, um das Wort »offiziell« auf der ersten Seite des Zeugnisses unkenntlich zu machen. So waren wir nicht länger »öffentlich«. Auf Seite drei prangte Seidels Unterschrift neben derjenigen von Dr. Hirsch und das Hakenkreuz des Oberpräsidenten neben dem Stempel des »Direktor des Philanthropins«.

Jetzt war ich fertig zur Abreise nach England. Es schien, als ob sich durch das Erlebnis der »Kristallnacht« und ihre Nachwirkungen meine Gefühle gewandelt hatten, vielleicht sogar gereift waren. Ich war begierig darauf, Deutschland zu verlassen. Das einzige, was mich bekümmerte, war die Frage, wann meine Eltern nachkommen würden... wie lange es dauern würde, bis die Möbel verpackt und deren

Verschiffung in die Wege geleitet sein würde? Die dem zugrundeliegende Sorge war die, ob sie überhaupt kommen würden und ob nicht eine weitere »Kristallnacht« drohe. Ich aber war aufgeregt, als meine Mutter meine Koffer packte (mit meinen 18 Jahren konnte ich dies wohl doch noch nicht selbst).

Ich passierte die deutsch-holländische Grenze bei Emmerich am 8. Mai 1939, reiste über Hoek van Holland nach Harwich und erreichte London am folgenden Tag.

Flucht aus Deutschland
Über London nach New York

Als ich am Bahnhof Paddington aus dem Zug stieg, erkannte ich Eva Metzger, eine Cousine zweiten Grades, deren Eltern Anfang der 30er Jahre von Mainz nach London ausgewandert waren. Ich ging ihr entgegen. Der große Bahnhof versetzte mich in Aufregung, seine rege Geschäftigkeit, untermalt von den Tönen, die mir Nachahmungen von Herrn Plaut, unserem Englischlehrer am Philanthropin, zu sein schienen. Die vielen »Ohs« und »Nauss« klangen genauso übertrieben wie die gezerrten Vokale, deren Nachahmung Plaut so beharrlich und entschieden von uns forderte. Ich schauspielerte gern, so fiel es mir nicht schwer, in den Chor miteinzustimmen, so gut es mir meine Deutsch gewohnte Kehle und Zunge gestatteten. Ich wußte, daß mein Vater über mich gelacht und gesagt hätte, daß es so »lächerlich klinge« wie bei dem »Narren« Plaut. Aber ich bildete mir ein, daß meine Mutter sich ebenfalls schnell und leicht anpassen würde, was sich bewahrheitete. Sie selbst hatte keine Probleme mit dem Theaterspielen.

Ungeheure Massen wälzten sich auf dem Bahnhof Paddington, und Eva und ich hatten Mühe, uns mit meinen beiden Koffern einen Weg zu bahnen. Eva verhalf mir zu meiner ersten Fahrt mit der Untergrundbahn. Es war die Bekanntschaft mit einem Transportmittel, in dem ich einen Gutteil der nächsten 50 Jahre meines Lebens verbringen sollte. Wir nahmen die Bahn, mußten in Euston umsteigen, gingen durch endlose und manchmal gespenstische Tunnel, um zu dem anderen Zug zu gelangen, der uns bis nach Golders Green brachte. In der Nähe dieser Haltestelle wohnte nämlich Harry Stern, Mutters Cousin, mit seiner Frau Lotte und deren Tochter Hanna, die mir glücklicherweise ein Zuhause weit weg von meinem Heim ermöglichten.

Bis heute weckt Golders Green Heimatgefühle bei mir, zwar weniger als Reinheim und etwas weniger als Frankfurt, am ehesten vergleichbar vielleicht mit der 100. West Street, in der wir nach unserer Ankunft in New York wohnten. Golders Green! Dieser Bezirk wurde bald, ähnlich wie Washington Heights in Manhattan, das »Vierte Reich« genannt. Man hörte viel mehr »Guten Tag«, »Danke schön« und »Wie geht's?« als deren englische Pendants.

Da es oft regnete, trugen die Deutschen jederzeit ihre Regenmäntel, die ein ganzes Stück länger waren als diejenigen, welche die Londoner trugen, und ihnen beinahe bis an die Füße reichten. Zu den Mänteln gab es eine Anekdote: Ein einheimischer Golders Greener war darauf gekommen, daß die deutschen Emigranten deshalb so lange Mäntel trugen, da sie Hitler so viel Stoff wie nur möglich rauben wollten, damit er weniger Uniformen herstellen lassen konnte...

Von den Sterns wurde ich sehr warm und herzlich empfangen. Ihre Begrüßung, der enge Zusammenhalt, den wir alle genossen, Harry Sterns Witze und dazu Lottes hochgezogene Augenbrauen, ihr leichter Schlag mit der Hand, waren ein liebender Ausdruck, der mich nur noch mehr zum Lachen brachte und mir Frankfurt beinahe vergessen half.

Hitler hatte mir das Heimweh endgültig ausgetrieben. Während der fünf Monate hatte bei mir ein Reifungsprozeß eingesetzt, der sich ähnlich schnell vollzog wie Mutters plötzlicher Bruch mit ihrer lebenslangen Besorgnis. Ich wußte, daß ich nicht lange bei den Sterns bleiben konnte, da sie selbst auf beengtem Raum in Middleway, einem Vorort in Hampstead Garden, lebten. Deshalb mußte ich mich als erstes nach einem Zimmer umsehen, oder besser nach zwei Zimmern mit Bad- und Küchenbenutzung, in denen meine Eltern, die laut Plan im Juni nachkommen sollten, und ich wohnen konnten.

Nach ein paar Tagen fand ich etwas bei Frau Webb, einer älteren Witwe, die in ihrem kleinen Haus in Cumbrian Gardens, Nähe Cricklewood, die für uns geeigneten Räume vermietete. Kilburn und Cricklewood waren auf eine gewisse Art deutsch-jüdische Inseln. Ich zog mit meinen beiden Koffern dort ein, packte aus und untersuchte das große Bett mit dem riesigen Kissen. Ein so großes Bett hatte ich noch nie gesehen, geschweige denn mir je vorgestellt. Bis meine Eltern kamen, konnte ich es mir in dem ungeheuer großen, behaglichen und friedlichen Zimmer bequem machen. Aber so friedlich war es dann doch nicht. Als die Faszination des Neuen allmählich nachzulassen begann, kam die Besorgnis und die Ungeduld wegen Mutter und Vater. Das Telephonieren war teuer, Briefe brauchten etliche Tage, und

die Verbindung mit Deutschland wurde von England aus nicht einfacher, da eine Konfrontation, vermutlich ein Krieg, im Frühjahr 1939 unabwendbar erschien.
Meine Eltern kamen mit dem Flugzeug (was für eine Entscheidung! Sie verriet etwas von der Dringlichkeit, die die Angst davor, sich das erste Mal in die Lüfte zu erheben, überwinden half!). Es war der 18. Juni; etwas mehr als sechs Wochen waren seit meiner Abreise verstrichen. Die Wochen von Ende Mai bis Juni waren mir wie Monate erschienen, weil ich die unglaublichen Artikel in der englischen Boulevardpresse gelesen hatte. Dort wurde der Krieg als unmittelbar bevorstehend dargestellt.
Wir waren also wieder zusammen, nur Großvater fehlte. Er hatte ein Zimmer in einer »Pension« in der Nesenstraße, nicht weit von unserer früheren Wohnung in Frankfurt, gemietet. Wir sorgten uns ziemlich um ihn, überlegten, wie und wann – um nicht zu sagen ob – wir ihn dazu bringen konnten, aus Deutschland wegzugehen. Es war uns klar, daß wir legale Mittel anwenden mußten, andernfalls würde er nie und nimmer fortgehen. Mit Hilfe des HAPAG-Vertreters, Herrn Schmidt, und des Steuerberaters, Herrn Beutel, schmiedeten wir einen Plan. (Für einen solchen Plan bedurfte es in diesen Tagen nicht nur der Fachkenntnis, sondern auch des Muts und der Phantasie, da es Auflagen und Steuern über Steuern für emigrierende Juden gab.) Sie würden unsere »Komplizen« sein. Opa war viel eher bereit, auf die beiden Herrn als auf seine Tochter und zuallerletzt auf seinen Schwiegersohn, den »Phantasten«, zu hören.
So wie Hitler uns beinahe über Nacht beigebracht hatte, uns von den Ansprüchen und dem Klassenbewußtsein zu verabschieden, standen wir nun in einem neuen Verhältnis von tiefer und ehrlicher Liebe und Sorge zueinander. Es war, als ob das Unwesentliche, im materiellen und emotionalen Sinn, von uns abgefallen war und in den Tiefen unseres Bewußtseins eine Wandlung stattgefunden hatte, durch die wir unser Leben wie durch ein anderes Objektiv sahen. Mein Vater hat diese Veränderung nicht erfahren. Er hatte sich nie etwas aus eleganten Räumen und anderen Statussymbolen gemacht. Wir konnten ihn jetzt auf eine andere Art verstehen, erkannten die Ursache seiner Unverwüstlichkeit. Meine Mutter näherte sich ihm nun an, teilte seine Auffassung und schöpfte aus den Quellen seiner Kraft. Allein der Wille zu überleben hatte uns dorthin geführt, wo Menschen wie mein

Vater bereits von Anfang an standen. Sie waren sich ihrer Unangreifbarkeit nicht bewußt, wurden zur natürlichen Autorität in ihren Familien und trugen dazu bei, neue Gemeinden aufzubauen.

Schon bald mochte ich Einwanderer und »arme« Leute nicht, die an den Ländern, die sie aufgenommen hatten, herumnörgelten oder Unterstützung einforderten, ohne daß sie alles versuchten, was in ihrer Macht stand, um unabhängig zu werden. Später, als ich berufliche Verantwortung im sozialen Bereich übernahm, gab es nichts, was mich wütender machte als die Auffassung von der »Arbeit, die zu nichts führt«. Um die staatliche Unterstützung zu behalten, lehnten viele Leute Arbeit ab. Ein Freund von mir sagte in solchen Momenten: »Es gibt keine ausweglose Arbeit, nur ausweglose Menschen.«

Für uns warf die Gefahr eines Krieges zwei Fragen auf: Was würde mit Großvater geschehen, und wie und wie lange noch würden wir mit ihm in Verbindung bleiben können? Würde es uns noch möglich sein, den Atlantik zu überqueren, sobald wir irgendwann gegen Ende 1939 unsere US-Einwanderungsvisa in Händen hatten? Dennoch waren diese Sorgen anderer Art als diejenigen, die uns in Deutschland bedrückt hatten. Wir lebten nun in einem freien Land. Und da wir Fremde und in unseren Möglichkeiten eingeschränkt waren, wurden wir wie Gäste behandelt, weder ausgestoßen noch beleidigt oder gar mit eingeworfenen Fensterscheiben konfrontiert. Auch drohte uns nicht die Verschleppung in ein Konzentrationslager. Außerdem wurden unsere Sorgen sowohl in der Familie als auch in der Gemeinde durch guten Humor etwas abgemildert. Es gab unzählige Witze über das »Vierte Reich«, auch ging man ironisch mit sich selbst um. Es kursierte der Witz über die aus Deutschland emigrierte Hausfrau, die bei dem Lebensmittelhändler auf der Golders Green Road Orangen kaufen geht und auf die Frage des Angestellten: »For juice?« »Ach, fängt das hier auch schon an?« murmelt. Ihre Englischkenntnisse waren nicht soweit gediehen, daß sie zwischen der Länge der Vokale und dem Klang der Konsonanten unterscheiden konnte.

Wir brauchten geraume Zeit, um zu erkennen, daß der Piccadilly kein Spielzeug war und daß man den Oxford Circus betreten konnte, ohne eine Eintrittskarte zu lösen. Und woher wußten die Engländer eigentlich, wer wir waren, selbst wenn wir nicht einmal den Mund aufmachten? »Es sind die langen Regenmäntel«, sagte einer der Emigranten.

»Aber sie erkennen uns, selbst wenn wir sie nicht tragen«, sagte ein anderer. »Das liegt daran, daß man selbst noch unserem Gang den Akzent ansieht«, antwortete der erste. Je näher der Krieg kam, desto mehr mischte sich bei uns der Galgenhumor mit Dankbarkeit, die bald eindeutig überwog.

Die Engländer dachten anders: Wenn an Hitlers Judenverfolgung etwas dran war, so war das zweifellos unzivilisiert. Das war das gebräuchliche Wort dafür in vornehmen Kreisen. Andererseits gab es eine stille Übereinkunft mit Hitler, da er der jüdischen Elite einen Dämpfer versetzte. Waren sie nicht überall am Ruder – in der Wirtschaft, im Theater, ja einfach überall? Sie jedoch physisch zu verletzen, sie in Konzentrationslager zu sperren, das war natürlich nicht zu dulden, nicht, weil Juden die Leidtragenden waren, sondern weil es schlichtweg unzivilisiert war. Aber blieben die Deutschen nicht immer noch Deutsche? Sie hatten ja Anstand und gutes Benehmen nie wirklich gelernt. Selbst wenn sie sich richtig verhielten, so war es nur im strengen Sinne korrekt. Und das war es eben, was es wiederum doch nicht ganz richtig machte...

Diese politische Unkenntnis, die gepflegten Vorurteile und die Schwärmereien von guten Manieren wurden am 1. September 1939 jäh unterbrochen, als Hitler in Polen einmarschierte und England und Frankreich keine andere Wahl hatten, als den Krieg zu erklären. Wenn es je so etwas wie gemischte Gefühle gab, so hatten wir sie an diesem 1. September. Was für ein Trost, daß es schlußendlich eine bewaffnete Opposition gegen Hitler gab! Die große Entscheidung, die wir und besonders mein Vater herbeigeredet, herbeigebetet und herbeigewünscht hatten, nämlich daß der Westen den Nazis Einhalt gebot, war nun gefallen. Aber was würde nun mit Großvater geschehen? Jetzt waren wir vollkommen abgeschnitten von ihm. Würden wir ihn je dort herausbekommen? Nach Amerika? Das würde teuer und zeitaufwendig sein. Wie konnten wir erfahren, ob er bei guter Gesundheit war? Oder ob er noch lebte?

Darüber hinaus grübelte mein Vater, genoß in gewissem Sinne die »gerechte Vergeltung« oder ärgerte sich über die Spitzfindigkeiten, die Verdrehungen und den blanken Wahnsinn politischer Erwägungen, die den Krieg ausgelöst und bereits die ersten Opfer gefordert hatten. »Diese zwei Verbrecher«, sagte er, »die verdienen einander!« Er meinte damit Hitler und Stalin. Es war Vaters tiefer und unbeirr-

barer Einblick in die Gleichheit totalitärer Führer und seine Einsicht in die Bedeutungslosigkeit von rechts und links, wenn es um Unmenschlichkeit ging, die mich seit je geleitet haben. Diese Einsicht hat mich dort, wo ich Vaters links-progressiven Neigungen folgte, davor bewahrt, die Grenzen zwischen Sozialdemokraten und Kommunisten zu verwischen, die ihrem Führer auch dann folgten, wenn er Grausamkeiten unternahm, wie etwa den Pakt mit Hitler »im Namen des guten Zwecks«. Mein Vater argumentierte schlagfertig und entschlossen gegen diejenigen, die den »Teufelspakt« von 1939 zwischen Ribbentrop und Molotow zu verteidigen versuchten. Es war ein schlimmerer Pakt, als ihn Faust geschlossen hatte: Es war nicht die menschliche Kühnheit, der Leichtsinn und die Versuchung, die Faust dazu geführt hatten, wie es in Goethes Meisterwerk beschrieben ist. Nein, Stalin schloß den Pakt, da er dachte, er sei gewitzter als Hitler, da er darauf wartete, daß die Kapitalisten sich zerstören würden, und Opfer bedeuteten ihm nichts. Wenn er zusehen konnte, wie Millionen von Kulaken in den Tod gejagt wurden, warum sollte er sich um Polen, Franzosen und am allerwenigsten um Juden sorgen?
Meinem Vater dabei zuzuhören, wie er die Ereignisse kommentierte, von denen er in der Zeitung gelesen hatte, und sie mit Harry oder anderen Emigranten diskutierte, verhalf mir zu meiner Bildung in Politik und Weltanschauung. Nichts ist zu vergleichen mit dem Unterricht durch jemanden, der Geschichte selbst erlebt hat, dies um so mehr, wenn man einen weisen, schätzenswerten und liebenden Vater hat, der sie einem auslegt. Seine Lehren haben mich durch mein Leben begleitet. Sie kamen mir zustatten wie Zeichen und Wegweiser, in beruflichen wie privaten Entscheidungen, und waren besonders hilfreich in Krisenmomenten.
Meine Mutter brachte wenig Geduld auf für das intellektuelle und emotionale Engagement ihres Mannes. Sie war sehr besorgt um ihren Vater und brauchte meinen Vater, damit er sie beruhige und wenn möglich Mittel und Wege fände, mit Opa Kontakt aufzunehmen. Wir mußten es über New York versuchen. Dort konnte der Cousin, der in den frühen 20er Jahren nach Amerika ausgewandert war, behilflich sein. Er knüpfte Kontakt mit Hermann Frohmann in der Nesenstraße und bekam Antwort in Form eines Telegramms. (Stimmte es nicht doch, was die Nazis und Kommunisten über uns

sagten? Sie sagten, wir seien ein Haufen nutzloser Kosmopoliten, worauf mein Vater spaßhaft antwortete: »Zum Glück!«)
Opa war wohlauf. Wir bekamen nicht viele Informationen, nur, daß er noch in der Nesenstraße wohnte, daß er mit den beiden Vertretern der nichtjüdischen Welt, Schmidt und Beutel, in Verbindung stand und daß es Anzeichen dafür gab, daß er die Auswanderung in Betracht zu ziehen begann, falls diese noch möglich war. Siegfried schrieb uns, er glaube fest daran, meinen Großvater in unserem und seinem Namen dazu ermutigt zu haben, Vorbereitungen für seine Ausreise nach Amerika zu treffen. Vor einiger Zeit schon hatte Siegfried ein Affidavit für Großvater besorgt und brachte nun andere, von den US-Behörden geforderte Dokumente auf den neuesten Stand, um ein Einwanderungsvisum beantragen zu können.
Die nächste Sorge meiner Mutter betraf die Frage, wie wir nach Amerika gelangen sollten. Wir hatten eine Überfahrt auf der Cunard Linie gebucht, ohne jedoch das Datum und den Namen des Schiffes einzusetzen, da wir noch auf die Nachricht vom genauen Tag, an dem wir die Einreisevisa erhalten sollten, warteten. Im Oktober beherrschten die U-Boote der Nazis die Gewässer, die Schiffe der Engländer und Franzosen versenkten. »Da sollen wir uns retten und ein neues Leben anfangen«, sagte meine Mutter, »statt dessen werden die uns schlußendlich doch umbringen, im Ozean!« Meine Mutter hatte zwar viel von ihrer Angst verloren, aber ihr Pessimismus war ungebrochen. Und die Lage machte es für meinen Vater, für Harry und Lotte, die eine unbefangene Lebensanschauung hatten, auch nicht leichter, ihre tiefsitzenden Ängste zu mildern.
»Was kannst de da schon mache, du alte Stirnrunzlerin?« sagte Lotte in ihrem Heidelberger Dialekt zu meiner Mutter, »ännern dust des net!« »Aber ihr nehmt das alles auch zu leicht«, antwortete Mutter. »Wie könnt ihr nur so unbesorgt sein? Wenn wir geblieben wären, wären wir jetzt zumindest zusammen!« Dies stieß auf eine Reihe von Einwänden: »Du weißt, daß das verrückt gewesen wäre«, und glücklicherweise war meine Mutter spätestens dann hinlänglich von ihrer Angst erlöst, so daß sie das Argument akzeptieren konnte. Sie mußte sich immer noch entlasten, was wir wußten und auch verstanden.
Die Sterns und Tausende anderer deutscher Juden beantragten und bekamen schließlich den Status von »permanent residents«. Sie und ihre Kinder wurden britische Staatsangehörige, und während die El-

tern, so wie die meinen, nie ihren Akzent verloren, obgleich sie im Besitz ihres geliebten Passes waren, sprachen die Kinder wie Einheimische. Hanna Stern war ein kleines Mädchen von vier oder fünf Jahren, als ihre Familie nach London zog; ihre Sprache verrät keine Spur eines fremden Akzents. Sie spricht immer noch Deutsch, mit einer leicht englischen Färbung, was man am meisten an der Aussprache des tückischen deutschen »R« merkt, dessen englisches (und amerikanisches) Äquivalent für den Deutschsprechenden noch entmutigender ist.

In späteren Jahren, als wir in New York lebten, kursierte die Geschichte eines deutschen Emigranten, der in England geblieben und in seinem Beruf besonders erfolgreich war. Seine Karriere erfüllte die anderen deutschen Emigranten mit Stolz und Bewunderung. Seine Leistungen waren so außergewöhnlich, daß sie zu den Kriegserfordernissen beitrugen, was ihm die englische Staatsbürgerschaft viel früher als damals üblich einbrachte. Gegen Ende des Krieges erhielt Herr Siegmund Grünthal sogar von der Königin eine Auszeichnung, die zu unzähligen Feierlichkeiten innerhalb der Gruppe der Emigranten um dieses kommerzielle Wunderkind führte. Eines schönen Tages nach Beendigung des Krieges – so die Geschichte –, die Zeiten und auch das, was einmal das British Empire gewesen war, hatten sich geändert, machte Sir Siegmund einen Spaziergang im Regentpark. Er trug gestreifte Hosen, einen Cut, eine Melone und einen Regenschirm mit Bambusgriff. Herr Blau aus Golders Green, der immer noch einen seiner Anzüge aus Berlin trug – etwas abgetragen, aber von Frau Blau immer noch mit liebevoller Sorgfalt gepflegt, damit er länger hielt – kam ihm entgegen. Er erkannte Sir Siegmund auf der Stelle. Hatte es nicht Dutzende von Photos von ihm in der Emigrantenpresse gegeben? Sogar einige Male in der ehrwürdigen Londoner »Times«? »Entschuldigen Sie, Sir Siegmund«, sagte Herr Blau, indem er seine Hand ausstreckte, »aber ich muß innehalten, um Ihnen mitzuteilen, wie sehr wir Sie in unserer Gemeinde bewundern. Sie sind unser ganzer Stolz, unser großes Vorbild...«, setzte er die überschwengliche Lobrede fort. Der konvertierte Brite hörte geduldig zu, ohne die geringste Regung, geschweige denn ein flüchtiges Lächeln zu zeigen, was Blau zu der Frage veranlaßte: »Aber Sir Siegmund, warum sehen Sie denn so traurig aus, wo Sie doch solchen Erfolg und so viel Bestätigung haben?« »Wie könnte man

glücklich sein«, sagte der berühmte Mann, »wo wir doch gerade Indien verloren haben.«
Die tiefere Wahrheit dieses Witzes liegt darin, daß wir uns alle mit England identifizierten, und dies aus zwei Gründen: einmal, weil es unser Zufluchtsort war und, noch wichtiger, weil die Briten nein zu Hitler gesagt hatten. Sie meinten dies auch und taten gut daran. Es gab Anfänge einer neuen Assimilation. Im Laufe der Monate und Jahre kam man, wenn auch durch die Sprachprobleme etwas langsamer, als es in Deutschland der Fall gewesen wäre, immer besser zurecht. Die deutschen Juden schienen unauflöslich verwachsen mit den westlichen Werten, und als Hitler sie ihrer tiefen Verwurzelung beraubte, verharrten sie weiter in der deutschen Kultur, den Bräuchen und der Tradition. Das, was sie mit den Europäern teilten, wurde zu einer schmaleren, aber nützlichen Grundlage, auf der eine Assimilation aufs neue angestrebt werden konnte. Auch wenn sich die vollkommene kulturelle Einheit, welche die Juden in Deutschland vor der Nazizeit erreicht hatten, in England und in anderen europäischen Ländern nie einstellte, haben Hanna Stern-Singers und ihre Angehörigen gut daran getan, englische Staatsangehörige zu werden, ohne sich allzu sehr darum zu bemühen. Ich habe oft darüber nachgedacht, ob die Juden im Bereich der Kultur und der Bräuche das sind, was die Japaner wurden, nachdem sie sich der westlichen Gesellschaft und ihren technischen und wirtschaftlichen Strukturen angepaßt und es wie die Juden in Literatur, Kunst, Musik und Wissenschaft bis an die Spitze gebracht hatten.
In den letzten Monaten des Jahres 1939 geschah zunächst nichts Entscheidendes. Weder griff Hitler ein anderes Land an, noch wurde er selbst angegriffen. Die Engländer nannten dies den »Sitzkrieg«. Möglicherweise hoffte Hitler immer noch, mit Polen davonzukommen. Mit Österreich, der Tschechoslowakei und Polen unter seiner Herrschaft, bildete er nun das mächtigste Land in Europa und würde es dabei bewenden lassen.
»Aber Unsinn«, erwiderte mein Vater auf solche Theorien. »Erstens«, argumentierte er, »liegt in diesen Gedanken nichts Hoffnungsvolles. Warum darauf bauen, daß ein Verrückter, der alle Juden umbringen will, der Warschau und andere polnische Städte gnadenlos bombardiert und der sich mit ungeheurer militärischer Macht im Herzen Europas breitmacht, sich damit zufriedengibt?« Es war

seine Reaktion denen gegenüber, die wie Mutti enge Verwandte in Deutschland oder im besetzten Europa hatten und die dachten, daß das alles aufhören müsse, zumindest nicht schlimmer werden dürfe. »Vielleicht wird er sich beruhigen«, sagte Mutti in solchen Momenten. Jedoch meines Vaters politischer Durchblick und seine schonungslose Analyse von Hitlers unaufhaltsamem Entschluß, die Welt zu erobern, beendigten alle Diskussionen. Und dennoch konnte seine Analyse die ungerechtfertigten, aber unentbehrlichen Hoffnungen nicht auslöschen.

Vater selbst hatte Hoffnungen. Er hoffte und betete buchstäblich darum, daß Hitler, seine Kriegsmaschinerie und die nationalsozialistische Partei so gründlich zerstört würden, daß die Ideologie, die sie predigten, und der Haß, den sie ausspien, auf immer und ewig in Mißkredit gebracht würden. »Man hätte ihm Einhalt gebieten müssen, als er das Rheinland besetzte«, sagte Vater immer wieder, »im Grunde sogar früher! Das deutsche Volk hätte ihn niemals an die Macht kommen lassen dürfen! Und diese Österreicher! Sie hatten doch die Möglichkeit, sich vier Jahre lang anzusehen, was Hitlers Herrschaft bedeutete. Nicht nur haben sie sie nicht zurückgewiesen, sie bewunderten die Nazis sogar und konnten Hitlers Einmarsch in Wien kaum erwarten!«

Vater untermauerte seine Analyse mit einem Argument, das niemand von uns akzeptierte, mit Ausnahme von Harry, der ebenfalls einen Sinn für politische Zusammenhänge und ethisches Engagement hatte. Er stimmte immer mit meinem Vater überein oder fügte seinen Argumenten eines hinzu. »Je länger der Westen wartet, um so höher wird der Preis.« Manche von uns wollten unbedingt daran glauben, daß der Westen nur darauf warte, stark genug zu werden, um Hitler zu vernichten. (Vaters gutes Gespür erwies sich auch 50 Jahre später, im Fall von Saddam Hussein; auch dann gab es diejenigen, die mehr aus der Hoffnung als aus einer klaren Analyse heraus argumentierten. Und es gab noch mehr solcher Beispiele: Tibet, Suez, Kambodscha...)

Alles, was uns aus dem Radio entgegentönte und was wir in der Zeitung lasen, schien die deutsche Stärke und das deutsche Selbstvertrauen zu bestätigen; die Worte über westliche Demokratie klangen hohl und unaufrichtig und verrieten Unschlüssigkeit. Einige unserer Freunde, im besonderen die Briten unter ihnen, zitierten aus den Zeitungen und glaubten daran, daß die britische und französische Regierung sich Hitler widersetzen würden. Sie waren sich sicher, daß die Kriegserklärung Handlungen zur Folge haben würde. Aber für uns zählte nur die Tat, und die gab es kaum in jenen Tagen. Wir aber konnten keinen Zweifel über die Aufrichtigkeit Englands zulassen, wo wir doch Gäste der englischen Regierung waren, und man beleidigt seine Gastgeber nicht. So waren wir dort, wo man uns belauschen konnte, vorsichtig mit dem, was wir sagten. »Schon wie in Deutschland«, sagte einer unserer Freunde, »jüdische Rundschau!«[1]

Mein Vater, der mit der Politik der Verbündeten nicht einverstanden, darüber zumindest sehr ungehalten war, pflichtete dem nicht bei. Für ihn war die Situation alles andere als lustig. Trotz alledem hatte er ein unerschütterliches Vertrauen in den Mut und die Entscheidungen von Winston Churchill. Mein Vater verspürte für den Rest seines Lebens einen kleinen Kloß im Hals, wenn die Rede auf Churchill kam. Für ihn bedeutete der Name Stärke, Standhaftigkeit und Ehre. Er hätte diesen Engländer nicht mit einem Wort kritisiert und war tief getroffen, als das britische Volk ihn bei den Wahlen nach dem Krieg zu Fall brachte. Er sagte: »Und ich dachte, sie würden diesem Mann ihre Hochachtung entgegenbringen und hinter ihm stehen.« »Wie kann man ihn nur mit Attlee[2] in einem Atemzug nennen!« Mein Vater verstand die Engländer nicht gut genug, um ihre Auffassung von Demokratie und öffentlicher Politik nachvollziehen zu können. Das kann man ihm verzeihen. Wir lebten ja erst einige Monate in England und die meiste Zeit davon unter unseresgleichen.

Der Winter kam, und es gab noch immer keine Kampfhandlungen. »Merkwürdiger Krieg«, sagte Vater des öfteren. »Sei froh«, antwortete Mutter in Gedanken an ihren Vater. Vater verstummte auf der Stelle, da Mutter eine Reaktion darauf verletzt hätte. Eine der guten Seiten im Hinblick auf die Ereignisse, die zu unserer Emigration führten und uns ein neues und bescheidenes Leben in London einbrachten. Während wir in Deutschland jeder für sich lebten – mein Vater war immerzu in seiner Praxis beschäftigt, meine Mutter kümmerte

1 Hier wird auf den doppelten Gebrauch von »Rundschau« angespielt. Einerseits meint es fortwährendes »Umhersehen«, andererseits bezieht es sich auf in Deutschland unter diesem Namen erschienene Zeitungen.

2 Clement Richard Attlee, britischer Staatsmann, 1935–55 Vorsitzender der Labour Party. 1940 stellvertretender Ministerpräsident. 1945–51 Ministerpräsident.

sich um den Haushalt, und ich war entweder in der Schule, in den Talmud- oder Geigenstunden –, teilten wir uns in London zwei Zimmer. Man würde meinen, daß dieser Zustand zu Spannungen führte, statt dessen machten wir das Beste daraus. Im physischen wie im finanziellen Sinne das Beste daraus zu machen hieß, daß wir zusammenhalten mußten. Genau das taten wir und wurden in der Folge eine bessere Familie. Besonders an den jüdischen Feiertagen, an denen immer große Spannungen zwischen meinen Eltern geherrscht hatten, war gegen Ende des Jahres 1939 nichts mehr zu spüren. Ich genoß die neue Atmosphäre, vor allem mußte ich mich nicht vor einer lauten Auseinandersetzung beim Abendessen am Vorabend des Feiertags oder beim Mittagessen an Rosh Hashanah fürchten.

Im Januar 1940 bekamen wir die amerikanische Einreiseerlaubnis. Die freudigste Nachricht, die man in jenen Tagen erhalten konnte, war, daß »die Nummer an die Reihe gekommen« war. Mit den in die Pässe gestempelten Visa war es nun an der Zeit, eine Möglichkeit zur Überfahrt zu finden. Wir fanden sie auf einem mittelgroßen Liniendampfer mit dem Namen »Scythia«, der am 22. Februar von Liverpool auslaufen sollte. Wir hatten bis zur Abreise noch reichlich Zeit, Abschied zu nehmen. Es gab nur wenige Plätze zur Überfahrt und viele Anwärter.

Ich hatte mich in London, vielleicht müßte ich eher sagen in Golders Green, eingelebt. Aber doch auch in London. Ich fuhr mit dem Fahrrad auf der linken Straßenseite, hatte mich daran gewöhnt »lovely day, isn't it« zu sagen und damit dem Briefträger zuvorzukommen, verlor allmählich sogar meinen deutschen Akzent und näherte mich dem britischen Englisch an, was weniger übertrieben klang als das Englisch, das Dr. Plaut uns eingepaukt hatte.

Wirkliche Engländer hatten wir kaum kennengelernt. Es gab da natürlich Mrs. Webb und die Hauseigentümer, die Singers, den Briefträger und die Verkäufer in dem Geschäft, in dem meine Mutter einkaufen ging. Auch ohne große Unterhaltung und andere Bemühungen sorgten diese Menschen dafür, daß wir uns zu Hause fühlten, und wenn nicht zu Hause, so doch wenigstens sicher. Vermutlich war es dieses Gefühl der Sicherheit, das uns empfänglich machte für unsere englische Gesinnung. Sosehr wir uns auch durch Sprache, Bräuche und Traditionen von ihnen unterschieden, so nah waren wir ihnen dadurch, daß wir die Feindschaft den Nazis gegenüber und all dem, was sie repräsentierten, teilten. Obwohl die Bombardierung noch nicht begonnen hatte, als wir England verließen, waren britische Seeleute und Passagiere auf englischen Schiffen bereits Opfer von Hitlers U-Boot-Attacken geworden. Und England traf auf überzeugende Weise Vorbereitungen zum Widerstand gegen die nazistische Bedrohung.

Mein Vater war so begeistert, unter Menschen zu sein, die gegen Hitler waren, daß er sich um die transatlantischen Gefahren im Winter 1941 keine Sorgen machte. Meine Mutter war ängstlich, hatte aber gelernt, sich nicht laut darüber auszulassen. Ich war aufgeregt.

Die »Scythia« war weit von dem glanzvollen Liniendampfer entfernt, den die Menschen jahrzehntelang als das Äußerste an Luxus und Eleganz angesehen hatten. Es war ein eher traurig aussehendes Schiff, und die dicht auf Deck gedrängten Menschen mit ihren nun ziemlich abgetragenen Kleidern und Koffern aus Deutschland gaben ihm einen noch desolateren Anstrich. An einem kalten, grauen Wintermorgen gingen wir in dem geschäftigen, aber erschöpft wirkenden Hafen von Liverpool an Bord. Viele Menschen wählten die billigste Kategorie oder, was gleichbedeutend war, das Zwischendeck. Auf irgendeine Art und Weise verhalf uns der Kontakt zu Herrn Schmidt von der HAPAG-Gesellschaft zu einer Bordkarte, die auf den Cunard-Liniendampfer übertragbar war. In Kriegszeiten bedeutete diese Übertragbarkeit nicht viel, aber genug, um uns mit Hilfe einiger in London gesparter Pfund eine kleine Kabine auf dem Dampfer zu sichern.

Uns wurde gesagt, daß der Termin unserer Reise noch ungewiß sei, da die Route von den Befehlen der Kriegsmarine abhing, die den Geleitzug, zu dem wir gehörten, eskortieren sollte. Wir wußten im voraus, was das Zickzackfahren und andere zeitaufwendige Manöver bedeuten würden. »Und dennoch heißt das nicht, daß wir in Sicherheit sind«, sagte meine Mutter, die sich treu an ihren nicht zu unterdrükkenden Pessimismus hielt. »Na, hätten wir lieber zu Hause oder in London bleiben sollen, oder was?« antwortete mein Vater. Sie antwortete, indem sie die rechte Augenbraue anhob, was soviel sagte wie: »Ich weiß, aber gut ist das jetzt auch nicht...«

Weder die graue Stimmung in Liverpool noch die Kälte, weder die Bescheidenheit der Unterbringung noch die Massen von Menschen, die sich in den schmalen Gängen ausbreiteten, taten meiner Aufregung Abbruch. Wir waren im Begriff, den Ozean zu überqueren, wir fuhren unter dem Schutz der englischen Kriegsmarine, und was am wichtigsten war, wir waren auf dem Weg nach Amerika. Amerika! New York! Jetzt, da wir dieses Land zum Ziel hatten, verschwanden Winnetou, alle Wildwest- und Gangstergeschichten, vor denen Opa gewarnt hatte, aus meinem Gedächtnis. Alles, was ich mir in Gedanken vorstellte, waren die Türme von Manhattan, von denen ich so viele Postkarten und Bilder gesehen hatte... Und Times Square! Ich konnte es kaum erwarten, diese Höhepunkte zu sehen. Und Roosevelt! Vielleicht würde es eine Parade geben, und ich würde ihn sehen! Auf jeden Fall würde ich seine Ansprachen über das Radio verfolgen können, laut und deutlich, und nicht einfach nur Bruchstücke davon über die knackende Kurzwelle.

Während wir, beunruhigt durch die dunklen Wolken und den starken Wellengang, den Ozean überquerten, entfernten wir uns in jeder Stunde, ja Minute weiter von Großvater. Mutter hatte sich angewöhnt, nicht allzuoft darüber zu sprechen, da sie wußte, daß mein Vater mit der Verantwortung für seine Familie und mit einer unabsehbar langen Zeit des Studiums ohne Einkommen genug zu tun hatte. Mutter und ich würden den Lebensunterhalt verdienen müssen. Und ich war nicht mehr länger das »Robertche«. Der Diminutiv hatte sich irgendwann im Winter verflüchtigt, und keiner von uns schien ihn zu vermissen. Es war ganz natürlich, auch wenn ich zu der Zeit noch nicht begriffen hatte, wieviel es mir bedeutete.

Mutter dachte auch an Oma Hilda. Auch von ihr entfernten wir uns immer mehr – von dem Grab auf dem Jüdischen Friedhof an der Ekkenheimer Landstraße, das den ganzen Schrecken wieder heraufbeschwor. War Opa noch fähig, das Grab zu besuchen? Würden sie den Juden noch erlauben, sich so weit von ihrer Bleibe zu entfernen? Durfte er noch die Trambahn benutzen? Er hatte diese Jodtabletten über zehn Jahre genommen, und mein Vater hatte alle möglichen Rezepte ausgeschrieben, nur für den Fall... Sowohl die Frohmanns als auch die Florsheims litten an Bluthochdruck... Schlimmes könnte geschehen. Und dann? Würde es Dr. Binsack noch erlaubt sein, einen Juden zu behandeln? Und gesetzt den Fall – gäbe es noch ein Krankenhaus, in das Großvater aufgenommen werden würde? »Wir müssen ihn hier herüber bekommen«, sagte Mutti immer wieder. »Ich werde, wenn nötig, zwei Arbeiten annehmen, aber wir müssen ihn herholen. Kannst du dir vorstellen, was da passieren kann, wenn der Krieg richtig anfängt?« Mein Vater verstand das und tröstete Mutti. Das letzte Jahr hatte ihr Verhältnis aufgefrischt, wenn nicht sogar von Grund auf erneuert. Er verstand das alles, um so mehr, als seine Mutter sich vor einigen Jahren den Grafs in die Emigration angeschlossen hatte. Und Vater wußte, daß Mutter daran dachte.

Auf Deck gab es die typischen Flüchtlingsgespräche. Jeder trug seine eigene Last und kämpfte mit den Sorgen um die Zukunft. Die Gespräche zeigten tiefe Bitterkeit über die Deutschen. Sowohl in London als auch auf der Überfahrt hörte ich unbarmherzige Verurteilungen ehemaliger Nachbarn, Kollegen und der deutschen Bevölkerung in einer Sprache, die weit über das, was wir in Deutschland gehört hatten, hinausging. Meine Eltern beteiligten sich an der Diskussion, allerdings mit einem Unterschied in ihrer Argumentation: Vater verurteilte immer einzelne und die politische Führung. Er stimmte nicht mit ein, wenn einige mit uns befreundete Flüchtlinge allem Deutschen ewige Rache schworen und Sätze von sich gaben wie: »Das soll ein Kulturvolk sein? Die reden von Goethe, Kant – ist doch alles Quatsch!« oder auch »Hitler, das ist ihr Führer, das ist Deutschland!« Und es lag Gehässigkeit in den Stimmen unserer Leute. Sie hatten ja jetzt die Freiheit zu sprechen ohne die fortwährende Angst, belauscht zu werden. Der Schrecken vor dem Fanatismus der Nazis offenbarte sich, sobald sie aus Hitlers Klauen befreit waren. Man hörte aber auch die Bitterkeit der Enttäuschung aus ihren Stimmen heraus – Enttäuschung über ihre Verdammung durch eine Kultur, der sie sich zugehörig gefühlt hatten, mit der sie Werte und Bräuche geteilt und die sie stolz bejaht hatten. Nicht im Traum hätten sie geahnt, daß sie einmal nicht mehr zu ihnen gehören würden. Zugegeben, es gab den Antisemitismus, sowohl einen klar formulierten, »verfeinerten« im Mittelstand und in den höheren Sphären der Gesellschaft als auch einen rüpelhaften, primitiven Antisemitismus der Art, wie wir ihn in Reinheim erlebt hatten. Wenig gebildete, schlecht erzogene und frustrierte Menschen, meistens kleine Händler, Bauern und mehr noch deren Söhne propagierten ihn. Wir sprachen Deutsch, ebenso wie die Nichtjuden um uns herum und teilten mit ihnen den örtlichen Dialekt, sagten in Berlin »jeht« anstelle von »geht« und in Hessen »runner« statt »runter«.

Mein Vater nannte Goethe, Kant oder Heine nicht in einem Atemzug mit Hitler, vielleicht, weil er nie ganz das Gefühl einer vollständigen

Assimilation geteilt hatte, die so viele deutsche Juden verspürten. Er nahm Heine viel eher zur Bestätigung seiner These, daß in früheren Tagen auch nicht alles zum besten stand. »Keine Messe wird man singen, keinen Kaddisch wird man sagen«, wiederholte er öfter.

Nichtsdestotrotz war Heine ein deutscher Dichter, so wie Freud als Wissenschaftler in der deutschen Kultur verankert war. Und deshalb war mein Vater, für den das Deutschsein nie ein Glaubensbekenntnis wurde, nicht bereit, ein kulturelles Erbe aufzugeben, das so reich war und sich, selbst wenn man es gewollt hätte, nicht abschütteln ließ. Vielleicht ist das der Grund, warum ich in späteren Jahren nie in die unterschiedslose Verdammung der Deutschen und Deutschlands miteinstimmen mochte. Und dies blieb so, noch Jahrzehnte nach der Hitlerschen Niederlage, als eine neue Generation und eine Regierung, die sich an dem amerikanischen Modell orientierte, einen hoffnungsvollen Weg beschritt.

Die »Scythia« nahm ihre Fahrt auf, und je weiter wir hinausfuhren, desto kälter wurde es. Erst später stellten wir fest, daß wir nicht einfach in Richtung Westen oder innerhalb enggesteckter Grenzen im Zickzack fuhren; wir fuhren in Richtung Nordwesten. Die Kälte bewirkte, daß man enger zusammenrückte und die Beziehungen zu der geduldigen, aber vollkommen überarbeiteten britischen Besatzung gelegentlich etwas gespannt waren.

Über die Offiziere und Stewards konnte man sich wirklich nicht beschweren. Tag und Nacht wurden unzählige unbeantwortbare Fragen an sie gerichtet und dies mit starkem Akzent, oft in unverständlichem Englisch oder sogar auf deutsch, wenn die Passagiere beunruhigt waren. »Wie lange noch?« und »Wird's noch colder?« oder »Haben wir gerade wegen eines U-Bootes gewendet?« »Aber wir haben nicht gedreht, Madame«, so die Antwort an eine Frau, die zweifellos unbewußt ihre Erwartung eines U-Boot-Angriffs in eine Tatsache umgemünzt hatte. Einen Mitreisenden hörte man sagen: »Falls diese Engländer zu Beginn der Fahrt nicht Antisemiten waren, werden sie es spätestens nach der Überfahrt sein.« Meine Mutter lächelte und stimmte dem aus ganzer Seele zu.

Nach all dem war es immer begründeter, sich zu sorgen, selbst wenn es mit einem Lächeln geschah. Die Juden entwickelten einen defensiven Humor – keinen Galgenhumor. Trotz beengtem Raum, unruhi-

gem Meer und der vielen unbeantworteten Fragen – vielleicht auch gerade wegen all dieser Dinge – achtete mein Vater strikt auf die Einhaltung der religiösen Bräuche: Tefillin am Morgen, stilles Insichgehen nach den Mahlzeiten und Nachmittags- und Abendgebet. Am Sabbat war es einfach, einen Minyan, eine Anzahl von zehn Männern, zusammenzustellen und einen Offizier zu finden, der uns die Benutzung eines kleinen Raumes für den Gottesdienst genehmigte.
Ich gesellte mich zu ihnen, nahm aber nicht teil an den täglichen Ritualen meines Vaters. Ich hatte bestimmten Gefühlen, die während der Monate, seit wir Deutschland verlassen hatten, aufgetaucht waren, freien Lauf gelassen. Ich fühlte mich unbehaglich. Meiner Meinung nach war er zu sehr auf die Einhaltung von Ritualen bedacht. Es war nicht die Zeit, auch nicht der Aufwand, den diese Übungen erforderten. Die Fragen, um die ich mich sorgte, gingen tiefer: War Gott wirklich interessiert an der Einhaltung dieser Vorschriften? Gab es in der Tat verschiedene Gottheiten, die für die verschiedenen Glaubensrichtungen und Gemeinden standen? In Anbetracht des ungeheuren und ungeteilten Himmels fragte ich mich, ob diese Einteilungen irgendeinen Sinn ergaben. Ich wagte mich mit der Äußerung dieser Fragen meinem Vater gegenüber nicht sehr weit vor. Einige von ihnen schnitt ich an, da sie mich beschäftigten. Ich merkte jedoch, daß ihn ein Hinterfragen religiöser Angelegenheiten verletzte. Er wies meine Anflüge von Zweifel nicht zurück, ging auch nicht über sie hinweg und gab mir deswegen auch keine Schuldgefühle.
Es war der Beginn einer neuen Epoche in meinem Leben, die einer anderen Richtung als der meines Vaters folgte. Mutter mischte sich nicht ein, vielleicht weil sie seine Hinwendung zu den orthodoxen Vorschriften nicht teilte. Vaters Verständnis und Toleranz und Mutters Gleichgültigkeit sowie ihre Konzentration auf die Zukunft ihres Vaters ermöglichten es mir, ja verhalfen mir sogar dazu, einen eigenen Standpunkt zu entwickeln. Es war dringend notwendig, etwas zu tun, was nicht von meinen Eltern verordnet war, was sogar der Einstellung meines Vaters nicht entsprach, ohne mich dabei schuldig zu fühlen. Niemand sagte etwas dazu. Noch vor einem Jahr hätte ich mir vor lauter Angst, ein donnerndes »Wie konntest du!« zu riskieren, gar nicht erlaubt, auch nur anders zu denken.
Nach über einer Woche auf dem kalten, grauen und wütenden Atlantischen Ozean sahen wir Land. Uns wurde mitgeteilt, daß wir uns Hali-

fax, Nova Scotia, näherten. Halifax? Ich erinnerte mich daran, auf dem Philanthropin im Geographieunterricht etwas von Nova Scotia, einer Provinz in Kanada, gehört zu haben. Dr. Freudenberger hatte uns einiges über Kanada beigebracht. Und wir machten böse Witze über sein Lispeln, als er vom Hudson Bay redete, welches er »Hoothone Bye« aussprach. Dr. Freudenberger beschäftigte sich besonders eingehend mit dem Norden Kanadas. Er muß eine Affinität für dieses rauhe, wenig einladende und kalte Land gehabt haben. Deshalb erinnerte ich mich auch an »Novah Thcoscha«. Es war damals so furchtbar weit weg, lediglich ein mit einem Lispeln gesprochener Name auf der Landkarte. Und jetzt waren wir hier, in dem Land Freudenbergers.

Wir gingen alle auf Deck, um nach so vielen Tagen auf dem gefährlichen Meer das Land zu betrachten. Aber es war zu kalt, um dort mehr als einige Minuten ausharren zu können. »Meine Nase friert gleich ab«, sagte Mutter, »glaubst du, daß es in New York auch so kalt sein wird?« Selbst noch in diesem kalten, aber erfrischenden Augenblick, als wir von Hitler verschont an Land gingen und an der Schwelle eines neuen Lebens standen, machte sich Mutter Sorgen. »Nein«, antwortete Vater, »New York liegt südlich von hier, ein ganzes Stück weiter südlich, dort wird es nicht so kalt sein.«

Ich war aufgeregt. Ja, es war eiskalt. Aber wir waren in Amerika, wenn auch noch nicht in den Vereinigten Staaten. Als wir Halifax nach einigen Stunden verließen und in Richtung New York fuhren, sprang die Aufregung auch auf die anderen Passagiere über. Dies äußerte sich in zurückhaltender Art und Weise, die sie sich durch Erziehung und die Erfahrungen der letzten paar Jahre angewöhnt hatten. Die »Scythia« war so furchtbar langsam! Es schien, als ob wir, je näher wir New York kamen, um so langsamer fuhren. Das war unsere Ungeduld, unsere Erwartungen und Ängste, die mittlerweile starke Anspannung in dieser Gruppe von Emigranten, für die die unerschütterliche und beständige Maschine des alten Schiffes stillzustehen schien. Und dann, an diesem wunderschönen Morgen im März, erheischten wir den Blick auf die Postkarte, die nun Wirklichkeit geworden war!

Manhattan! Da stand es nun. Es war immer noch kalt, vielleicht nicht so kalt wie in Halifax, obwohl wir eigentlich nicht auf die Temperatur achteten. »Vaal Street«, schrie jemand und erkannte das, wovon wir gelesen und Photos gesehen hatten: ein Labyrinth von Türmen, von denen aus man die Straßen vermutlich nicht auseinanderhalten konnte. Jeder versuchte zu zeigen, wie sehr er oder sie über New York Bescheid wußte, zum einen, um damit anzugeben, zum anderen, um sich selbst davon zu überzeugen, daß es schon nicht so ungewohnt sein würde – also kein Grund zur Besorgnis –, es würde schon alles gut werden... Selbst meine Mutter lächelte, und ihre Erleichterung und Vorfreude siegten zumindest in manchen Momenten über ihre Ängste und Schuldgefühle ihrem Vater gegenüber. Mein Vater war ruhig, er zeigte wenig Regung. Er wußte, daß er dazu gezwungen war, zu Hause zu bleiben, während Mutter und ich arbeiten gehen würden, bis es ihm möglich war, eine neue Praxis zu eröffnen. Aber würde er imstande sein, die Prüfung erneut zu bestehen, die er dreißig Jahre zuvor abgelegt hatte? Dazu kamen all die neuen Begriffe, und das alles auf englisch... Oder sollte er umsatteln, die Medizin fallenlassen und einen neuen Beruf ergreifen? Aber nein, das konnte und wollte er nicht. Die Medizin war sein Leben, nicht einfach nur sein Beruf. Er drückte sich nicht so aus, aber sein ganzes Leben sprach dafür.

Und dann gab es da noch die Grafs. Sie würden uns am Hafen erwarten. Sie hatten uns unsere Rettung und die weite Reise ermöglicht. Aber wir hatten nicht viel übrig füreinander. Vater und Flora waren sich nie nahe gewesen, und er haßte es, nun von ihr abhängig zu sein. Etwas wohler als mit Flora fühlte er sich mit ihrem Mann, Julius Graf. Julius war großzügig und ein Mann von Welt, mit dem sich Vater gut unterhalten konnte. Flora zählte jeden Pfennig und gab meinem Vater damit das Gefühl, ihr verpflichtet zu sein. Das war das letzte, was mein Vater sein wollte. Auch herrschte ein gespanntes Verhältnis zwischen meiner Mutter und Oma Julie, die bei den Grafs wohnte. Sie hatten bei einigen seltenen Begegnungen in Deutschland nur sehr wenig Worte gewechselt. Zumindest mußten wir es für den Anfang eine Weile miteinander aushalten. In dem Punkt stand mein Vater seiner Frau zur Seite. Sein Sinn für Verantwortung und meiner Mutter Schwierigkeiten im Umgang mit Julies Kälte, vor allem in einer Situation, in der wir die Neuankömmlinge und die Grafs und Julie die Gastgeber waren, verursachten Spannungen. Das Thema war etliche Male während der Reise aufgekommen, und Vater hatte meine Mutter jedesmal unterstützt, auch wenn sie in anderen Dingen nicht im Einverständnis waren. Das beruhigte mich, denn es half, ihr neues

Verhältnis zu festigen, was mir Sicherheit gab und vor dem die Unreife des »Robertche« zurücktrat.
Alle hatten sich beim Anlegemanöver auf dieselbe Seite gestellt, um einen Blick auf die Abholer zu erhaschen. Wir legten an einer der hölzernen Landungsbrücken auf der Westseite an; die Gebäude im Hintergrund der Landungsbrücke sahen nicht allzu sauber aus. Aber, wo waren die Grafs? Schließlich sichtete Vater seine Schwester, die sich mit ihrem kleinen Körper in die vorderste Reihe der Menge am Hafen gedrängt hatte. Aufnahme- und Zollverfahren waren schnell bewältigt; bald waren wir mit Flora und Julius vereint. Vater und Mutter stellten eine Menge Fragen, es mußten einige Verhandlungen wegen des Gepäcks, das wir erst später bekommen sollten, geführt werden. Da waren wir nun. Es war vollbracht. Aber immer, wenn etwas vollbracht war, war dies kein Grund zur Freude, sondern ein Grund zur Besorgnis demgegenüber, was nun folgen würde. Zumindest war das so in der Kultur, in der wir groß geworden waren. Als wir den Hafen in einem Taxi in Richtung West Street verließen, ließen wir »Vaal Street« weit hinter uns. Einige sehr gewöhnliche und nicht sehr saubere Häuser säumten die Straßen, durch die wir fuhren. Wir waren ernüchtert, noch bevor wir Washington Heights erreicht hatten. Was nun?

Wir werden Amerikaner

Die Grafs hatten ihr Bestes getan, um uns unterzubringen. Aber es war für keinen von uns gut. Großmutter Julie hatte ihren eigenen Bereich, dennoch mußten meine Eltern in einem kleinen Wohnzimmer schlafen, während ich in das Schlafzimmer, in dem meine Cousins Ernst und Rudi auf engem Raum gewohnt hatten, gesteckt wurde. Die Grafs hatten uns zu verstehen gegeben, daß sie uns nur vorübergehend Unterkunft gewähren würden und daß wir uns so bald wie möglich etwas Eigenes suchen sollten.

Es stellte sich heraus, daß mein Vater es trotz allem geschafft hatte, eine kleine Summe nach New York zu transferieren. Diesmal hatte er die Aktion klugerweise für sich behalten. Aber es war ein kleinerer Betrag als derjenige, den er vor einigen Jahren wieder zurückgezogen hatte, nachdem meine Mutter ihm eine Szene gemacht hatte. Diese Summe ermöglichte es uns, eine kleine Wohnung zu suchen und die Miete für ein paar Wochen im voraus zu bezahlen, während Mutter und ich versuchten, eine Arbeit zu finden.

Die Bedürfnisse verwandelten das Staunen in Gewohnheit, das Neue in den Alltag; Mutter und ich machten uns auf die Suche, fuhren mit der Subway, die von der Untergrundbahn zur oberirdischen Bahn wurde, ohne daß wir es recht bemerkten. Wir lernten das Straßenbahnnetz kennen und die Wörter »nickel«, »dime« und »quarter« gebrauchen, als seien wir seit Jahren in New York ansässig. Und wir lernten Englisch, wozu wir in England nicht viel Gelegenheit gehabt hatten, da sich unser Kontakt praktisch nur auf Emigranten erstreckt hatte. Mutter und ich hatten ein Talent zum Schauspielern, was uns für unsere Anpassung an die amerikanische und die New Yorker Aussprache im besonderen zustatten kam. Mein Vater hatte da schon größere Schwierigkeiten, da er es peinlich und unnatürlich fand, andere Leute nachzuahmen. Man war eben nicht man selbst – so hat er es, glaube ich, gesehen. Die meiste Zeit verbrachte er damit, sich auf seine staatliche Prüfung vorzubereiten.

Im Laufe der Zeit wurde das Empire State Building ein Orientierungspunkt und blieb nicht mehr das Objekt unserer Träume, das es so lange gewesen war. New York wurde deshalb so schnell unsere Heimat, da wir diese Entwicklung forcierten. Bis auf den heutigen Tag hat es für mich die Bedeutung eines Zufluchtsortes, es ist ein Zuhause und gibt mir das Gefühl, in Sicherheit zu sein. Selbst wo es sich über die Jahre zu einer völlig anderen Stadt mit einer anderen Bevölkerung entwickelt hat und die Sicherheit im physischen Sinne eine heikle Sache geworden ist, bleibt die Sicherheit, die wir 1940 dort gefunden haben, eine ungetrübte Seite meiner Vorstellung von New York.

Im Rückblick auf 1940 war alles in und um New York wunderschön. Die afrikanischen und asiatischen Menschen in den U-Bahnen und Straßen fielen nicht weiter auf. Man fühlte sich ihnen nicht nahe, genausowenig fühlte man eine Verwandtschaft mit den anderen Nichtjuden. Entscheidend waren zunächst nicht Freundschaften, nicht das Gefühl, gemocht zu werden. Entscheidend war, daß man in Sicherheit war. Wir »sanken«, ohne es uns klarzumachen, auf der wirtschaftlichen und sozialen Stufenleiter. Keine Arbeit war uns zu niedrig, keine Aufgabe unannehmbar in diesen Tagen Anfang der 40er Jahre. Es war schwer, Arbeit zu finden. Das war für einen neuangekommenen Emigranten, der nicht fließend Englisch sprach, noch schwerer, wurde uns erzählt. Entscheidend war nicht die Frage, wie gut die Arbeit sein würde, die wir bekommen konnten. Entscheidend war, ob wir überhaupt eine finden würden, die soviel einbrachte, daß man genug für die Miete, für Essen und andere Bedürfnisse hatte. Wir waren so glücklich, in Sicherheit zu sein! Wenn wir nur noch den Großvater hier herüberbekommen konnten, bevor der Krieg ihn gänzlich von uns abschnitt, so würden wir zufriedener sein, als wir es jemals waren.

Zuerst bekamen wir eine kleine Wohnung, eine Ein-Zimmer-Wohnung in der West 100th Street, zwischen der West End Avenue und der Riverside Drive: ein großes Zimmer, Badezimmer und eine kleine Küche. Die Miete betrug dreißig Dollar im Monat, was jetzt ungefähr 250 Dollar entspricht. Das Apartment war nicht möbliert. Auf der Columbus Avenue befanden sich Geschäfte, die gebrauchte Möbel verkauften. Wir kauften Eisenbettgestelle für meine Eltern, ein Feldbett, das an die Küchenwand paßte, für mich, einen Tisch und ein paar Stühle. Weiter erwarben wir einen Schrank und eine Garderobe für unsere Wintersachen. Wir bezahlten etwas über 50 Dollar für alles; es wurde geliefert, wir stellten die Betten auf und waren eingerichtet. Ein paar Teller, Töpfe und Pfannen wurden uns von den Grafs geliehen, so lange bis wir uns eigenes Geschirr leisten konnten. Bettzeug hatten wir in unserem Gepäck.

Es war also alles gut, nur Opa fehlte. Jetzt mußten wir noch Arbeit finden. Zehn Tage nach unserer Ankunft brachte mich Julius Graf in einer Fabrik für Damenbekleidung – sie nannten es »sportswear« – unter, das sich im Garment-Center im Modeviertel befand. Für mich war die 498 Seventh Avenue eine wirkliche Adresse. Für Menschen in diesem Gewerbe stand das Gebäude für ein ganzes Konzept, ja bildete eine Welt im kleinen. Jüdische Zuschneider, italienische Schnittmeister, blonde, prächtig angezogene Designer und Frauen, so wohlgeformt, wie ich sie mir selbst in der Phantasie nicht vorgestellt hatte, bevölkerten diese Welt. Es gab aber auch schwarze und italienische Verpackungsangestellte und große, plumpe Kollegen, die abends riesige Kisten aufhoben und verluden. Es war in der »fau-nine'y-eight«, wie die Aufseher in dem Schneideraum die Adresse in ihrem jiddischen Akzent aussprachen, in der ich eine Beschäftigung als Lagerarbeiter fand.

Mein Gehalt betrug zwölf Dollar die Woche. Falls meine Mutter eine Arbeit mit ähnlicher Bezahlung oder vielleicht sogar mit fünfzehn Dollar bekommen sollte, konnten wir über die Runden kommen. Wir würden lediglich am Ende des Monats etwas knapp sein. Es dauerte nicht lange, und Mutti fand eine Arbeit. Nebenbei bemerkt, wurde »Arbeit« ein magisches Wort unter uns Emigranten. Die meisten von uns sprachen es »jawb« aus und dehnten den Vokal sogar länger aus, als es der eingefleischteste New Yorker je getan hätte. Ein »jawb« bedeutete Leben, Leben nach dem Überleben; und das war das größte Glück. Als meine Mutter Arbeit als Krankenschwester bekam, was ein Euphemismus für eine Putzhilfe bei einem behinderten Menschen war, und achtzehn Dollar in der Woche verdiente, waren wir unabhängig und zufrieden. Mutters Fahrt dauerte vierzig Minuten mit der U-Bahn nach Brooklyn, wo ihre Patientin wohnte. Für sie mußte sie das Haus säubern, das Bett machen, für die Körperwäsche sorgen und eine warme Mahlzeit zubereiten. Es fiel uns gar nicht ein, daß Mutti noch vor weniger als einem Jahr Frau Doktor gewesen war und es undenkbar gewesen wäre, eine solche Arbeit zu verrichten. Wir hatten beide »Jobs«, und das machte uns reicher als alle Ärzte, als Menschen mit einem Adelstitel oder als Bankdirektoren. Die Frage des Überlebens und der Sicherheit hatte den Stellenwert von Klassenzugehörigkeiten drastisch verringert, der soziale Status wurde bedeutungslos. Bettpfannen oder Berge von Kleidern zu tragen war 1940 das Zeichen des Ranges der deutschen Juden in Amerika. Und nur fünf Jahre später würde es den meisten Deutschen ähnlich ergehen; das kümmerte uns jedoch nicht, wir dachten damals nicht einmal darüber nach.

Dann kam der wirkliche Krieg. Hitler jagte quer durch Europa, fegte über die Länder wie ein riesiger Besen. Kleinere Länder fielen in ein bis zwei Tagen. Vater und andere Emigranten sagten: »Wartet nur ab, bis er gegen die Franzosen und deren Maginot-Linie[1] vorgeht!« Aber in wenigen Tagen bröckelte dieser berühmte Schutzwall wie ein trockener Kuchen. »Ich versteh' das net!« sagte mein Vater niedergeschlagen und desillusioniert. Er hatte seine hohe Meinung von den Franzosen bewahrt. Wie oft hatte er mir von der französischen »Taxi-Armee« geredet, die auf dem Feld positioniert wurde und eines der größten Experimente in der Geschichte des Militärs darstellte. Männer, die schnell mobilisiert und in den ersten Tagen des Ersten Weltkrieges an die Front gebracht worden waren, hatten Paris gerettet. Und wie die Franzosen in Verdun und Flandern gekämpft hatten. »Ich versteh' das nicht...«, sagte er immer wieder.

Einige Tage später gab es Frankreich nicht mehr. Hitler war triumphierend durch Paris stolziert. Und die Tränen französischer Bürger, von denen wir in den Zeitungen lasen und im Radio hörten, vermehrten unseren Kummer nur noch. »Was ist mit denen passiert?« fragte Vater. Trotz seines politischen Scharfsinns war ihm entgangen, daß mit den Franzosen wie mit den anderen Europäern etwas geschehen war. Durch die Schwächung ihrer Entschlußkraft hatten die fanatischen, hochmotivierten deutschen Soldaten und die SS, ausgerüstet mit einer Unmenge an neuester militärischer Ausstattung, ein leichtes Spiel. Und immer noch hielt Vater an seinem Unverständnis fest. Die Ereignisse des Jahres 1940 waren zuviel für ihn. Er wollte seine Be-

1 André Maginot, französischer Politiker, Schöpfer eines gestaffelten Befestigungsgürtels, der »Maginot-Linie« an der französischen Ostgrenze. Sie wurde im Zweiten Weltkrieg umgangen.

wunderung für Frankreich und die Franzosen nicht aufgeben. Das war der Grund, warum er es nicht verstand oder zumindest behauptete, daß er nicht verstand. Ich glaube, er mußte an seinem Glauben festhalten, sonst war für ihn alles zu Ende. Deshalb war es wichtig für ihn, sein Bild von den Franzosen selbst noch nach Laval, Pétain, Vichy... aufrechtzuerhalten. Natürlich konnte man noch auf die Engländer bauen. General de Gaulle fuhr nach England und sprach mit Churchill. »Das ist noch nicht fertig, noch lange nicht«, sagte Vater und fand neue Hoffnung, nachdem de Gaulle gesprochen hatte.
Mutter litt unter zwei sich widersprechenden Gefühlen: Einerseits wurde sie durch das, was im Frühling 1940 in Europa geschah, in ihrem Pessimismus bestärkt. Andererseits ging es immer noch darum, den Großvater aus Deutschland herauszubekommen, was sie dazu bewog, Vaters Vertrauen in Churchill und de Gaulle zu teilen.
Mutter akzeptierte den Stempel des »Phantasten«, den Opa seinem Schwiegersohn vor einigen Jahren verpaßt hatte, nicht mehr. Die Erfahrung hatte gezeigt, daß Vaters Urteile weitaus begründeter und realistischer waren, als Opa sie ihm bescheinigt hatte. Dennoch war er zu optimistisch. Mutter gehörte zu den Menschen – zu den Juden insbesondere –, die eine starke Front gegen jegliche Erwartung positiver Ereignisse errichteten. »Beruf es nicht«, war ein häufiger Satz bei uns zu Hause. Großmutter Hilda sagte dies immer. Man verweilt eben nicht bei den guten Dingen. Es ist unangenehm, wenn etwas wirklich Gutes geschieht, da es einen »übermütig« machen könnte. Besser, daß alles läuft wie immer, weder gut noch schlecht. Passiert etwas Schlechtes, so ist es die beste Garantie gegen Übermütigkeit und weniger unangenehm als etwas zu Gutes.
Glücklicherweise hatten wir Vater, der uns empfänglich machte für die Realität. In einer Welt voller Neurosen ist es der Träumer, der mit beiden Beinen auf dem Boden steht. Vater übte auf Schmidt und Beutel weiterhin Druck aus, die Maßnahmen zu Großvaters Emigration zu unterstützen, wenn nicht gar voranzutreiben. Es war ein Kampf gegen ständig anwachsende Hindernisse. Selbst wenn er die notwendigen Papiere in Händen hielt, in welcher physischen Verfassung würde er nach all dem sein? Zu der Zeit hatte die Armee der Nazis ganz Europa, mit Ausnahme Rußlands, Spaniens und Portugals, erobert. Und diese Länder waren entweder Hitlers Verbündete oder standen Deutschland neutral gegenüber. Großvater schrieb uns wei-

terhin lange Briefe auf dem dünnsten Luftpost-Schreibpapier, was man sich vorstellen konnte. Nur durch seine klare Handschrift wurden sie leserlich. Sie waren von der Zensurbehörde der Nazis geöffnet worden, die sie dann wieder mit einem Streifen, mit aufgestempelten Hakenkreuzen versehen, zugeklebt hatten. Auch die englische Behörde bekam sie in die Hände, da die Briefe via Portugal gingen und die Engländer mit der Regierung in Lissabon gutstanden, somit Zugriff auf die Post hatten.
Opas Briefe sagten sehr wenig, weil er von der Zensur wußte. Sie waren lang, zwei dichtbeschriebene Seiten, aber der Inhalt war trivial. Es ging um das Wetter, sein Zimmer, um die Ernährung, auch darum, wann er seinen schweren Mantel zu tragen beabsichtige. Er machte allerdings Andeutungen über das Verhältnis zu seinen Beratern, aber sie waren so versteckt, daß sie wenig über mögliche Ausreisepläne verrieten. Ein Brief enthielt einen Nachtrag: »Ach übrigens, mir geht es gut.« Das war typisch Opa – die Details zuerst und das Wichtigste zuletzt.
Im Sommer hatte ich mich an die tägliche Routine gewöhnt und fühlte mich an meinem Arbeitsplatz zu Hause. Das hatte aber auch seinen Preis: Die Einstellung, die wir in Deutschland osteuropäischen Juden gegenüber hatten, wurde mir voll heimgezahlt: Die gesamte Belegschaft im Schneideraum der Bekleidungsfabrik bestand aus osteuropäischen Juden, während ich der »Jecke« war, ihr Schimpfwort für einen deutschen Juden. Der Begriff leitet sich her vom deutschen Wort »Jacke« und hatte eine wichtige soziale Bedeutung: Deutsche Juden trugen Jacken, während die osteuropäischen Juden hemdsärmelig arbeiteten, es gab also einen kulturellen und einen klassenbedingten Unterschied, um den uns die osteuropäischen Juden einerseits beneideten, auf den sie andererseits aber auch hinabsahen. Deutsche Juden gehörten einer »höheren Schicht« an, waren aber auch »snobs«. In den Augen der osteuropäischen Juden kleideten und benahmen sie sich wie Nichtjuden und vernachlässigten ihr Judentum oder schämten sich gar dafür. Am entscheidendsten war, daß sie osteuropäische Juden mit Verachtung behandelten und wenn irgend möglich jeden Kontakt vermieden.
Das alles war mir nicht klar, als ich meine Arbeit bei der Firma David Crystal begann. Doch durch die abfälligen Kommentare und Anspielungen konnte ich mir bald einen Reim darauf machen. In Reinheim

gab es keine »Polacken« oder »Ostjuden«, und in Frankfurt lebten sie im Ostteil der Stadt. Mein Großvater hatte viel von den »Polakken« gesprochen und drückte damit die Gedanken vieler, vermutlich hauptsächlich deutscher Juden im Hinblick auf die unassimilierten Immigranten aus Polen und Ungarn aus. Sie trugen Bärte und Schläfenlocken, und wir hatten und wollten auch nicht das mindeste mit ihnen gemein haben, mit Ausnahme der Religion. Sie unterschieden sich so sehr von uns, wie sie sich von den Nichtjuden unterschieden, und wir ärgerten uns darüber, daß im »Stürmer« alle Juden als »Polacken« karikiert waren. »Die machen's nur noch schlimmer für uns«, sagte Großvater öfters, »durch ihr Mauscheln, ihre Kleidung, ihre Bärte und ihre Schläfenlocken und ihr lautes und ungestümes Benehmen.« Mutter stimmte ihm zu, aber Vater deutete wie in fast allen Dingen an, daß er nicht einverstanden war, indem er seine rechte Augenbraue hochzog und sich wegwandte. Es hatte keinen Zweck, mit Opa über seine vielen Aussprüche, die voller Vorurteile steckten, zu streiten. Selbst noch Mitte der 30er Jahre beharrten wir auf dem Unterschied zu den »Ostjuden«, während die Nazis mit ihren boshaften Karikaturen geradezu die Einheit des jüdischen Volkes propagierten. Es war eine tiefverwurzelte Einstellung, die man nicht einfach als böswilliges Vorurteil werten darf, das unserer Selbsterhaltung auf Kosten anderer, die unsere Brüder waren, dienen sollte.

Es war das, aber es war auch mehr. Es war eine Möglichkeit, unsere Assimilation zu feiern, den Triumph derjenigen zu besiegeln, die Deutsche geworden waren, indem sie sich gegen diejenigen Juden abschlossen, die sich dem Fortschritt, dem Segen der Aufklärung widersetzten. Sie wehrten sich gegen die sichere Integration in eine der großen Kulturen, wenn nicht der Kultur der abendländischen Welt schlechthin.

In dieser Zeit Mitte der 30er Jahre wollten wir diesen östlichen Eindringlingen nicht erlauben, die Dinge noch schlimmer zu machen, indem sie das Negativbild für Hitlers Sicht auf die Juden bestätigten. Hitler war doch schließlich eine vorübergehende Erscheinung. Die Kultur, die wir mit den Nichtjuden teilten, würde ihm nicht gestatten, lange Kanzler zu bleiben. Wir deutschen Juden hatten vollbracht, was keine andere jüdische Gemeinde je erreicht hatte. Wir konnten uns auf unsere geschichtsträchtige Assimilation nicht verlassen, ohne ein deutliches Zeichen zu setzen, daß wir mit diesen Leuten nichts gemein hatten...

All dies steckte hinter den Blicken, Bemerkungen, diesen »Komm her, Jecke«-Aufforderungen von Mike Claw, Siegel und Plotkin, die an den langen Schneidetischen arbeiteten. Aber mein größter Test war die Schikane, die sie sich für mich ausgedacht hatten und die meine Eignungsprüfung zur Aufnahme in den Schneideraum sein würde.

Meine Arbeit bestand darin, Jack Scoppelli, dem Leiter des Lagerraumes, zu assistieren. Das Lager war im Grunde kein wirklicher Raum, eher ein langer und schmaler Flur der Wand entlang, gegenüber den Fenstern des Schneideraums. Hier lagerten die ganzen Rollen und Stoffballen, welche die Zuschneider brauchten, um die Teile, Schnipsel und Streifen aneinanderzufügen, die zusammengenäht ein Kleidungsstück ergaben. Der Lagerraum beherbergte das, was für mich anfangs eine endlose und unlernbare Vielfalt von Materialien, Mustern und Farben bedeutete. Jede Rolle und jeder Ballen wurde durch einen Aufnäher mit einer Nummer versehen, der Qualität und Farbe bezeichnete. Die Farben hatten romantische Namen, die allerdings durch die Aussprache des Leiters Mike Claw und die seiner Arbeiter weniger romantisch klangen. Einer würde »tvennyniny faw, B, vistaria«, oder »fory-toity-dree, American beauty« rufen, und wir suchten die gewünschte Rolle heraus, nahmen sie vom Gestell und befestigten sie auf einer metallenen Spule, die es dem Zuschneider ermöglichte, sich die Länge des Stoffes auf seinen Tisch zu ziehen und ihn am Ende des Tisches mit kleinen Nägeln zu befestigen. Dann legte der Schneider so viele Lagen Stoff auf die erste Lage, wie es sein Auftrag erforderte, legte das Schnittmuster aus, wie es von Mike Claw vorbereitet war, um so wenig wie möglich Stoff zu verschwenden. Er machte seine Maschine an und fuhr mit dem schnell arbeitenden Rad über zehn, 20 oder gar 40 Lagen Stoff hinweg mit der Leichtigkeit, mit der man einen Löffel durch Schlagsahne führt.

Joe Calabrese hatte das Muster entworfen, das auf Mr. Morgans Design basierte. Mike hatte es umgesetzt und rief Calabrese des öfteren, um ihn zu fragen, ob eine geringfügige Änderung, die der Einsparung von Stoff dienen sollte, den Entwurf verunstalten würde. In ihrem Dialog mischte sich italienisches Temperament mit jüdischem Akzent. Es war ein Akzent, der weder Ähnlichkeit hatte mit dem von Dr. Plaut noch mit der englischen Aussprache, nicht einmal mit dem Englisch, das ich über die New Yorker Radiosender gehört hatte. »But it-a wont-a werka«[2], schrie Joe, und Mike antwortete: »So make it voik!«[3] Er zeigte auf einen Teil des Schnittmusters, verrückte es nur einige Millimeter und fragte: »Nu, dis voodn't voik?«[4] und Joe sagte widerwillig »per-a-haps-a«[5], und das Problem war gelöst.

Ich arbeitete bereits seit etwas mehr als einer Woche bei David Crystals, als Mike Claw mich zu sich rief. »Jecke«, sagte er, »geh zu Mr. Draddy und bitte ihn um den Stoffverlängerer.« »Den Stoffverlängerer?« fragte ich und wartete auf eine Erklärung, da es ein bedeutender Auftrag war, nach vorne in den getäfelten Bereich der Geschäftsräume zu gehen, in denen Vincent Draddy, der irische Schwiegersohn von David Crystal und eine große Ausnahme in dem fast ausschließlich jüdischen Betrieb, saß. »Also«, antwortete Mike ungeduldig, »wie oft muß ich das eigentlich noch sagen? Den Stoffverlängerer. Jetzt geh schon!« In einer mit Fusseln übersäten Schürze arbeitete ich mich zögernd in einen Bereich vor, den ich nie zuvor betreten hatte – in die feine, elegante Welt des blonden, großen und blauäugigen Herrn Draddy, dem ebenfalls blonden, aber etwas verbindlicheren und gebildet aussehenden Herrn Morgan, und diesen himmlischen Frauen, den Models. Ich erhaschte einen Blick auf die Geschöpfe, für die es sich in der Kleiderfabrik zu arbeiten lohnte.

Diese Welt durchschritt nun der beschürzte Jecke. Ich klopfte zaghaft an die Tür. »Wer ist da?« fragte jemand. Ich öffnete die Tür und fand Draddy auf einem Stuhl, zwei vornehm aussehenden Frauen gegenübersitzend. Sie waren Kundinnen. Draddy runzelte die Stirn und fragte mich wütend: »Was wollen Sie?« »Den Stoffverlängerer«, antwortete ich. Draddy sprang auf und schob mich, während er »raus mit Ihnen« schrie, aus der Tür und schlug sie hinter mir zu.

Das war's. Ich war gefeuert, da war ich ganz sicher. »Wie konntest du!« schrie es in meinem Kopf, das von Mutter und mir gleichzeitig kam. Meine Arbeit hatte ich verloren! Wann und wie würde ich eine neue finden? Es war alles meine Schuld. Während mich diese Selbst-

2 Das heißt soviel wie »Aber das wird nicht funktionieren«.
3 »Dann sieh zu, daß es funktioniert!«
4 »Und wie wäre es damit? Funktioniert das?«
5 »Ja, vielleicht.«

zweifel plagten, schlich ich langsam zurück. Mir war klar, daß ich auf einen bösen Streich hereingefallen war. Wie konnte ich nur, ja warum habe ich es nicht durchschaut, bevor ich an die Tür von Draddy geklopft hatte? Ich näherte mich dem Schneideraum. Es herrschte völlige Stille, ein sehr ungewöhnlicher Zustand für die sonst so geschwätzigen Schneider. Ich mußte durch den Hauptgang, zu beiden Seiten saßen die Zuschneider, an ihrer Spitze Mike Claw. Sobald ich erschien, brachen sie in schallendes Gelächter aus, das mich mit Scham, Demütigung und Ärger erfüllte. Ich war dem Weinen nahe, konnte es aber noch verhindern. Das hätte ihnen nur noch mehr Genugtuung verschafft.

Als das Gelächter erstarb, rief mich Mike: »Komm, Jecke, ich will mit dir sprechen. Es ist in Ordnung, war nur ein Spaß.« »Aber Draddy war sehr wütend«, sagte ich, »ich bin mir sicher, daß ich meine Arbeit verloren habe, und ich brauche sie doch.« »Nein, du hast deinen Job nicht verloren, Robert«, sagte Mike und nannte mich das erste Mal bei meinem Namen. »Draddy weiß, daß es ein Witz ist. Du bist schon in Ordnung...«

Meine Arbeit habe ich nicht verloren; ganz im Gegenteil: Ich verschaffte mir Anerkennung und den Respekt der Zuschneider. Ich war immer noch ein Jecke, aber sie hatten es mir gezeigt, und ich ging immer noch aufrecht, trug den Kopf nicht zu hoch, denn sonst würde es dem halsstarrigen und unbelehrbaren Jecken an den Kragen gehen...

In jenen Tagen, im Jahre 1940, wußte Amerika nichts von dem Ausmaß der nationalsozialistischen Judenverfolgung, auch die amerikanischen Juden nicht. Wie konnten sie auch. Selbst wir hatten das volle Ausmaß erst in Frankfurt am Main, nach der »Kristallnacht« begriffen und hatten selbst dann noch auf mein Abitur gewartet, Vorbereitungen getroffen und was sonst noch alles! Die Angst davor, etwas Falsches zu sagen, war eine instinktive Reaktion geworden. Ja, wir waren jetzt in Amerika, und wir konnten sagen, was wir wollten, ohne uns vor der Gestapo fürchten zu müssen. Aber der Automatismus, den die Angst vor Vergeltung in uns eingepflanzt hatte und der dazu führte, daß wir »jüdische Rundschau« machten, uns umsahen, bevor wir etwas in der Öffentlichkeit sagten, funktionierte immer noch. Dies zeigte sich auf groteske Weise an einem Sommertag auf den Bürgersteigen der Seventh Avenue, wenn sich die Massen um die Mittagszeit auf ihr tummelten und man sich seinen Weg durch die Menge bahnen mußte.

Zu Beginn des Sommers bekamen wir einen Neuling in den Lagerraum. Er hieß George Agree und war im ersten Studienjahr an der Universität in Los Angeles. Sein Vater hatte ihm diesen Ferienjob bei Crystals besorgt, damit er – wie man das nannte – Erfahrungen sammeln würde. George und ich wurden später Freunde fürs Leben. Aber in jenen Sommertagen wurden wir nur miteinander bekannt. Wir fühlten uns stark voneinander angezogen, er, weil ich kürzlich aus Nazi-Deutschland emigriert, also die Sorte Mensch war, über die er gelesen, die er aber nie getroffen hatte und von der er hoffte, Informationen aus erster Hand zu erhalten. Er wollte das Gespür dafür bekommen, wie ich mich gefühlt und was ich durchgemacht hatte. Und ich, weil ich in ihm jemand fand, mit dem ich über Musik, Literatur und amerikanische Politik, eben über all die Dinge sprechen konnte, um welche sich die Zuschneider – wie ich glaubte – nicht kümmerten, über die sie zumindest nicht mit mir diskutieren wollten. Wir waren wie zwei durstige Schwämme, saugten die Informationen und Gefühle auf, die wir einander entgegenbrachten. George interessierte sich sehr für die Gründe, die uns im Handumdrehen zu Emigranten aus Deutschland gemacht hatten. Seine Familie war nicht religiös. Ganz im Gegenteil, sie und George pflegten keine Rituale. Sie waren jedoch ganz bewußt und offen jüdisch. Jüdisch zu sein, ohne die Religion einzuhalten, war eine ganz neue Erfahrung für mich und sollte einen entscheidenden Einfluß auf mein Leben haben. George war auch ein politisch interessierter Mensch – in der Zeit noch nicht auf professioneller Ebene, aber man hätte voraussehen können, daß er die Politik zum Angelpunkt seines Lebens machen würde.

An einem heißen Tag im Sommer 1940 sprach George wieder einmal über Politik. Es waren noch wenige Monate bis zu den Wahlen, und Roosevelt, unser Held, würde für die dritte Wahlperiode amtieren. George stand Roosevelt kritisch gegenüber, da er das Land nicht aktiver zum Kriegseintritt auf seiten der Alliierten lenkte. Plötzlich schrie er: »Roosevelt stinkt!« und ich warf instinktiv ängstlich einen Blick auf unsere Umgebung. Damit hatte ich die Erwartung von etwas Schlimmem – vielleicht einer Verhaftung – vorweggenommen. George amüsierte sich lautstark über meine Reaktion. Er sagte, daß er mit Absicht geschrien habe, um meine Reaktion zu testen. Es war eine

erfrischende und beruhigende Lektion, auch wenn ich nicht ausschließen konnte, daß meine tiefverwurzelte Reaktionsweise noch für eine Weile die gleiche bleiben würde. Die Reaktion hinkte dem, was in meinem Kopf vorging, hinterher.
Politik war nicht das einzige Amerikanische, das ich aufnahm. Der Sommer 1940 machte aus mir einen Baseballfan. Dies unterschied mich von jedem anderen deutschen Emigranten, den ich kannte, tatsächlich von fast allen deutsch-jüdischen Immigranten. Selbst heute, nach 50 Jahren, können Menschen, die in der Fußball-besessenen Welle der 30er Jahre aus Mitteleuropa kamen, nicht verstehen, warum die Amerikaner Baseball mögen. »Merkwürdig«, sagte Herr Nußbaum, ein Freund der Familie, nachdem er zu einem Spiel mitgekommen war, »diese Spieler stehen einfach nur herum und tun gar nichts, und das Publikum wird ganz nervös und kreischt, so als ob sich da etwas abspiele!« Ich wußte es besser. Jack Scoppelli hatte es mir beigebracht. In dem heißen Lagerraum sprach Jack immer und immer wieder von den »Yankees«. Bald waren sie für mich ein Symbol Amerikas geworden, ein Symbol der Gewinner, der Helden... Wir sprachen über die hinter uns liegenden Spiele, und Jack erklärte mir, worum es ging. Er war dazu prädestiniert, einen Fan aus mir zu machen, nicht zuletzt deshalb, weil dies, außer Mädchen, das einzige Thema war, worüber er gerne sprach. Er wollte aber nicht nur gegen die Wand reden, er brauchte jemanden, der das Spiel verstand, damit seine Kommentare richtig gewürdigt und ihm auch widersprochen werden konnte. Nur so war eine Diskussion beziehungsweise eine Meinungsverschiedenheit richtig in Gang zu bringen. Ich lernte eine Menge über Baseball von einem Lehrer, der nicht nur dazu ausersehen war, mir die Regeln beizubringen, sondern mich auch in die Vor- und Nachteile verschiedener Strategien und Entscheidungen einführte. Und obwohl Jack ein glühender »Yankee«-Fan war, hätte er nicht gezögert, den legendären Manager McCarthy zu kritisieren, wenn nicht gar in die Hölle zu verbannen, wenn er ein bestimmtes Zeichen gab, wo doch ein ganz anderes das einzig richtige gewesen wäre...
Nach einigen Wochen Indoktrination wurde Jack deutlich, daß ich angebissen hatte. Er lud mich ein, ihn an einem Sonntagnachmittag ins »Yankee«-Stadion zu begleiten. Ich werde dieses erste Baseballerlebnis, das die Flamme der Begeisterung in meiner »Jecke«-Seele

entzündete, nie vergessen. Es war ein Spiel gegen die »Chicago White Sox« mit Bill Rigney als Werfer. Die Erinnerung an den Rest der Mannschaft der »Sox« ist mir längst entschwunden. Aber das Team der »Yankees« wird mich immer begleiten: George McQuinn als erster, Gordon als zweiter, Rizzuto, Red Rolfe und die nicht zu übertreffenden Außenfeldspieler Keller, diMaggio und Henrich. Geworfen hat Spud Chandler und gefangen der große Bill Dickey. Jack hatte mich gut vorbereitet. DiMaggio, Chandler, Dickey, Rizzuto waren alle schon Helden in meinem Bewußtsein. Und hier waren sie nun aus Fleisch und Blut! Und all diese Leute, die wußten, was vor sich ging! An diesem Sonntagnachmittag machte ich einen Quantensprung nach vorn, was meine Zugehörigkeit zur amerikanischen Gesellschaft und Kultur betraf, in welcher der Sport eine bedeutende und charakteristische Rolle spielt.

Acht Jahre später, nachdem ich längst die Kleiderfabrik verlassen hatte, machte ich aus meiner in Prag geborenen Frau einen Yankee-Fan. Wir beide besprachen die Spielereignisse in unserem immer noch akzentreichen Englisch. Meine Versuche, die Baseballfaszination meinen Eltern und Freunden zu vermitteln, blieben freilich erfolglos. »Will ohne Baseball glücklich sein«, sagte mein Vater, indem er andeutete, daß er andere Sorgen und Interessen habe. Es war die Variation eines Satzes von Walther von Stolzing in den »Meistersingern«, nachdem er die Singprobe der Meistergilde besteht. Vater hatte die beste Wortwahl getroffen, um den kulturellen Unterschied zu formulieren. Diese Kluft zeigte sich noch deutlicher in meiner Auffassung von jüdischer Identität. Daß ich deutsch und jüdisch bin – wie andere katholisch oder evangelisch –, wurde nie in Frage gestellt, bis die Erfahrungen in den 30er Jahren Zweifel daran aufbrachten. Die Nazis hatten uns gesagt, wir seien keine Deutschen, und mein Vater sagte mir, ich sei jüdisch und schickte mich zu Rabbi Donath, um meinen ausgehungerten jüdischen Verstand mit reichlich Nahrung zu versorgen. Inmitten dieser sowohl privat als auch öffentlich konfliktreichen Einflüsse, die die Dinge nur verwirrten, anstatt sie zu bündeln, ging ich zu meinem Unterricht, wie es die Routine erforderte. Aber es bereicherte mich nicht, da ich nur gezwungenermaßen hinging.

Bis zur »Kristallnacht« hörten wir weiterhin unsere Lieblingsmusik, lasen unsere Goethe, Schiller und Shakespeare und hatten keine Zeit oder kümmerten uns nicht darum, Fragen nach der Identität zu stellen. Als wir in Amerika ankamen, hatten sich die Widersprüche in meinem Kopf noch immer nicht entwirrt, aber es interessierte mich auch nicht genügend, ihnen nachzugehen. Denn hier war die erste Frage die nach dem Verdienst, nach unserer Unterbringung, der Kleidung, Ernährung und nach Großvaters Fluchtmöglichkeiten, falls es noch welche gab. Vater setzte seine religiösen Gepflogenheiten fort, ich aber hatte schon lange aufgehört, die Synagoge regelmäßig zu besuchen. Und ich hatte schon, seit wir Frankfurt verlassen hatten, keine Hebräischstunden mehr. Nun schienen mir George Agree und seine Eltern einen neuen Weg zu zeigen. Judentum ohne Synagoge oder zumindest ohne die Synagoge als Bedingung jüdischer Identität.

George und ich besprachen dies, auch hatten seine Familie und ich Gespräche über den Zionismus, über Juden in Amerika, Amerika als Gesellschaft, kurz: über alles. Die Dinge rückten allmählich auf ihren Platz, wenn ich all die verschiedenen Menschen in der U-Bahn, der Straßenbahn oder auf der Straße sah. Sie alle waren Amerikaner: Weiße, Schwarze, Braune, Blonde, Chinesen... Nicht, daß Hitlers Rassentheorie einen starken Eindruck bei mir hinterlassen hatte, aber es gab da etwas deutlich und ansprechend Kontrastierendes in dieser unendlichen Vielfalt New Yorks, das einen durch bloße Anwesenheit herausforderte und allem widersprach, wovon die Nazis gesprochen hatten. Wie fügten sich nun die Juden ein? »Wie all die anderen«, sagte George auf solche Fragen. Und sein Vater würde ergänzen: »Robert, hier kannst du jüdisch und amerikanisch, zionistisch und atheistisch sein, was immer das Richtige für dich ist. Daraus besteht Amerika.« Was ich da sah und hörte, war verwirrend und aufregend zugleich.

Mit dieser Einstellung verband sich der Wunsch, nicht als Jude, sondern als Mensch wahrgenommen zu werden. War es nicht in unserem Interesse als Minderheit, unser Menschsein und unsere Zugehörigkeit zur Welt zu betonen, mehr als unsere Besonderheit als Juden? Würde es nicht jedermanns Sinn für Geborgenheit und Trost stärken, wenn wir all das abschüttelten, was die Menschen voneinander trennt, und das hochhalten würden, was sie verbindet? Ich war so veranlagt, daß ich durch alles durchmußte, sobald ich etwas aufgeschnappt und mir in den Kopf gesetzt hatte. So ging es mir auch auf der Suche nach

Identität. Ich hatte irgendwo gelesen oder gehört, daß es eine Organisation mit Namen »Society for Ethical Culture« gab. Ich bekam ihre Broschüre, die auf viele Fragen Antworten zu haben schien. Ihre Prinzipien folgten universalen ethischen Werten, dem Zusammenbruch religiöser, rassischer und anderer Widerstände im Interesse von Zielen, die jeder Mensch zu seinen eigenen machen konnte. War das nicht genau das Richtige für mich? Was ich nicht verstand: Amerika tolerierte Unterschiede, ja bestand aus Unterschieden, mehr als daß es versuchte, sie zum Verschwinden zu bringen.
Nein, ich mußte durch alles durch. Vielleicht war es auch eine Reaktion auf die Jahre des unterdrückten Widerstands, in dieses schwierige Wissensgebiet – vom Hebräischen zum Talmud – gestoßen worden zu sein, das mein Vater mir auferlegt hatte. Solange wir in Deutschland wohnten, hatte ich Angst gehabt, mich dagegen zu wehren. Jetzt hatten neue Voraussetzungen, neue Einflüsse, eine neue Welt alles in unserem Leben verändert. Mir standen Wege in verschiedene Richtungen offen.
Die täglichen Erfordernisse der Eingewöhnung machten es einfach, dasjenige fallenzulassen, was ich nie gemocht hatte, ohne daß eine Szene oder offener Widerstand meinem Vater gegenüber nötig war. Aber es brauchte seine Zeit, bis ich neue Wege zu gehen wagte. »Ethische Kultur« hörte sich zwar interessant an, ich aber war noch nicht bereit, mich festzulegen.
Was ich ebenfalls von den Agrees, wie auch von Emigrantenfamilien aus unserer Bekanntschaft erfuhr, war die gnadenlose Verdammung Deutschlands. Die gleiche Haltung, wenn auch in gemäßigter Sprache, fand sich in den Rubriken der Zeitungen – der »Times«, der »Herald Tribune«, des »World Telegram« und verschiedenen anderen Blättern, die damals um die Gunst der New Yorker Leserschaft warben. Meine Eltern hatten dieselben bitteren Gefühle, wenn auch mit einem Unterschied: Mein Vater hatte kein Erbarmen mit den Nazis, was jedoch seinen Sinn für das kulturelle Erbe, das zusammen mit der neuerworbenen jüdischen Identifikation seine intellektuelle und geistige Welt bildete, nicht beeinträchtigte.
Zu Hause sprachen wir Deutsch, auch wenn sich nach und nach amerikanische Ausdrücke, für die sich auf die Schnelle kein deutsches Wort fand, wie »ze subveh« (subway), »a sandvitch«, »toast« und »soda« in die deutschen Sätze einschlichen. Begriffe wie Untergrund-

bahn, Butterbrot, Röstbrot und Sprudelwasser hörten sich nun irgendwie künstlich an und kamen uns schon nach einigen Monaten kaum mehr in den Sinn. Mit der Zeit beschleunigte sich dieser Vorgang bis zu dem Punkt, an dem das Deutsche nur noch den Rahmen für englische Wörter und Sätze lieferte. Was Vater und mich von den meisten Juden – Emigranten und Einheimischen – unterschied: Wir fühlten weder Haß noch Verachtung für alles Deutsche. Mein Vater summte sein Lieblingslied, Walter von Stolzings »Am stillen Herd« aus den »Meistersingern«; amerikanische Juden, die niemals direkt den nazistischen Verfolgungen ausgesetzt waren, weigerten sich dagegen, die Aufführungen Wagnerscher Opern zu besuchen.

Wir besprachen diese Dinge gar nicht erst. Es waren einfach Gefühle, gegen die wir uns nicht wehren und die wir nicht leugnen konnten. Dieses Gefühl der Teilhabe an deutscher Kultur ist mir, trotz allmählicher Amerikanisierung, bis heute geblieben. Ich habe das nie bedauert, im Gegenteil: Ich pflege dieses Kulturgut. Es interessiert mich, Themen wie die deutsch-jüdischen Angelegenheiten nach dem Krieg, die Entwicklung der Bundesrepublik und schließlich die Wiedervereinigung sachlich zu behandeln.

In jenen frühen Tagen in Amerika kamen solche Themen nicht so häufig und vor allem nicht so leidenschaftlich auf wie in späterer Zeit. Was wir erlebten, war prägend für unseren kulturellen und gesellschaftlichen Weg, der sich so unmerklich wie der Wuchs einer Pflanze entwickelte. Erst nach Monaten oder Jahren konnte man sehen, was sich wie ausgewirkt hatte.

Bald gehörten die Schwarzen in der U-Bahn zum gewohnten Stadtbild. Genauso erging es mir mit den Chinesen und den schnellsprechenden spanischen Menschen, welche, wie man mir sagte, aus Puerto Rico stammten, aber amerikanische Bürger waren. Ich beneidete sie, da die Staatsbürgerschaft unser Hauptziel war. Wir erwarben unsere »first papers«, Papiere, die die grundlegenden Dokumente für unsere Naturalisierung darstellten, bei der ersten Gelegenheit, die sich bot. Es durfte keine Zeit verschwendet werden.

Mutter und ich achteten sehr auf unsere englische Aussprache. Was uns aber überraschte: Niemand schien an ihr etwas auszusetzen zu haben. Und was wir, bedingt durch unsere beinahe vollständige Beschäftigung mit uns selbst und der Frage, wie die anderen uns wahrnehmen könnten, weiterhin bemerkten, war die Tatsache, daß eine

Menge, wenn nicht die meisten »Amerikaner«, mit irgendeinem Akzent sprachen. Also worum ging es eigentlich, wenn von einem Amerikaner die Rede war? Es waren nicht Menschen, die aussahen wie Roosevelt oder Cordell Hull[6], deren Photos wir oft gesehen hatten, bevor wir nach Amerika kamen, auch wenn es in Ordnung, vielleicht sogar nützlich war, so auszusehen. Es waren auch nicht die Leute mit ihrem amerikanischen Englisch von Al Grobe auf WQXR, des Senders für klassische Musik in New York, obwohl es sich gut anhörte und es schön gewesen wäre, wenn man es hätte nachmachen können. Es waren auch gewiß nicht die Figuren aus den Büchern von Karl May wie Old Surehand, der gegen die Indianer kämpfte, obwohl es vermutlich im Westen Menschen wie ihn gab. Man konnte Amerikaner werden, egal ob man schwarz oder weiß, Chinese oder Puertoricaner war, selbst wenn man mit einem Akzent, den selbst die meisten gebürtigen oder auch naturalisierten Amerikaner kaum verstanden, sprach. War das wirklich so? Hitler wäre hier bestimmt verrückt geworden!

Der Krieg schien immer noch im Zustand der Ungewißheit verfangen. Aber es gab keinen Grund mehr zu hoffen, daß er beigelegt würde. Nicht nur stand Großvaters Leben auf dem Spiel, wir hatten auch nicht ein Wort von den Wassermanns aus Paris gehört. Gertrud war eine andere Cousine meiner Mutter; sie war verheiratet mit einem Importeur von Spitzen, der nach Paris emigriert war, da er geschäftliche Beziehungen dorthin hatte. Wir hatten gelesen, daß die Deutschen sich auch auf die Juden in Frankreich und den anderen besetzten Ländern gestürzt hatten. Was war den Wassermanns und ihrer Tochter Ilse wohl zugestoßen? Einige Zeit hatten sie von Paris aus versucht, uns behilflich zu sein, und ab und zu führte Vater sie als Beispiel an, da er fand, daß sie mehr Verstand als wir bewiesen hatten, da sie früher weggegangen waren. Wir haben nie wieder von ihnen gehört. Ihr Schicksal sprach für die Sinnlosigkeit, die in dem Versuch lag, immer neue Fluchtmöglichkeiten aufzuspüren, dies um so mehr, da man es mit einem Regime zu tun hatte, dessen grausame Taten sich in Triumphe verwandelten. Wir konnten bei all dem, was passiert war, nur noch in Kategorien des unmittelbar Nächstliegenden – an heute und morgen und an Opa – denken. Das bedeutete, Arbeit für

6 Amerikanischer Politiker, Außenminister der USA von 1933–44. Friedensnobelpreis 1945.

meine Mutter und mich, das Studium meines Vaters und das Geld-, buchstäblich Nickel- und Dimes-Sparen.
Unsere Kleidung hatten wir noch aus Deutschland. Wir hatten so viel eingepackt, wie wir in unserem Gepäck verstauen konnten. Auf den Straßen von New York wurden wir sofort erkannt, genau wie auf der Golders Green und Finchley Road. Es waren gute Kleider, und sie hielten sehr lang. Bis Mitte der 40er Jahre war es weder notwendig noch finanziell möglich, uns in New York neue Kleidung zuzulegen. Mein Anzug und die Krawatte, die ich mir für mein Paßphoto in Frankfurt umgebunden hatte, waren sieben Jahre später immer noch tragbar, als ich auf dem Broadway und in der 57th Street für die »Stimme Amerikas« zu arbeiten begann. Einer meiner amerikanischen Kollegen dort sagte eines Tages: »Hey, Bob, warum kaufst du dir nicht einen neuen Anzug, anstatt immer nur diese deutsche Zwangsjacke zu tragen!« Schließlich tat ich das, allerdings ist es mir bis heute zuwider, Kleider zu kaufen.
Am 8. Februar 1941 kam ein Telegramm von HAPAG aus Frankfurt, in dem stand, daß mein Opa am 25. März ein portugiesisches Schiff namens »Angola« besteigen würde. Das bedeutete, daß er sein amerikanisches Einreisevisum und die Transitpapiere durch die iberischen Länder erhalten hatte. Weiterhin bedeutete es, daß die Deutschen seine Reise durch Deutschland und das besetzte Frankreich genehmigten. Aber würde das wirklich geschehen? Konnte es geschehen?
Mutter spekulierte ununterbrochen über mögliche Pannen und Fallen, über die Doppelzüngigkeit der Nazis oder gar der HAPAG-Gesellschaft. Ihr Cousin Siegfried Florsheim, der eine Schlüsselrolle beim Erwerb der Papiere für Großvater gespielt hatte, versuchte, sie zu beruhigen. Meines Vaters und meine Versuche, sie von ihren Ängsten zu befreien, blieben erfolglos. »Ihr wollt nur, daß ich zuversichtlich bin«, sagte Mutter, »aber ihr habt ebenso eure Zweifel. Das weiß ich.« Es gab keine Möglichkeit, jemanden zu beruhigen, der so entschieden jeden Versuch zurückweisen würde. Sich in einer Lage wie dieser zuversichtlich zu geben, war unverantwortlich. Es war genauso schlimm wie etwas »berufen«; Besorgnis allein bot einen Schutz gegen »Übermut«.
Mutters Verhalten war nicht nur neurotisch. Es hatte auch mit der Erinnerung an Großmutters Selbstmord zu tun. Es mußte in der Pra-

xis, im stillen Gebet und durch die Vermeidung jeder sündhaften Erwartung alles dafür getan werden, um einer weiteren Tragödie vorzubeugen. Nun galt es, noch eineinhalb Monate durchzuhalten. Und wer wußte schon, was Hitler in diesen sechs Wochen anstellen würde, das Großvaters Reise nach Portugal in Frage stellen könnte? Es gab genügend Möglichkeiten, über die sie sich den Kopf zerbrechen konnte. Ende Februar kam eine weitere Nachricht von HAPAG: Hermann Frohmann würde nicht zum angekündigten Termin an Bord gehen, sondern erst am 15. April die »Nyassa« besteigen. Das war nun vollends genug für meine Mutter. »Alles Schwindel«, schrie sie. »Nein, das würde Schmidt nicht tun«, sagte Vater. »Ich bin sicher, daß alles seine Ordnung hat. Wahrscheinlich war das Schiff, das Ende März auslaufen würde, bereits ausgebucht. Vergiß nicht, das ist die einzig verbliebene Fluchtmöglichkeit. Sicher versuchen Tausende von Menschen, in Lissabon auf das nächste Schiff nach Amerika zu gelangen. Er wird kommen, keine Angst.« Das waren alles nur Vermutungen meines Vaters. Aber sie waren richtig, wie sich herausstellen sollte.

In Lissabon gab es in diesen Tagen unter den Schiffbesitzern eine Menge Schiebereien um das höchste »geito«. »Bestechung« ist eine zu grobe Übersetzung, vielleicht eher »Schmiergeld«, das den reibungslosen Ablauf garantieren sollte. Wer weiß, sonst gab es vielleicht irgendwo doch noch einen Haken... »Ach geh«, sagte Mutter, »immer suchst du nach Erklärungen. Warum sollten die Portugiesen ihren Vorteil aus einem alten deutschen Juden ziehen?« Mutters Antwort spiegelte eine ganz bestimmte Auffassung wider: Die Dinge waren dazu verurteilt, schiefzulaufen; es gab nur Schwarz oder Weiß. Dabei waren die Deutschen allmächtig, und alle anderen, die Portugiesen inbegriffen, hatten nichts zu melden, auch wenn sie nette Menschen waren. Die zutagetretende Angst, unsere Versuche, hilfreich zu sein, die Arbeit, das Winterwetter – das alles ließ diese Februar- und Märztage elend erscheinen. Der Himmel hatte ein noch dunkleres Grau, die hohen Gebäude wirkten im fahlen Tageslicht deprimierend und waren nicht im entferntesten denen ähnlich, die wir gesehen hatten, als wir ein Jahr zuvor am Hafen in Empfang genommen wurden.

Schließlich kam die Gewißheit, daß Hermann Frohmann am 15. April an Bord der »Nyassa« gegangen war. Mutter glaubte dieser Nachricht

und war erleichtert, aber nur für einen kurzen Augenblick: Ein portugiesisches Schiff? Wie seetauglich war ein solches? Welche Route würde es nehmen? Und wie lange würde die Überfahrt dauern? Es gab keine definitiven Antworten auf diese Fragen, schätzungsweise würde die Überfahrt mehr als eine Woche dauern.
Opa kam am 25. April. Im Alter von 75 kam er mit seinem einzigen Koffer die Landungsbrücke herunter, und das Unglaubliche ging in Erfüllung: Opa war nun bei uns, unsere Familie war wieder vereint. Großvater wirkte noch grauer als New York an diesem Apriltag. Sein volles Haar war unverändert, aber sein Gesicht war sehr gealtert, hatte mehr Falten, war blaß und schrecklich müde geworden.
Er bildete einen Kontrast zu dem, wie er hatte aussehen wollen; er hatte immer gedacht, daß es das Wichtigste für Menschen sei, ihren Mitmenschen Respekt einzuflößen. Zum Glück wußte er nichts von diesem Kontrast. In Anbetracht dieser besonderen Fahrt nahmen wir ein Taxi. Die Unterhaltung während der Fahrt war eher allgemein, aber auch entspannt. Mutter weinte – sie und ich hatten uns beide für den heutigen Tag freigenommen –, Vater und ich waren glücklich, während wir auf den beiden Notsitzen saßen und Großvater und Mutter den Rücksitz überließen. Es waren noch sechs Tage bis zu meinem 20. Geburtstag, und dies war das schönste Geschenk, das ich bekommen konnte.
Opa war von der kleinen Wohnung beeindruckt. Er war überwältigt von der Größe des Zimmers, und obwohl wir ihm geschrieben hatten, daß es nur ein einziges Zimmer gab, war er glücklich. Es gab Tee und Kuchen, und Großvater wurde sein neuer Bereich zugewiesen: eine Ecke in dem großen Zimmer, abgetrennt durch eine auf der Columbus Avenue gebraucht erstandene Spanische Wand. Meine Eltern hatten ihr Bettgestell in der gegenüberliegenden Ecke, in der Nähe des Fensters mit Blick auf den Baum. Ihr Fenster befand sich im 90-Grad-Winkel zu dem in der Küche, durch das ich einen Blick auf die Welt warf. Ein berauschendes Gefühl der Zufriedenheit erfüllte das Zimmer, nachdem Großvater sich frischgemacht und sich in dem einzigen großen Sessel, den wir ebenfalls auf der Columbus Avenue ergattert hatten, niedergelassen hatte. Er war müde, aber es war die Müdigkeit eines Angekommenen. Die große Anstrengung, das Warten auf die Überfahrt zeigte seine Wirkung, aber seine Augen strahlten Entspannung aus. Es war das erste Mal, daß sich Opa nach mehr als zwei

Jahren inneren Kampfes wirklich sicher fühlen konnte: zuerst die »Kristallnacht« und nach unserer Abfahrt der wachsende Druck auf die Juden, die steigende Zahl der Selbstmorde, der Fortgang von Freunden und dann – der Krieg. Großvater war ganz allein in seiner Pension in der Nesenstraße, als er den tiefen Schmerz über sein schwindendes Vertrauen in all die Dinge, an die er sein Leben lang geglaubt hatte, durchlebte. Und mit dem nachlassenden Vertrauen kam die Erkenntnis, daß das Leben eines jeden Juden in Gefahr war, daß die militärischen Siege Deutschlands die Siege Hitlers waren und daß man seine eigenen Hoffnungen nicht länger an diesen Triumphen festmachen durfte.

Als der Naziterror Auswüchse annahm und der »Rechtsstaat« in den grausamen und geschickten Reden Goebbels' zur Zielscheibe des Spotts wurde, tat Opa etwas, was für 75 Jahre seines Lebens undenkbar gewesen wäre: Er begann, auf Hitlers und damit auf Deutschlands Niederlage zu hoffen! Er, der so stolz auf seinen Dienst als »Einjährig-Freiwilliger« in der kaiserlichen Armee gewesen war und der Deutschland, seiner militärischen Tradition und Disziplin als Inbegriff des Respekts und der Loyalität tief verbunden war – er mußte nun auf den Sieg Frankreichs und Englands hoffen!

Opa sprach das alles nicht so aus. Er gehörte nicht zu denen, die kompliziert dachten oder sprachen. Aber selbst an diesem Tage kam einiges von dem durch, was er durchgemacht hatte und auch von dem neuen Denken, das daraus erwachsen war: »Ja, das wurd' immer schrecklicher. Der Beutel hat mir die Hölle heißgemacht..., daß ich so schnell wie möglich raus muß... Ja, me konnt an gar nix mehr glauwe.« In den nächsten Tagen ging jeder seiner Wege, um Großvater die Möglichkeit zu geben, sich an seine neue Umgebung zu gewöhnen. Wir forderten ihn nicht auf, rauszugehen oder anderen Beschäftigungen nachzugehen, da sie zu neu und ungewohnt für ihn gewesen wären. Er war immerhin 75 und litt seit langem an Bluthochdruck, wofür er die Arznei genommen hatte, die mein Vater ihm verschrieben hatte. Unnötig zu sagen, daß er sie jeden Tag auf die Minute genau einnahm und so viel davon mitgebracht hatte, daß es über Monate hinaus reichen würde.

Obwohl wir ihn nicht zum Sprechen ermunterten, es vielmehr ihm selbst überließen, wurde deutlich, daß er reden wollte. Für Großvater, der nie redselig gewesen war, entwickelten sich diese Tage zu einer Geschichte in Fortsetzungen: wie er reiste, wie ihm geholfen wurde und wie das Leben während der 18 Kriegsmonate in Frankfurt verlaufen war. Er besaß seinen Paß mit dem Hinweis, daß er nur für die Emigration in die Vereinigten Staaten gültig war, seit 1940. Großvater war es gelungen, dieses äußerst wichtige Dokument auf der Grundlage von Papieren, die bewiesen, daß es nur eine Frage der Zeit war, bis er sein US-Einreisevisum erhalten würde, zu bekommen. Mit diesen bekam er seinen »Sichtvermerk«, die Genehmigung zur Ausreise und war von den Steuern und anderen Verpflichtungen, die er dem deutschen Staat gegenüber hatte, entbunden. Auf seinem Vermerk zur Ausreise stand »Nach USA via Königsberg, Litauen und Sowjet-Rußland«. Zu der Zeit stand lediglich die Transsibirische Eisenbahn zur Verfügung. Das hätte bedeutet, daß man das Schiff von Wladiwostock über den Pazifik nehmen mußte. Quer über den Sichtvermerk war jedoch »ungültig« gestempelt worden, dem sechs Monate später ein neuer Stempel »Überqueren der Grenze nach Spanien und Portugal« folgte. Großvater erklärte uns, daß die Nazis irgendwann in der zweiten Hälfte des Jahres 1940, nachdem die deutsche Besetzung Frankreichs erfolgt war und die Grenzen unter ihre Kontrolle gebracht waren, die Grenzen wieder geöffnet hatten und seine Helfer ihm geraten hatten, diese weit weniger beschwerliche Reiseroute zu wählen. Als Großvater uns seine Geschichte erzählte und wir in seinen Paß sahen, erkannten wir, wie wenig er für sich selbst entscheiden konnte. Er hatte alles seinen Ratgebern überlassen. Opas Schicksal lag in den Händen einer feindlichen Regierung und in denen zweier Helfer, deren Loyalität zu ihrem Kunden sie dahin brachte, ihm einen Weg aus dem nazistischen Reich zu bahnen.

»Ja, ich hab' gemacht, was die mer gesacht hawe«, sagte Großvater in einem Ton, der sowohl Resignation als auch großes Vertrauen in Beutel und Schmidt verriet und die Kraftlosigkeit eines 75jährigen Mannes bewies, der auf die Ebene eines Kindes gesunken war, für das man sorgen und entscheiden mußte. Was sie ihm vorgaben, rettete sein Leben und nahm einen Ausgang, auf den nur ganz wenige deutsche Juden zu der Zeit noch bauen konnten. Eines war bis zum Schluß sicher, und das blieb immer noch Großvaters Entscheidung: Er würde nur auf legalem Weg ausreisen, in Übereinstimmung mit den Erfordernissen und Vorschriften, die die Emigration erlaubten. Und seine Ratgeber stimmten mit ihm überein. Auch das war ein großes Glück.

Hätten sie Großvater geraten, in einer Nacht- und Nebelaktion, mit Hilfe einiger nicht gerade in gutem Ruf stehenden Menschen die Grenze zu übertreten, so hätte er sich geweigert. Hätte es keinen legalen Weg aus Deutschland heraus gegeben, so wäre er den von sechs Millionen Juden gegangen. Es war ein Geschenk des Himmels, daß ihm dieses Schicksal erspart blieb.
Großvater erzählte uns seine Geschichte über mehrere Tage. Er war müde und betäubt von all dem Neuen um ihn herum, ergriffen von einer ganzen Skala von Emotionen, vom Gefühl, bei uns und sicher zu sein bis zur völligen Unsicherheit darüber, was ihn erwarten würde, wie er sich in einer so vollkommen anderen Welt einleben und was wohl aus den zurückgebliebenen Freunden in der Nesenstraße werden würde. Er schien abgestumpft, verunsichert und ängstlich. Er trug eine alte Strickjacke, die ich sofort wiedererkannte, auch die Taschenuhr an seiner Weste. Seine große Nase war etwas geschrumpft, seine Hautfarbe war weniger rosig, und er wirkte irgendwie schmaler und kleiner. Und so grau in seinem Gesicht, auch seine Kleider und seine Verfassung. Opa ging schon immer etwas gebeugt, jetzt war es noch schlimmer geworden. »Ich hab' en richtge Buckel, net wahr?« fragte er und sagte uns auf diese Art und Weise, daß die Ereignisse ihren Tribut gefordert, ihn niedergedrückt hatten.
Die Geschichte von Hermann Frohmanns Ausreise – oder war es Flucht? – aus Nazi-Deutschland geht noch weiter: Nach dem Empfang des US-Einwanderungsvisums mußte Großvater nach Berlin reisen, um von der portugiesischen Botschaft ein Transitvisum durch Portugal zu erhalten. Das bekam er dann auch am 29. März. Mit der Reichsbahn fuhr er von Berlin nach Düsseldorf, wo auch das spanische Konsulat ihm ein Transitvisum ausstellte. Das war am 31. März, und damit war Großvater endlich reisefertig. Herr Schmidt von HAPAG hatte ihm die Zugfahrkarte nach Lissabon besorgt; beide, Schmidt und Beutel, begleiteten ihn zum Hauptbahnhof. »Die Lisbeth hat mich a paarmal angerufe«, erwähnte er zwischendurch. Das wunderte niemanden von uns, am allerwenigsten meine Mutter. Lisbeth hatte es nie versäumt, ihre Solidarität und ihren Mut zu bekunden.
Großvater erzählte uns, wie er den Zug bestiegen hatte und zu seinem reservierten Platz gegangen war. Beutel hatte ihm geholfen, seinen Koffer zu verstauen. »Ich wußt' net, ob mer wirklich nach Portugal

fahrn würden, aber ich hatt' ja kei' Wahl.« Was Großvater nicht durchschaute war der Umstand, daß er unter der Ägide der Wehrmacht reiste. Soldaten liefen durch die Gänge, während Hermann Frohmann mit seinem großen, roten »J« auf der ersten Seite seines Passes, übersät mit Hakenkreuzstempeln und den drei lebensrettenden Visa, durch das besetzte Frankreich in Richtung Freiheit fuhr! Nach zwei Tagen erreichte der Zug die spanische Grenze, und sein Paß bekam einen neuen Stempel. Opa war zu müde, zu verwirrt und betäubt – eine spontane Reaktion des Verstands, der diese unglaublichen und unkontrollierbaren Auswirkungen der vielen widersprüchlichen Gefühle nicht verarbeiten konnte –, um zu verstehen, daß diese Ereignisse etwas Besonderes, vielleicht gar historisch Bedeutsames haben würden: Er bekam in der Bucht von Biscaya den rechteckigen Vermerk der »Grenzpolizei«, der ihm sicheren Schutz nach Hendaye gab, in den Paß gestempelt. Am 3. April erreichte er Hendaye auf dem Landweg und reiste zwei Tage durch den Westen von Spanien. Am 5. April überquerte er die Grenze nach Portugal in Fuentes de Onoro westlich von Salamanca und kam am 7. April in Lissabon an. Er war also eine Woche lang per Zug durch Deutschland, Frankreich, Spanien und Portugal unterwegs gewesen.

Großvater brachte seinen Bericht nicht als Beschwerde vor. Er hielt sich an die Tatsachen, einige Details in bezug auf die Grenzübertritte waren ihm entgangen, oder er war einfach zu erschöpft gewesen, um sich nach ihnen zu erkundigen. Sie sind dokumentiert in seinem Paß; dessen Seiten sprechen Bände im Hinblick auf die Grausamkeit, die Widersprüche, die pedantischen Forderungen und Inszenierungen der Bürokratie inmitten der Illegalität.

Auch über die Nebensächlichkeit, die völlige Irrelevanz menschlichen Seins in dieser grotesken Umgebung erzählen diese Seiten etwas. Eine jüdische Organisation empfing Großvater am Bahnhof von Lissabon und brachte ihn bis zum Auslaufen der »Nyassa« für eine Woche in einem Zimmer unter. Über seinen einwöchigen Aufenthalt in Lissabon sprach er nicht viel; das Essen hatte nicht geschmeckt, was hieß, daß es ungewohnt für ihn war, und daß die paar Reichsmark, die er hatte mitnehmen dürfen, ihm nicht erlaubt hatten, im Laden einzukaufen. »Ich hatt' a Bett, und die Leut' warn anständig«, so brachte er sein Lissabon-Erlebnis auf den Punkt. Am 15. April, dem Tag der Abfahrt, gingen die Passagiere an Bord der »Nyassa«. Im Normalfall

nahm man die Route über die portugiesische Kolonie Angola in Afrika, aber durch Hitler wurde der transatlantische Flüchtlingsverkehr lohnenswerter, und Lissabon wurde zum Abfahrtshafen. Die umherirrenden Juden, denen es noch gelungen war, herauszukommen, wollten alle nach Lissabon. Wie über die Erde verteilte Stecknadeln, die durch einen Magneten angezogen wurden, versammelten sie sich dort in großer Anzahl. Es gab ihrer genug – die meisten kamen auf illegalem Weg nach Portugal und hatten dafür eine beträchtliche Summe bezahlt; die portugiesischen Schiffahrtsgesellschaften machten ein einträgliches Geschäft.
Großvater, der über HAPAG eine reguläre Fahrkarte erworben hatte, wurde in einer Kabine untergebracht. Als wir ihn nach der Verpflegung und den Waschmöglichkeiten fragten, antwortete er mit einem leeren Blick: »Wir warn froh, daß wer drauf warn. Solang mer net gehungert hat und 's Wasser gab, war alles gut.« Wir waren uns bis dahin nicht bewußt, daß die Bedingungen in Deutschland während der zwei Jahre unserer Abwesenheit, bis hin zu Opas Ausreise, um so vieles schlimmer und die Angst vor dem Tod soviel unmittelbarer geworden waren, daß sich weitere Fragen erübrigten.
Nach einer Woche hatte Großvater an Essen und Schlaf aufgeholt und kam allmählich wieder in Form; er sprang zwischen der Vergangenheit und Zukunft hin und her. Er war so glücklich, sein Bett hinter dem Vorhang zu haben, und begann, das Zimmer und die unmittelbare Nachbarschaft zu erkunden. Man hätte erwartet, daß sich dieser auf Gewohnheiten fixierte, ultrakonservative 75jährige Mann beschwerte, sich zumindest durch das Fehlen jeder Privatheit, der Enge des Wohnraumes oder anderer persönlicher Bedürfnisse und Wünsche wegen unbehaglich fühlte. Aber seine Kritik bezog sich lediglich auf Kleinigkeiten, auf Dinge, die nicht so »wie bei uns« in Deutschland waren. »Die Stromstecker sind vollkommen anders«, sagte er zum Beispiel. »Sie sind nicht stabil, ›wie bei uns‹. Wie können sie überhaupt funktionieren?« Oder er war überrascht von dem »holprigen Trottoir«, dem Gehweg mit den kleinen Unebenheiten und Löchern, anstelle der kleinen Steine in halbmondförmigem Muster, an die er gewöhnt war, oder der runden Pflastersteine von Reinheim. »Und die Tür'n schließen nicht so gut wie bei uns.«
Großvater wurde vor dem schrecklichen Schicksal bewahrt, das er zu guter Letzt erkannt hatte; während der restlichen dreizehn Jahre, die

er in New York lebte, hat er sich nie beschwert. Aber der kulturelle Unterschied machte ihm doch zu schaffen. Er fühlte sich zu Hause in den paar Quadratmetern hinter dem Vorhang, aber er hat nie begriffen, daß die Dinge funktionierten, auch wenn die Türen nicht richtig schlossen, die Straßenbahnen nicht jeden Tag saubergemacht wurden oder das Papier im Rinnstein liegenblieb, ohne daß jemand zu einem Besen griff.

Das Jahr ging zu Ende, so auch die Schule und das Universitätssemester. Wir sprachen seit längerer Zeit darüber, daß ich die wenigen Kurse absolvieren sollte, die mir das Bakkalaureat, den niedrigsten akadamischen Grad, einbringen würden. Wir hatten herausgefunden, daß das City College sehr gut und für Anwärter, die sich qualifizieren wollten, kostenlos war. Aber meine Eltern dachten, daß das Ansehen einer berühmten Institution wie die Columbia Universität mir mehr helfen würde, selbst wenn sie etwas kostete. Gemeinsam würden wir das Geld schon irgendwie auftreiben. Ich stimmte zu, und obwohl für die Wahl der Columbia Universität pragmatische und berufliche Erwägungen zählten, war es wohl auch eine Portion deutsch-jüdischen Snobismus. Vielleicht war es auch mehr als nur eine Portion.

Im August 1941 nahm ich eines Tages nach der Arbeit die Straßenbahn und fuhr den Broadway hinauf in die 116. Straße. Ich hatte den Campus schon früher einmal erkundet und herausgefunden, wo ich mich für die erweiterten Universitätskurse – so nannte man die Abendklassen, die später den seriöser klingenden Namen »School for General Studies« erhielten – einschreiben mußte. In meiner Mappe trug ich mein schwerverdientes Abiturzeugnis vom Philanthropin, was mir mit nur geringem Aufwand zu einem anerkannten Collegeabschluß in New York verhelfen sollte. Stolz legte ich es der zuständigen Behörde vor, die es vorsichtig begutachtete.

Was dann kam, schlug wie eine Bombe ein: Mir sollten nur 30 Punkte für das Abitur angerechnet werden, die restlichen 85 oder 90, die ich für das Bakkalaureat benötigte, sollte ich nachholen. Ich war schockiert, einfach sprachlos. Noch bevor ich dagegen protestieren, mich erklären oder irgend etwas sagen konnte, fügte der Zuständige hinzu: »Sie sind ja unter dem Naziregime zur Schule gegangen, welches das deutsche Bildungssystem herabgemindert hat. Ihr Zeugnis hat einen Nazistempel und wurde von einem Beamten des örtlichen

Bildungsministeriums beglaubigt. Für uns bedeutet das, daß eine staatliche Behörde das anerkannt hat, was Ihnen beigebracht wurde.«

»Aber bitte, sehen Sie doch. Auf der Vorderseite ist das Wort ›öffentliche‹ durchgestrichen, das heißt, daß die Nazis das Zeugnis nicht öffentlich anerkannt haben.«

Der Mann hinter dem Schreibtisch blieb unbeeindruckt. Und ich hatte einfach nicht den Antrieb und den Mut, das Urteil einer Autorität in Frage zu stellen – und er war die Autorität, wie jeder andere, der hinter einem Schreibtisch saß. Ich war in meiner Akkulturation noch nicht soweit fortgeschritten, daß ich diesen Grundsatz meiner Erziehung in Zweifel zog.

Der »Ausweis zum Leben« war auf ein beinahe nutzloses Stück Papier zusammengeschrumpft. Die Gründe, die wir hatten, die Risiken, die wir mit der Entscheidung, in Frankfurt auf das Abitur zu warten, auf uns genommen hatten, erschienen mir wie der blanke Hohn! Daß das Philanthropin eine von Juden geleitete Schule war, zählte nicht. Aber daß die Nazis ihren Stempel auf unseren Zeugnissen hinterlassen hatte, das zählte. Man muß die Launenhaftigkeit von Diktaturen erlebt haben, um zu verstehen, was sich an diesem Tag im März 1939 im Philanthropin abgespielt hatte. Mein zuständiger Beamter hatte dies, zum Glück für ihn, nicht erlebt. Ich hatte es überlebt, stand aber auf der falschen Seite des Tisches.

Ich schrieb mich für einen einzigen Kurs ein, mehr Geld hatte ich nicht. Diesem Kurs würden im Laufe der Zeit noch viele folgen, die ich besuchen und bezahlen mußte.

Ich wählte Spanisch, da Sprachen das Gebiet waren, auf dem ich ein bißchen Talent zu haben schien. Außerdem könnte es nützlich sein in einer Hemisphäre, deren Hälfte der Bevölkerung diese Sprache sprach. Ich begann im September 1941 und bekam meinen Abschluß im Juni 1948. Ich erklomm die Leiter, soweit die Geldmittel das zuließen. Sobald das Ende winkte, wurde ich immer begieriger, es nun hinter mich zu bringen.

Was ich in diesen Tagen nicht wußte: Mich würde in den 40er Jahren eine spanische Fakultät erwarten, die in der Welt wohl einmalig war; sie umfaßte Spanien und verschiedene lateinamerikanische Länder, deren Diktatoren oder Juntas einige ihrer besten Intellektuellen entweder verjagt oder ihnen die Ausreise nahegelegt hatten. Jenseits der sprachlichen Fähigkeiten eröffnete sich mir eine ganz neue Welt des spanischen und lateinamerikanischen Denkens und deren Literatur, durch Lehrer wie Angel del Rio, Francisco Garcia Lorca (dem Bruder des Poeten, der im Spanischen Bürgerkrieg gefallen war), Federico de Onis und Arturo Uslar Pietri aus Venezuela. Ich wurde auch sachkundiger, klarer und wesentlich sicherer im Umgang mit meinem Englisch. Ich hatte vorzügliche Lehrer, die mich so gut unterrichteten, daß ich vieles begriff, und die Regeln im Gebrauch von »who« und »whom«, die von Journalisten und Schriftstellern entweder nicht gelernt, nicht verstanden oder als vernachlässigenswert verworfen werden, niemals vergessen werde.

Durch die frühabendlichen Straßenbahnfahrten zur Columbia-Universität kam eine weitere Unterrichtserfahrung hinzu. Einer der Fahrer auf dieser Strecke war ein Ire namens Jim Healy, der bald in den Ruhestand gehen sollte und ganz offensichtlich weitaus größeres Interesse an der Literatur als an der Bedienung der Straßenbahn hatte. Er war eine schätzenswerte und lehrreiche Quelle des Wissens, von Shakespeare bis Joyce. Schätzenswert, da er ein reiches, deutliches Englisch mit einem leicht irischen Akzent sprach, und lehrreich, da er wirklich wußte, wovon er sprach und mir Anregungen gab, auf Grund derer ich die Literatur mit größerem Gewinn wieder las.

Während ich die Schule wieder aufnahm, paukte mein Vater die medizinischen Wälzer durch, mit denen er sich auf die Berufseignungsprüfung vorbereitete. Im Frühling 1941 fühlte er sich reif für den ersten Versuch. Er hatte sich in den Staaten New York und Ohio beworben, die zu der Zeit die noch nicht eingebürgerten Immigranten zu den staatlichen Prüfungen zuließen. Er scheiterte in New York an einer technischen Einzelheit, schaffte es aber in Ohio. Aber Vater gab nicht auf in New York, wo wir der Freunde und Verwandten wegen viel lieber wohnen wollten. Ohio war immerhin eine Sicherheit und gab meinem Vater mehr Selbstvertrauen, es in New York noch einmal zu versuchen. Sein zweiter Versuch in New York gelang, und am 15. April 1942 erhielt er ein Dokument, das ihm erlaubte, zu praktizieren.

Es war Vaters vierter Anlauf als Arzt; der erste war 1912 in Reinheim, der zweite 1919 wiederum in Reinheim, der dritte 1934 in Frankfurt und schließlich der vierte 1942 in New York, und diesmal auch noch in einer ihm fremden Sprache. Nun ging es darum, Geld für die

Opa Hermann Frohmann, die Mutter des Autors, Robert Goldmann und sein Vater in New York (ca. 1945)

Grundausstattung einer Praxis und für Möbel zu beschaffen und eine erschwingliche Wohnung zu finden, in der man eine Praxis und uns vier unterbringen konnte. Vater war zuversichtlich, daß er, hatte er einmal eine Praxis eröffnet, schnell einen Patientenkreis aufbauen würde, das Darlehen an seine Schwester zurückzahlen und eine größere Wohnung mieten konnte. Wir hatten genug Geld für die Einrichtung zurückgelegt, fanden eine Wohnung in der 98. West Street Nummer 240, die ein anderer emigrierter Arzt, der bereits seit einigen Jahren praktizierte, freigemacht hatte, um auf die elegantere East Side überzusiedeln. Im Sommer 1942 zogen wir dort ein.

In der Zwischenzeit hatte sich Großvater offensichtlich gut eingelebt in seiner neuen Umgebung. Ich hatte eine Gehaltserhöhung auf 15 Dollar die Woche bekommen. Es ging aufwärts.
Während diese für unsere Familie wichtigen Ereignisse eintraten, war Amerika infolge des japanischen Überfalls auf Pearl Harbor in den Krieg eingetreten. Für Vater, der auf seine ärztliche Zulassung für New York wartete, war der Eintritt Amerikas ebenso wichtig wie unser familiäres Glück. Gemessen an dem Aufwand an Gedanken und Gesprächen, die er diesem Ereignis widmete, vielleicht sogar wichtiger. »Jetzt ist der Hitler fertig!« sagte er, als die Schlagzeilen auf die schnelle Entwicklung der amerikanischen Kriegsmaschinerie aufmerksam machten. Meine Mutter machte keinen Einwand, und Großvater, dessen Einstellungen eine so bemerkenswerte Veränderung erfahren hatten, erklärte sich einverstanden mit meinem Vater. Das war noch nie dagewesen! Großvater war ganz von Amerika eingenommen, und wenn er meinem Vater in der Erwartung eines kommenden Sieges der Alliierten zustimmte, so sprach er mehr als Patriot, denn als Beobachter, eher aus der Hoffnung als aus der Überzeugung heraus.
In der 98. West Street Nummer 240, in der meine Eltern bis zum Tod meines Vaters im Jahre 1961 lebten, schwammen wir mit dem Strom, der die Vereinigten Staaten seit 150 Jahren durchflutet und das Land produktiv gemacht hatte: der Strom der Immigranten. Wir brauchten dieses Land, damit wir uns sicher fühlen konnten, und erkannten erst später, daß das Land uns ebenso brauchte. Das traf sich gut und war sehr selten in der Geschichte der Nationen. Es gab keinen Druck, sich zu assimilieren, Englisch zu sprechen oder genau wie die anderen zu sein oder »nicht aufzufallen«. Jeder unterschied sich vom anderen. Nach einer Weile bekam man den Nachweis, daß man naturalisiert war; bis dahin fühlte man sich schon ziemlich amerikanisch.

Emigrantenalltag und Karriereträume

Unser Zimmer in der 100. Straße bedeutete uns Sicherheit und Behaglichkeit, die Wohnung an der 98. Straße erschien uns jedoch als der reinste Luxus. Während ich heute im 12. Stock eines East-Side-Gebäudes mit drei Schlafzimmern, von denen meine Frau und ich nur eines benutzen, da unsere Kinder sich längst aus dem Staub gemacht haben, wohne, amüsiere ich mich über die Flexibilität menschlicher Wahrnehmung: Bei unserer Ankunft 1940 war dieses eine Zimmer der Himmel auf Erden. Mit dem Zertifikat, das Vater wieder in den Stand eines Arztes setzte, sah unsere Familie unsere Einzimmerwohnung als einen ganz passablen Anfang, den es aber schleunigst zu überwinden galt, auch wenn man jenen ursprünglichen Zustand nicht verachtete.

Immer noch wecken die 100. und 98. West Street das Gefühl der Zufriedenheit und Gelassenheit in meinen Erinnerungen: die 100. West Street bedeutete Sicherheit, die 98. Geborgenheit. Scarsdale, Chevy Chase, Bergen County, in New Jersey, und die Upper East Side können mit diesen »ersten amerikanischen« Empfindungen nicht konkurrieren.

Wie es sich für eine Arztpraxis gehört, lag die Wohnung im Erdgeschoß eines Gebäudes, das sich über einen halben Block zwischen dem Broadway und der West End Avenue erstreckte. Das Gebäude wies eine große und imposante Halle auf, mit Marmorverkleidung an Wänden und Fußböden und hochherrschaftlichen Aufzügen. Fritz, der sympathische Fahrstuhlführer, wurde ein Freund der Familie und eine Quelle mitunter ungewollter Informationen über Familiendramen innerhalb des Hauses.

Unsere Wohnung befand sich an der West-End-Avenue-Seite des Eingangstores; auf einem ganz nach amerikanischem Stil entworfenen Schild neben dem Eingang stand:

Jacob Goldmann, M. D., Allgemeinarzt

Das Schild nahm nur einen Bruchteil der Größe der deutschen »Arztschilder« ein. Bei den deutschen handelte es sich um große Quadrate, mit dem in Blockbuchstaben geschriebenen Namen auf weiß-emailliertem Hintergrund, in glänzendem Metall gerahmt, was sehr bedeutend, ja beinahe prunkvoll wirkte. Aber das kleine Metallschild in unserer Straße in New York war um so vieles bedeutender. Weder das Schild in Reinheim noch dasjenige in Frankfurt war so mühevoll erworben worden, trotz des Ersten Weltkrieges und den Verfolgungen in den frühen Jahren der Naziherrschaft nicht. Aufgrund unserer letzten Erfahrung war das kleine Schild in New York sicherer und schützte besser vor den politischen Schwankungen, als es diese glänzenden in Deutschland vermocht hatten.

»No, wer hawes geschafft!« sagte Vater, nachdem das Schild an der Hausfront angebracht war. Es lag Stolz und Zufriedenheit und auch eine Spur von Erregung in seiner Stimme. Großvater wischte sich eine Träne vom Gesicht, und einmal im Haus, umarmte meine Mutter ihren Mann, was nicht gerade oft geschah, zumindest nicht in meiner Anwesenheit. Wärme und Herzlichkeit waren in ihre Beziehung zurückgekehrt, und Großvater hatte, ohne es sich bewußtzumachen, negative Einstellung und Vorurteile seinem Schwiegersohn gegenüber aufgegeben. Auch das haben wir Amerika zu verdanken.

Die neue Praxis von Dr. Goldmann bestand aus einem langen Flur, der als Wartezimmer der Patienten diente, und einem großen Zimmer jenseits des Flurs, das Vaters Sprechzimmer war. Das Zimmer, von dem man auf die 98. Straße sah, war unser Wohnzimmer und nachts das Schlafzimmer meiner Eltern, ein weiteres gehörte Opa und mir. Wieder einmal teilte ein Vorhang das Zimmer: Großvater bekam den Teil mit dem Fenster, ich schlief in der Nähe der Tür zum Flur. Eine nach hinten gelegene fensterlose Küche und ein Badezimmer vervollständigten unser Zuhause mitsamt der Praxis.

Bei mir nahmen Arbeit und Schule die meiste Zeit in Anspruch; ich verbrachte nur wenige Stunden in unserer Wohnung. Opa und ich waren immer miteinander ausgekommen, und jetzt ging es um so besser. Es gab eine Floskel, die mir erst später geläufig wurde: Der Fahrstuhlführer der überfüllten Aufzüge, in die sich immer mehr Menschen hineinquetschten, und die Passagiere, die sich in die U-Bahn drückten, wiederholten unermüdlich: »Es ist noch genug Platz.« Ich fand, daß sich dieser Ausdruck gelegentlich auch auf unsere Wohnung

Dr. med. Jacob Goldmann in seinem Praxiszimmer in New York.
Er hatte vor der Eröffnung seiner Praxis als 55jähriger
seine ärztlichen Prüfungen wiederholen müssen (ca. 1950)

anwenden ließ. Vor allem dann, wenn die Patienten während der Öffnungszeiten unser Badezimmer benutzten oder wenn Mutter das Abendessen vorbereitete, Großvater am Wohnzimmertisch saß und ich meine Hausarbeiten dringend erledigen mußte. Manchmal machte ich sie, indem ich mich Großvater gegenübersetzte. Er ließ sich davon nicht stören und verteilte seine »Staatszeitung«, die deutschsprachige Zeitung in New York, mit Vorliebe in ihrer vollen Breite über den ganzen Tisch.

Der große Wandel im Alltag meiner Eltern war eingetreten: Im Alter von 55 Jahren praktizierte mein Vater wieder, und dies nach drei Jahren beruflichen Stillstands, der für ihn unablässiges Leiden bedeutete. Er hatte sich jedoch niemals auch nur im geringsten darüber beschwert. Mutter ließ ihre Bettpfannen in Brooklyn und nahm die Doppelrolle einer Hausfrau und der Sprechstundenhilfe meines Vaters ein. Die Praxis gedieh. Eine ganze Reihe von Leuten, die meinen Vater noch aus Frankfurt kannten oder von ihm gehört hatten, warteten bereits darauf, seine Patienten zu werden. Die meisten seiner Patienten waren deutsch-jüdische Emigranten, die in der Nachbarschaft lebten. Bald bekam er auch einige gebürtige New Yorker dazu, meistens angeworben durch Fritz oder die Fahrstuhlkollegen aus den umliegenden Gebäuden.

Die Veränderungen in Großvaters Leben vollzogen sich langsamer, weniger wahrnehmbar, aber vielleicht um so bedeutsamer. Im Alter von 76 Jahren, nachdem er beinahe sein ganzes Leben in einem kleinen hessischen Dorf zugebracht hatte, gelang ihm die Anpassung an New York und Amerika, woran meine Eltern und ich nie geglaubt hätten. Selbst wenn er sich über die alltäglichen Dinge, wie die Bürgersteige und die ungewohnten Steckdosen beschwerte, war er auf dem besten Wege, ein amerikanischer Patriot zu werden.

Mutter hatte ihm erzählt, daß in der nahegelegenen öffentlichen Schule abends Englischkurse für Ausländer angeboten wurden und daß sie nichts kosteten. Wir beide, sie und ich, glaubten, daß er auf diese Bemerkung nicht eingehen würde. Aber er tat es. Er besuchte einen Kurs, und dieser wurde der Mittelpunkt seines Lebens. Ein Schulheft vom Ende des Jahres 1943 – er besuchte bereits seit einem Jahr den Kurs – enthält Hausaufgaben, geschrieben in der gestochen scharfen deutschen Handschrift, die besonders charakteristisch für Großvater war. Opas Schulheft verdeutlichte die Annäherung zweier Kulturen. Blättert man es durch, so wird offensichtlich, daß Miss Tracy, die Lehrerin, nicht nur Englisch unterrichtete, sondern auch amerikanische Geschichte, Bürger- und Staatsrecht. Auf Seite zwei wurde notiert, daß »die Wahlwoche begonnen hat. Staatsangehörige, die einundzwanzig oder darüber sind, dürfen wählen. Du mußt sichergehen, daß du Staatsangehöriger bist. Du mußt (über dem »u« befindet sich stets die im Deutschen übliche Tilde) lese- und schreibkundig sein. Manche müssen eine Schreibprüfung machen.« Es folgen einige Seiten mit Vokabellisten, Seite sechs und sieben zeigen die Namen der damals 49 Staaten und der bis dahin 32 amerikanischen Präsidenten, ihre jeweiligen Amtsperioden, die in perfekter preußischer Ordnung eine eigene Spalte bekamen. Seite 15 zeigt die Reihe der Kabinettsmitglieder und ihrer Bezirke: »Hull, Morgenthau, Stimson, Marshall, Walker, Knox, Ickes, Jones und Perkins«. Es gibt dort langatmige Entwürfe über »Die Anfänge von Amerika«. Zur »Wall Street« steht folgendes: »In der Wall Street befindet sich das ganze Kapital für den Krieg und die Industrie...« Seite 27 listet das Wachstum der amerikanischen Bevölkerung auf, von vier Millionen im Jahre 1790 bis zu 122 Millionen 1930...

Auf Seite 31 steigt Opa in ein komplizierteres Gebiet, in die amerikanische Verfassung, ein: »Amtsperioden der Senatoren und Kongreßabgeordneten... 435 Wahlbezirke für die Abgeordneten des Repräsentantenhauses...« Auf der vorletzten Seite findet sich der Text von »God Bless America« mit der deutschen Übersetzung. Dem folgt ein Brief an die zuständige staatliche Behörde, offensichtlich angeregt von der Lehrerin, der meinen Großvater als Lobbyisten zeigt: »Ich habe gehört, daß die Fortführung der Abendschule durch die wenigen bereitgestellten Mittel zweifelhaft ist. Ich besuche seit zwei Jahren die Abendschule und habe Fortschritte sowohl in der englischen Sprache als auch in der amerikanischen Geschichte gemacht. Die Schließung der Schule wäre ein großer Verlust für mich und durch nichts zu ersetzen. In Anbetracht dessen nehme ich mir die Freiheit, Sie höflichst und dringend zu bitten, die Abendschule bestehenzulassen. Mit Dank und Respekt, Ihr Hermann Frohmann, Schüler an der Abendschule.«

Niemand hatte Großvater gebeten oder veranlaßt, geschweige denn ihn dazu gezwungen, Englisch zu lernen oder amerikanische Geschichte und Verfassungslehre zu studieren. Das ergab sich alles durch die Schule. Die Schule wurde ein Teil seines Alltags; für den alten Mann war die Routine so wichtig wie Essen und Trinken. Er hätte aber auch etwas anderes als tägliche Gewohnheit wählen können, vielleicht lange Spaziergänge oder die Zusammenkünfte der Emigrantengruppen, wo die Gespräche und Vorträge auf deutsch abgehalten wurden. Er entschied sich für die Schule, da es ihm Spaß machte, einiges über das neue Land zu lernen. Im Lauf der Zeit fing er an, für alles Amerikanische zu schwärmen.

Eines war dabei von vorneherein klar: Er mochte und konnte die »Unordnung« in den Auslagen der Früchte- und Gemüseläden nicht akzeptieren, da er gewohnt war, Blumenkohl und Kopfsalat in genauer Symmetrie ausgestellt zu sehen. Ähnlich erging es ihm mit der »Rücksichtslosigkeit« der Menschen, die ihren Abfall gleichgültig auf die Straße warfen. Aber während das am Anfang, nach seiner Einwanderung, noch ein großes Thema war, war es jetzt nur noch etwas Unangenehmes, das man eben in Kauf nahm. Viel wichtiger war für ihn nun, zu zeigen, was er über Theodore Roosevelt oder über die Monroe-Doktrin in der Schule gelernt hatte.

Amerika nahm Opa ganz in Anspruch, ohne ihn zu manipulieren, vielleicht gerade weil es das gar nicht erst versuchte. Dasselbe geschah mit uns, ungeachtet unseres akzentreichen Englisch, der deutschen Küche und vieler anderer europäischer Gewohnheiten. Wir beeilten uns, unsere Papiere zu bekommen, und warteten nun begierig auf unsere Naturalisierung. Hier konnte man reden, essen und anziehen, was man wollte, ohne wie in Europa dafür angestarrt oder mit diesem »Ah, ein Ausländer«-Blick, wie es in London oft der Fall gewesen war, bedacht zu werden. Endlich konnten wir uns entspannen. In Deutschland war man »der Jude«, in England »der Ausländer« gewesen. Und in New York achtete niemand darauf.

Vaters Praxis ging gut, wir konnten etwas Geld zur Seite legen. Opa nahm seiner Tochter, die damit zu tun hatte, ihrem Mann zu helfen, eine Menge Arbeit ab. Er ging einkaufen, spülte öfters das Geschirr und machte sich im Haushalt nützlich.

Ich arbeitete weiter bei Crystals und besuchte einen Abendkursus in Philosophie. Dieser Kurs hatte Konsequenzen. Unser Lehrer war ein Schüler John Deweys und der pragmatischen Schule. Ich schwelgte in Deweys Schriften, alles wirkte durch und durch sinnvoll. Hier war ein Mensch, der uns nicht danach beurteilte, woher wir kamen, uns nicht die Einhaltung von Ritualen oder Pflichten gebot, uns nicht sagte, was wir zu denken oder woran wir zu glauben hatten. Demokratie, ethische Führung, freie Erziehung, das waren die Dinge, die wirklich zählten, viel mehr als der Dienst am Staat oder an der Religion.

Ich las Hunderte von Seiten in den Schriften John Deweys und wurde immer überzeugter davon, daß er auf der richtigen Spur war. Diese Spur sollte auch meine werden. Die Anspannung, unter der ich so lange gelitten hatte, wenn es um Religion ging, vor allem seit 1933, als mein Vater mich gegen meinen unausgesprochenen Willen ihr zuführte, löste sich von selbst auf. Ich wurde ein Mitglied der »Ethical Culture Society«. Ich ging zu den Treffen der »Leiter«, wie die Gesellschaft ihre »Geistlichen« nannte. Was ich dort hörte, fügte sich zu den Betrachtungsweisen Deweys und half mir, mein lange empfundenes Unbehagen dem ausschließlichen Bekenntnis einer religiösen Lehre gegenüber zu überwinden. Schließlich hatte ich Leute gefunden, die die menschliche Familie zusammenbringen wollten. Sie hielten nicht einfach Rituale aufrecht, sondern teilten die Überzeugung, daß getrennte Schicksale und Nationen – und sei es ungewollt – zu Konflikten und Kriegen führten.

Ich war ein Universalist geworden und war stolz darauf! Diese »Ethical Culture«-Leute hatten jedoch auch ihr Ritual. Sie sagten die richtigen Dinge, sobald sie zusammenkamen; aber warum mußten sie überhaupt, wie in der Synagoge oder der Kirche, am Sonntag zusammenkommen?

Sowohl mit meiner Begeisterung als auch mit meinem Unbehagen dem Ritual der »Ethical Culture Society« gegenüber blieb ich allein. Ich wußte, daß ich meinen Vater durch meine Abwendung von der jüdischen Gemeinschaft verletzt hatte. Meiner Mutter machte das weniger aus, sie war zu sehr in Anspruch genommen von den praktischen Hausarbeiten und alltäglichen Erfordernissen, und Opa war immer nur aus Gewohnheit in die Synagoge gegangen. Man tat es eben. Zudem hatte er jetzt viel in der Abendschule zu tun.

Es gab niemanden, mit dem ich sprechen konnte. Aber es gab auch niemanden, mit dem ich hätte sprechen wollen. Mein ganzes Leben lang hatte ich es vorgezogen, Konflikte und Extremsituationen für mich selbst zu lösen, anstatt tiefergehende Verwicklungen zu riskieren. In meiner Familie sprach man nicht über Gefühle. Ich wußte nicht einmal, wie man erkannte, was ein Gefühl war. Ich mußte mir allmählich selbst beibringen, mit Gefühlen umzugehen, sie mitzuteilen und mit ihnen klarzukommen.

Mein Hauptanliegen, das Schlüsselelement in meinen Beziehungen, war, niemandem etwas schuldig zu bleiben (noch heute zahle ich meine Rechnungen innerhalb einer Stunde nach Ankunft), niemandem weh zu tun und nichts zu tun, was ein »Wie konntest du« zur Folge haben könnte. Der beste Weg, dieses einzuhalten, war, tiefe Beziehungen und Abhängigkeiten zu anderen zu vermeiden, ausgenommen Freundschaften am Arbeitsplatz oder in anderen Zusammenhängen, die eine gewisse Verantwortung verlangten oder wie in der Schule das Fortkommen und den Abschluß sicherten.

Ich habe immer Freunde gehabt, aber ich habe sie nicht gebraucht. Deshalb hatte ich niemals enge Freunde, solche, denen man vertraute, solche, auf die man großen Wert legte. George Agree ist mir in meinem Erwachsenenleben ein Freund geblieben, so auch Walter Baum, ein Schulfreund aus Frankfurt. Ich genieße es, mit ihnen zusammenzusein, wenn sich die Gelegenheit ergibt. Aber ich vermisse sie nicht, wenn ich sie nicht sehe.

Ich war betrübt über die verletzten Gefühle meines Vaters. Er ging zur Synagoge, wann immer seine Praxis es ihm unter der Woche erlaubte; er hatte eine kleine Gruppe deutscher Emigranten ausfindig gemacht, die in einer Wohnung in der Nachbarschaft ihre religiösen Riten einhielten. Und am Sabbat arbeitete er nicht, sondern ging in die große Synagoge Anshe Chesed an der Ecke der West End Avenue und der 100. Street. Er legte die Gebetsriemen am Morgen an und sagte nach dem Essen im stillen sein Gebet, in das keiner von uns dreien – Mutter, Opa und ich – miteinstimmte. Ich sah das alles und war ein Anhänger der »Ethical Culture Society«. Wie konnte ich nur! Nun, ich war es eben. Es war meine erste Abnabelung. Es war unbequem. Und es wurde in der 98. Street nicht besprochen. Falls es einmal zur Sprache kam – wenn, dann war es immer nur kurz –, wies mein Vater auf meine neue Mitgliedschaft in der »eisical culture« hin. Dadurch klang die Organisation lächerlich, auch wenn das nicht im Sinn meines Vaters lag. Für mich sprach er es so aus, wie er sich der Organisation gegenüber gefühlt haben muß. Dies bildete das ganze Ausmaß unserer Unterhaltungen.

Ein alter Traum, den ich vor einigen Jahren gehabt hatte, tauchte wieder auf, diesmal allerdings beharrlich: Ich wollte Radiosprecher werden.

Ich war entschlossen, mein Einkommen zu steigern. In einer Fabrik in Brooklyn fand ich eine neue Arbeit und bekam dafür wesentlich mehr Geld. Nun startete ich meine Radiosprecher-Kampagne. Ich schrieb an jede Radiostation der Stadt und führte zwei Dinge an: Ich war ohne jede Erfahrung, spräche aber mittlerweile Englisch ohne Akzent. Der erste Punkt war richtig, der zweite falsch und schmeichelte mir selbst.

Ich erhielt eine ermutigende Antwort: WQXR, der Sender für Klassik, lud mich zum Gespräch. Ich war in Hochstimmung und zuversichtlich, daß ich den Job bekommen würde. Meine Hoffnungen gründeten sich auf meine Fähigkeit, die Namen der meisten Komponisten, deren Musik über diese Welle ausgestrahlt wurde, aussprechen zu können und auf mein, wie ich meinte, beträchtliches musikalisches Wissen.

Al Grobe, der Chefsprecher bei QXR, war ein netter und freundlicher Mann; er machte aber sehr schnell deutlich, daß mein Englisch den Erfordernissen nicht entsprach. Ich hatte nicht daran gedacht, daß es einen Unterschied gibt zwischen dem, wie ich mich selbst hörte – für mich klang ich so gut wie Al Grobe – und wie die anderen mich hörten. Grobe schlug mir vor, mich beim Büro für Kriegsinformationen (OWI) zu bewerben, wo er selbst außerhalb seiner Arbeitszeit Kommentare sprach, da es bei OWI – Initialen, die bald meine zweite Natur werden sollten – ein riesiges Kontingent an fremdsprachigen Kommentatoren und vielleicht Bedarf an deutschen Sprechern gab. Meine Stimme war seiner Meinung nach mehr als ausreichend für das Radio, dennoch war ich noch weit entfernt davon, als gebürtiger Amerikaner durchzugehen. Grobe entpuppte sich als der Märchenprinz, der einen Traum wahr werden ließ.

Es war nicht der ganze Traum, aber ein großer Teil davon: im Gespräch mit Mae Wale, der Leiterin des Sprechpersonals bei OWI, in der 57. West Street Nummer 224, Ecke Broadway, bat ich um eine Anhörung, wie Al Grobe es mir geraten hatte. »Welche Sprache?« fragte sie barsch und ohne ein Lächeln oder eine andere nette Geste, durch die ich mich behaglicher gefühlt hätte. »Englisch«, sagte ich, da ich annahm, daß dies verstanden wurde und keiner besonderen Begründung bedurfte. »Was ist Ihre Muttersprache?« fragte sie in demselben Ton. »Tja, Deutsch, aber ich verstehe und spreche auch Spanisch.« »Ich könnte zeitweise einen deutschen Sprecher gebrauchen«, sagte sie. »Wo haben Sie Erfahrungen gesammelt?« »Ich habe keine, aber Al Grobe sagte, meine Stimme sei in Ordnung und ich...« »Ich werde eine Anhörung für Sie beantragen, und wir werden sehen. Auf Wiedersehen. Wir rufen Sie an.«

Meine übertriebene Selbsteinschätzung wurde mir bewußt, doch, obwohl es Deutsch sein würde, war ich voller Hoffnung und Freude. Meine Stimme würde über den Äther gehen, Millionen von Menschen würden mich hören können, nur meine Eltern und Freunde würden mich nicht hören können... Das war enttäuschend, aber reichte nicht aus, um meine Stimmung zu dämpfen. Ich würde den Kleiderfabriken und den anderen uninteressanten Tätigkeiten den Rücken kehren können und war auf dem Weg zu einer glanzvollen Karriere. Aber warum in aller Welt mußte meine amerikanische Zukunft, um die ich so entschlossen bemüht war, fortwährend mit Deutschland verbunden sein? Es war eine Frage, die sich viel eher aus dem Stolz des neuen Amerikaners heraus stellte, als aus dem Wunsch heraus, mich von der deutschen Kultur oder Sprache zu lösen. Ich wollte einfach nur »normal« sein. Ich wollte mich in meinem neuen Land »geborgen« fühlen. Natürlich wollte ich auch soweit kommen, daß sich mein Akzent verlor, damit ich ein englischer Sprecher werden konnte.

Der Anruf kam einige Tage später. Ich ging zur Anhörung – immer noch habe ich die Platte mit meinem zögernden Bariton, der die Nachrichten las – und wurde angenommen! Zu Anfang als Teilzeitkraft, indem ich in der zweiten Nachtschicht arbeitete, und nach einigen Monaten als feste Kraft. Da ich das Talent zum Schauspielern hatte, wurde ich schnell zum professionellen Nachrichtensprecher: »Hier spricht die Stimme Amerikas.« Richard Harris, der amerikanische Name, mit dem ich mich meldete, wenn ich die Nachrichten las, wurde zu meinem zweiten Ich.

Meine Kollegen waren allesamt ehemalige deutsche Schauspieler oder hatten andere Karrieren im deutschen Kulturleben gemacht. Wir alle sprachen ein »neutrales« Deutsch, was bedeutete, daß wir keinen erkennbaren Dialekt sprachen. Ich hatte nie die Mundart von Reinheim oder den ähnlich breiten Dialekt von Frankfurt angenommen. Immer schon hatte ich deutsche Schauspieler oder Sprecher und auch unseren Deutschlehrer Dr. Philipp bewundert, da sie die Wörter so aussprachen, daß sie rein und ungekünstelt klangen, anstatt die Vokale zu verschlucken oder die Endsilben wegfallen zu lassen.

Wir Sprecher wurden schnell Freunde, nicht nur die deutschen und österreichischen, auch die englischen, italienischen und französischen. Eine ganz besondere Freundschaft entwickelte sich während der Zeit: Der englische Sprecher und Rundfunkspezialist John Merlin-Aulicino arbeitete mit mir an der Aussprache des amerikanischen Englisch.

John Merlin und ich wurden über den vielen »aeh«s wie sie im »but«,

»r«s wie sie in »hard« und »uh«s wie sie in »won't« vorhanden waren, zu Freunden. Das waren die beinahe unüberwindlichen Schwierigkeiten eines deutschsprachigen Menschen, der amerikanisches Englisch zu sprechen versuchte.
John und ich arbeiteten sehr konzentriert. Ich wiederholte endlos die Übungen, die John mir vorsprach, fast so wie damals in Frankfurt in der Klasse von Dr. Plaut, aber weniger manieriert. John hatte sowohl ein altruistisches als auch ein berufliches Interesse. Er glaubte daran, daß er mir helfen konnte, und er hatte recht. Er fühlte, daß es sich lohnte, da ich ein gutes Ohr hatte und alle Hemmungen verlor, wenn es bei der Arbeit um Nachahmung ging. Wir machten gute Fortschritte, und bis heute sage ich »America« mit dem »eh«, dem Klang, den John mir beigebracht hat, anstelle des deutschen »ä«, das eines der Merkmale des deutschen Akzents ist.
Meinen Unterrichtsstunden mit John habe ich es zu verdanken, daß Menschen, die nicht allzu genau auf meine Aussprache achten, nicht merken, daß ich kein gebürtiger Amerikaner bin. Die meisten merken es, selbst ich, wenn ich meine Aussprache auf Band höre, aber das ist in Ordnung. Was John und ich anstrebten, war ein Sprachexperiment und kein Versuch, meine Herkunft zu verstecken.
Die Nachrichten, die ich sprach, wurden besser. Nach dem »D-day« konnten wir das Vorrücken der Alliierten und der Sowjets melden; das Ende des Krieges war absehbar. Dies bekümmerte Jens Friedrich, einen ehemaligen Wiener Schauspieler, der nun Nachrichten und Charakterrollen in Hörspielen sprach.
Jens war in seinen 60ern, und immer, wenn die Alliierten eine weitere Hürde genommen hatten, ließ er einen Spruch, den im Ersten Weltkrieg für den Staatsdienst der Österreichisch-Ungarischen K&K-Monarchie angeworbene Bürokraten geprägt hatten, los: »Kinder, freut euch des Krieges, der Friede wird fürchterlich sein!« Für Jens hatte dieser perverse Ausspruch nur eine Bedeutung: Was sollte er tun, wenn seine Arbeit eines Tages zu Ende ging? Er sprach kaum Englisch und war so besessen und überzeugt von seiner Begabung, daß ein Leben als Fabrikarbeiter oder Vertreter, wie es viele ehemalige Flüchtlinge führten, die ihren Künstlerberuf nicht ausüben konnten, für ihn nicht in Frage kam.
Jens Friedrichs freimütiger und zynischer Spruch war nicht völlig unpassend, vor allem für Kollegen, die in den 40ern oder 50ern standen.

Durch die Tätigkeit bei OWI waren sie verwöhnt: Sie hatten eine Arbeit gefunden, die einen Bezug zu dem hatte, was sie gelernt und von der sie bei ihrer Einwanderung nicht mal geträumt hatten. War diese Arbeit vorbei, so bedeutete das einen Abstieg, was wesentlich deprimierender und dem Selbstbild abträglicher war, als wenn man ganz unten anfing, was ja zu erwarten gewesen war, als man der Verfolgung entkommen war.
Am 12. April 1945 starben zwei uns auf verschiedene Weise nahestehende Menschen: meine Großmutter Julie und Franklin D. Roosevelt, der, ohne es zu wissen, zum Übervater der Emigrantenfamilien geworden war. Als Sprecher der »Stimme Amerikas« war ich an der Reihe, diese Nachricht zu verkünden. Ich werde die Worte »Präsident Franklin Delano Roosevelt starb heute« nie vergessen.
Wir wurden alle traurig, als ob es in der Tat in der Familie einen Toten zu beklagen gab. Das Ende des Krieges war so nahe... Warum mußte er gerade jetzt sterben, wo man ihn brauchte, um sicherzugehen, daß Hitler wirklich und unwiderruflich am Ende war... Und warum war es ihm nicht erlaubt, so lange zu leben, daß er sehen und stolz auf das sein konnte, was er, mehr als irgendein anderer Staatsmann, bewirkt hatte? Ja, er war der Größere, da Churchill und Stalin keine Wahl gehabt hatten: Sie waren in ihren Ländern angegriffen worden. Amerikas Zivilbevölkerung wurde nicht angerührt, und Roosevelt hatte lange vor Pearl Harbor dafür gesorgt, wenn nicht gar ein Komplott geschmiedet, um Amerika gegen die Nazis aufzurüsten. Und wer war überhaupt dieser Truman? Niemand kannte ihn. Wie konnte Roosevelt ihn zum Vizepräsidenten erklären? Das war sein einziger großer Fehler...
Keiner unter uns Emigranten und nur wenige in der Öffentlichkeit hatten eine Ahnung davon, daß sich der »kleine Mann« aus Missouri als ein Riese entpuppen würde. Keiner von uns Emigranten erfaßte – manche der älteren haben es nie verstanden – die Regenerationskraft der amerikanischen Gesellschaft. Demokratie war hier etwas anderes, sie war tiefer und näher dran an dem, was die Amerikaner die Wurzeln der Gesellschaft nannten. Wir konnten diesen Prozeß der Interaktion zwischen den Bürgern und der »Staatsmacht« nicht begreifen, der durch Diskussion und Konsens einen Bürgermeister, einen Gouverneur, einen Präsidenten stützte, wenn man auch nicht in allen Punkten mit ihm übereinstimmte. Hatte jemand die Anlage zu einer Füh-

rungsrolle, so konnte er sie in einer solchen Gesellschaft ausbauen. Die Führung in Amerika war nicht die eines »Führers«. Ein Präsident war notwendig, aber kein einziger war unentbehrlich; es hätte auch ein anderer sein können, ohne daß der eingeschlagene Weg sich radikal ändern würde.

Als wir Oma Julie auf dem Beth-El-Friedhof in New Jersey begruben, waren unsere Gedanken genausoviel bei Roosevelt wie bei ihr. Julie war eine harte Frau gewesen, die wenig Interesse an ihrer Familie oder an Freunden bekundet hatte und immer dabei war, Menschen, im besonderen meine Mutter, zu kritisieren. Mein Vater und Julie hatten sich nie gut verstanden, auch wenn mein Vater in ihren letzten Tagen endlose Stunden bei ihr zubrachte. Er versuchte, ihre Angst zu lindern. Er hatte seinen Sinn für die Familie und für Menschen allgemein von seinem hingebungsvollen Vater geerbt, von dem er oft mit Bewunderung, beinahe mit Verehrung sprach. Er wußte aber auch, daß Julie die Entscheidung darüber gefällt hatte, daß er und seine Schwester Ärzte werden sollten. Er liebte seinen Beruf und war, wie einige seiner Patienten in Reinheim zu sagen pflegten, »a geborene Dokter«. Julie hatte die richtige Entscheidung getroffen, wenn auch aus gesellschaftlichen Ambitionen: Sie wollte, daß ihr Sohn etwas Besseres als ein Viehhändler wurde.

Der VE-Day kam einen Monat nach der Beerdigung, und mit ihm die Enthüllungen über die Todeslager. Auschwitz und andere Lager im Osten waren schon früher befreit worden, aber das ganze Grauen darüber, was die Nazis angerichtet hatten, wurde erst deutlich, nachdem amerikanische Berichterstatter und Kameramänner Zutritt zu Dachau und anderen Todeslagern erhielten. Inmitten der Freude über das Ende des Krieges erreichten uns die Bilder und Nachrichten von Menschen wie unsereins, die wie Abfall auf Haufen übereinanderlagen: Wir brauchten eine Weile, um das zu verarbeiten. Es war einfach zuviel. Es war dieses »Dem bin ich Gott sei Dank entgangen«-Gefühl, das Dankbarkeit und Schuld weckte, wenn wir an die Wassermanns und an entferntere Verwandte und die vielen Freunde dachten, die dem Naziterror nicht hatten entkommen können.

Die volle Bedeutung dessen, was geschehen war, wurde uns erst später bewußt – einige der Emigranten erkannten das ganze Ausmaß in all seinen beispiellosen Formen nie. Wir reagierten emotional darauf. Eine unbeschreibliche Wut ergriff die meisten von uns: »Ich werde

Deutschland nie wieder betreten«, war eine häufige Reaktion. Meine Mutter sagte das auch, und meine Eltern sind nie wieder in Deutschland gewesen.

Man sprach natürlich Deutsch, da die meisten Emigranten, selbst dann noch, nachdem sie schon fünf, sechs, sieben Jahre in Amerika lebten, zu Hause Deutsch sprachen. Es blieb immer deren erste Sprache. Die Enttäuschung dem Land und der Kultur gegenüber, in der sie aufgewachsen waren, nahm Ausmaße an, die sich nur in verzweifelter Wut ausdrückte.

Aber wir konnten nicht leben, unsere Verpflichtungen nicht einhalten, wenn wir uns den Emotionen auslieferten. Ohnehin war es für manche schwer, sich auf ihre Arbeit zu konzentrieren. Wieder einmal war mein Vater ein Vorbild für mich: Er widmete sich seiner Arbeit. Er und meine Mutter waren sich einig, daß sie verpflichtet waren, mit drei Menschen, die trotz großem persönlichen Risiko während der Nazizeit standhaft geblieben waren, in Kontakt zu treten: mit Lisbeth, mit dem Polizisten Roeth und mit Toni Scriba, einer Freundin aus der Schulzeit meiner Mutter in Darmstadt.

Was über den Nachrichten aus den Todeslagern und über andere, von den Nazis begangene Verbrechen beinahe vergessen wurde, war der große Hunger in Europa. Es war vordergründig erst einmal eine Genugtuung zu wissen, daß die alliierten Bombardierungen und Bodenangriffe auf die deutschen Städte eine Rache für die Untaten der Nazis waren. Aber was war mit den Menschen, die uns in der Stunde der Not, in den Jahren zwischen 1933 und 1939, geholfen hatten? Vater und Mutter fühlten, daß wir ihnen nun Unterstützung schuldeten. Wir machten Lisbeth ausfindig, die immer noch in Reinheim lebte, und Mutti begann einen Briefwechsel mit ihr. Uns wurde versichert, daß Roeth nach dem Ende des Naziregimes im Frankfurter Polizeipräsidium befördert worden war, und Mutter begann auf der Stelle, ihm und seiner Frau Lebensmittelpakete zu schicken. Auch erhielt sie Antwort von Toni, die durch ihre Weigerung, der Nazipartei beizutreten, und ihre offen demonstrierte Abneigung gegen das Regime vielen Drohungen und Gefahren ausgesetzt war.

Deutschland hatte etwas an sich, das uns nicht losließ. Hier stand ich, verdiente meinen Unterhalt als deutscher Sprecher. Ich kam nach Hause, nach einem Arbeitstag in der Bekleidungsfirma, wo mich meine osteuropäischen Schneiderbosse nach wie vor »Jecke« nannten.

Irrsinnige Wut herrschte angesichts der Verbrechen der Nazis, und meine Eltern schickten Pakete nach Darmstadt und Frankfurt. Mein Vater, der Buchenwald überstanden hatte, summte die »Meistersinger«, während er seine Geräte säuberte oder Rezepte schrieb. Und Großvater dachte über die Verfassung nach und fertigte in seiner deutschen Handschrift mit deutscher Präzision lange Listen amerikanischer Präsidenten an.

Ja, wir waren dabei, Amerikaner zu werden – so wie die bereits früher aus Rußland, Italien oder Irland Eingewanderten. Aber unser Leben blieb noch immer an unsere Herkunft gebunden, sowohl durch den Schrecken als auch durch Gewohnheit, durch Wut und durch Brauch, durch die fast fanatische Gründlichkeit, mit der wir alles erledigten, und durch die Unfaßbarkeit, mit der wir die Nachrichten über den bürokratischen Apparat, der das Töten in den Konzentrationslagern so routinemäßig ermöglicht hatte, aufnahmen.

Das Leben ging weiter. Die »Stimme Amerikas« bestand weiter, nicht nur wegen des Krieges gegen Japan, der noch gewonnen werden mußte, sondern auch wegen Europa. Nun, da das Nazireich besiegt war, blieb es ein weiteres Anliegen, die neuen Männer und Frauen im Amt der besetzten Länder zu unterstützen und dergleichen mehr. Vater mußte weiterhin den Lebensunterhalt verdienen und auf Großvaters häufige Gefäßerkrankungen achten. Mutter hatte mit Praxis und Haushalt alle Hände voll zu tun.

Eine kaum merkliche Veränderung vollzog sich dennoch: Hatte der Krieg unserem Leben bisher einen provisorischen Zug verliehen – es war geprägt durch eine Art Übergangsgefühl selbst dann noch, als wir im Umgang mit unseren alltäglichen Problemen und Bedürfnissen erfolgreicher wurden –, so war dies nun vorbei. Jetzt mußten wir den Umgang mit der Normalität und der Beständigkeit neu erlernen.

Das bedeutete unter anderem, daß ich ein unabhängiges Leben führen mußte. Würde meine Mutter je irgendeine Frau in meinem Leben akzeptieren? Ich bezweifelte es, und dies führte mich zu der Frage, ob ich es je wagen würde, mich meiner Mutter zu widersetzen.

Welchen Beruf sollte ich ergreifen? Ich wollte und konnte mir einen Beruf als Sprecher, ob im Deutschen oder in einer anderen Sprache, nicht vorstellen. Was einmal ein Wunschtraum gewesen war, war bereits zur Routine geworden. Ich fand es langweilig, das vorzulesen, was andere geschrieben hatten; der Glanz der »öffentlichen Stimme«

war verblaßt. Warum sollte ich eigentlich nicht selber schreiben können, anstatt mich immer nur auf meine Stimme zu beschränken? Vielleicht könnte ich mir eine Karriere als Journalist aufbauen. Aber konnte ich das auf deutsch, während ich in Amerika lebte? Na langsam, eines nach dem anderen...

Journalist bei der »Stimme Amerikas«
Zwei jüdische Familien aus Europa treffen sich

Die deutsche Redaktion war deutsch im wahrsten Sinne des Wortes: solide, präzise und auf hohem Niveau. Die meisten Journalisten gehörten der älteren Generation an und hatten früher als Zeitungsredakteure oder Schriftsteller gearbeitet. Sie bildeten ein eingeschworenes Team, in das man, wie mir schien, so schwer hineinkam wie in den Redaktionsstab von WQXR oder einer der anderen Rundfunkgesellschaften. Allerdings hatten sie weniger Grund dazu. Ich konnte deutsch schreiben, hatte mehr über Amerika erfahren als sie, und schließlich sollten wir in unseren Beiträgen ja über Amerika schreiben. Ich besuchte immer noch das College einer amerikanischen Universität, was keiner der älteren Herren in der deutschen Redaktion getan hatte.

Aber diese Argumente hatten kein Gewicht, wo alte Leistungsprinzipien und Hierarchien und ein unter Gleichen kultiviertes Selbstbild vorherrschten.

Ich versuchte es deshalb in der österreichischen Abteilung. Es war eine ganz anders eingestellte Gruppe. Die kulturellen Charakteristiken der Österreicher spiegelten sich ebenso in der Atmosphäre wie bei ihren deutschen Kollegen nebenan: Die anstehende Arbeit wurde erledigt, jedoch ohne sich dabei über die Maßen anzustrengen. Witze aus den Kaffeehäusern und Gelächter hallten durch den Raum. Jens Friedrich brüllte seine Beschwerden heraus, ohne daß ihm jemand sagte: »Hör auf, ich versuche zu arbeiten.«

Hans Becker, der die Redaktion leitete, besaß wenig journalistische Erfahrung, hatte jedoch vor der nazistischen Eroberung in Frankreich Propagandaarbeit geleistet. Er war klug, in politischen Dingen flexibel und ganz im Sinne österreichischer Tradition versiert in der Anwendung schmeichelhafter Adjektive. Becker erkannte, daß ich nützlich sein könnte, da ich eine vom übrigen Stab abweichende Haltung eingenommen hatte.

Ich schlug vor, mich an einer Sendung für Jugendliche zu versuchen, auch wenn ich weiterhin Sprecher bei den »Piefkes« – ein österreichisches Scherzwort für Deutsche – blieb. Ich unterbreitete meinen Plan: Ich wollte Interviews mit jungen Amerikanern führen, die sich ausgezeichnet hatten, oder auch mit Menschen, die mit Fachleuten auf dem Gebiet der Erziehung, Sport und ähnlichem arbeiteten. Hans fand das gut. Er mußte nicht den bürokratischen Weg über die Instanzen gehen, um mir eine Chance zu geben.

Ich freute mich und eilte nach Hause, wo ich meine neue Arbeit förmlich hinausposaunte. Nicht den leisesten Zweifel hatte ich daran, daß ich Erfolg haben würde. »Ich bin jetzt Journalist«, sagte ich gewichtig zu meinen Eltern. Mein Vater war erfreut, Mutter hielt den Atem an, und Opa wußte nicht recht, was er angesichts eines 24jährigen sagen sollte, der keinerlei Erfahrung hatte und von einem auf den nächsten Tag mit einem neuen Beruf nach Hause kam. Mutter, die wußte, daß meine Botschaft der Beginn einer Karriere sein könnte, wollte es natürlich nicht »berufen«. Und Großvater hatte gelernt, seine skeptische Haltung nicht mit der Selbstgewißheit, die er in früheren Tagen in Deutschland zur Schau gestellt hatte, auszusprechen, auch wenn man sie dennoch spürte.

Meine Versuche gelangen und bedurften nur geringfügiger Korrekturen. Natürlich mußten kleine Unterschiede zwischen dem Deutschen und dem Österreichischen ausgebessert werden, zum Beispiel »Jänner« für Januar und »Mehlspeise« für Nachtisch. Was wichtiger war: Ich war erfolgreich in der Suche nach interessanten Gesprächspartnern. Zwei meiner größten Eroberungen waren Leonard Bernstein, kurz nachdem er als Dirigent des New Yorker Philharmonischen Orchesters hatte von sich reden machen, und der Philosoph John Dewey, reich an Jahren, aber tatkräftig und hocherfreut darüber, einem jungen, unerfahrenen, aber grenzenlos ehrfürchtigen Interviewer zu antworten.

Das Leben war um einiges interessanter geworden, und auch der offene, entspannte Umgang mit meinen Kollegen machte die Arbeit angenehm. Ich lernte nun wirklich etwas über Journalismus, wie man an eine »story« kam und wie man sie in Worte kleidete.

Nach dem Sieg über die Japaner stellte sich die große Frage »Und was jetzt, nach dem Krieg?« dringlicher als nach dem VE-Day. Die Zukunft mußte nun in Angriff genommen werden, und dies in persönlicher und beruflicher Hinsicht.

Am 11. Oktober 1945 beging Großvater seinen 80. Geburtstag. Mutter hatte eine besondere Mahlzeit vorbereitet, und von mir bekam er neues Arbeitsmaterial für den Abendkursus geschenkt. Er las weiterhin die »Staatszeitung«, die Abendschule würde ihn auch in Zukunft nicht dazu bringen, eine englische Zeitung zu lesen. Auch setzte er seine langen Spaziergänge fort, ohne die er nicht denkbar war; anstatt durch die Felder und Wälder zu streifen, ging er nun den Broadway entlang, verglich Waren und Preise und holte Informationen ein, die ihm halfen, wenn er für Mutters Haushalt einkaufen ging.

Vater hatte soviel zu tun, wie es in Frankfurt nach ein paar Monaten der Fall gewesen war. Er führte einen beinahe ununterbrochenen Kampf gegen »Maschinen«. Die amerikanische Medizin war viel weiter gegenüber derjenigen in Europa, was die Entwicklung und die Benutzung komplizierter technischer Geräte zur Diagnose und Behandlung anbelangte. Vater konnte sich im Lauf der Zeit auf seine Erfahrung und seine Einsicht verlassen, die er »Fingerspitzengefühl« nannte, im wahrsten Sinne des Wortes. Es handelte sich nicht um die übersinnlichen Fähigkeiten eines Handlesers, nein, es war der treffende Ausdruck für einen Befund oder eine Erwartung, über die kein Zweifel bestand und die auf dem beruhte, was er sah, hörte und/oder fühlte. Seine Berufserfahrung und seine angeborene Fähigkeit zum richtigen Urteil gaben ihm die Diagnose ein.

Dennoch forderte die moderne Behandlungstechnik, daß Vater einige der Patienten zur Begutachtung ins Krankenhaus schickte. Er hätte es vorgezogen, im »Reinheimschen Stil« zu arbeiten, vollkommen auf sich selbst gestellt zu sein und Patienten nur im Fall von Komplikationen bei Schwangerschaften oder wenn es eines Chirurgen bedurfte, ins Krankenhaus zu schicken. Er paßte sich an, aber es gab des öfteren Unstimmigkeiten mit den »Maschinisten« in den Labors oder mit den Kardiologen, die sich aus Vaters Sicht viel zu sehr auf das Kardiogramm, denn auf die Analyse des Zustands des Patienten verließen. Für Vater bildete die Untersuchung und die Einsicht den Löwenanteil der Diagnose; die Maschine war eine zusätzliche Absicherung, aber keinesfalls ein Ersatz dafür.

Selten war Vater glücklicher als dann, wenn seine Diagnose durch eine Laboruntersuchung bzw. Geräteanalyse angefochten wurde und sich herausstellte, daß er von Anfang an nicht geirrt hatte. »Wie-

der mal recht gehabt!« sagte Vater dann, und es war der stolzeste Augenblick des Tages, der Woche oder des Monats, denn er hatte einen Sieg über die Maschine davongetragen.
Mutter reagierte weniger stolz oder triumphierend. Nach zehn Krisenjahren und ohne festen Wohnsitz, nach Beendigung des Krieges, dem Wiederaufblühen der Praxis, meinem sich abzeichnenden Berufsweg und Opas Anwesenheit kehrte die Normalität oder zumindest ein Schein von ihr zurück. Mutters Auffassung nach gab es so etwas wie Normalität nicht wirklich, und schon gar nicht für sie und uns. Es gab immer irgendeinen Grund zur Sorge.
Nach der »Kristallnacht« hatte Mutter einen wunderbaren, beinahe übertriebenen Mut bewiesen. Sie verharrte in dieser starken Haltung durch die vier folgenden unruhigen Jahre hindurch. Für uns war es erwiesen, daß das Erlebnis der Verfolgung und der Gefahr Mutters Einstellung dem Leben gegenüber verändert hatte. Wenn es etwas gab, was die Nazis »bewirkt« hatten, dachten wir, dann dies: Mutters lähmender Besorgnis Fesseln anzulegen und ihr ein etwas realistischeres und erfolgreicheres Leben zu ermöglichen.
Uns war nicht klar gewesen, daß mit der Normalität auch das »Florsheim Syndrom«, wie Vater es nannte, zurückkehren würde: depressive Anwandlungen bei Vorfällen, die selbst mir, der ich in einer Atmosphäre der Angst groß geworden war, wie Kleinigkeiten erschienen. Wieder lief eine Erkältung auf eine Lungenentzündung hinaus, die etwas verspätete Bezahlung einer Arztrechnung war eine schreckliche Einbuße. (»Wie sollen wir unsere Rechnungen begleichen, wenn die Menschen dir kein Geld für deine Dienste geben?« sagte sie immer, selbst in solchen Fällen, in denen nicht der geringste Zweifel an der Vertrauenswürdigkeit der Schuldner bestand.) Meine Beziehungen zu jungen Frauen waren einzig dazu da, mich und die ganze Familie in Schwierigkeiten zu bringen, und Opas leiseste Beschwerde war das Zeichen einer unmittelbar bevorstehenden Herzattacke.
Auf Anraten von Psychiatern verordnete Vater ihr eine medikamentöse Behandlung, womit nur ein Teilerfolg erzielt wurde. Schließlich versuchte man es mit einer Schocktherapie – eine Herangehensweise, von der man sich damals etwas versprach. Sie half eine Weile, und durch die besondere Fürsorge, die mein Vater ihr zuteil werden ließ, ging es Mutter einigermaßen besser. Es war eben ein Florsheimsches Erbe; der Vater von Großmutter Hilda hatte schon das Pro-

blem, und Hilda hatte ihrem Leben vor zehn Jahren ein Ende gesetzt.
1946 erarbeitete ich mir an der Columbia Universität sechs Punkte pro Semester, und in den letzten zwei Jahren – 1947 und 1948 – sogar neun. Ich konnte mir dieses große Arbeitspensum leisten und eilte nun dem Diplom zu. Der Höhepunkt in diesen Jahren waren die bis dahin weitgediehenen Spanischkurse.
Zu Hause gab es zunehmend Diskussionen darüber, was in Europa geschah. Vater war den Russen dankbar für ihren Widerstand und die dadurch bedingte Niederlage der Hitlerschen Armeen, aber er war beunruhigt über unsere Politik, die ihnen erlaubte, »zu weit in Richtung Westen zu kommen«. Die meisten unserer Freunde waren vollkommen zufrieden mit dem, was geschah. Je vollständiger Hitlers Niederlage, desto besser. Weshalb sich darum sorgen, was mit den Deutschen oder den Polen und all den anderen im Osten, die doch über Jahre und Jahrzehnte hinweg die schlimmsten Antisemiten waren, geschah?
Vater dachte wieder einmal anders. Er fühlte zwar dasselbe, ließ aber nicht zu, daß diese Gefühle die Oberhand gewannen. Seine politische und ideologische Einstellung erlaubte keine Anerkennung Josef Stalins und des totalitären Kommunismus. »Das kann nicht gutgehen«, sagte er, als die Sowjets ihre Satellitenstaaten in Osteuropa einrichteten. Euphorisch unterstützte er Präsident Trumans Pläne, Stalin in Iran, Griechenland und in der Türkei Einhalt zu gebieten. »Wäre Truman schon früher Präsident gewesen, wären die Russen nie so weit in den Westen vorgedrungen«, pflegte er zu sagen. Er hegte grenzenlose Bewunderung für den »kleinen Mann«, vielleicht deshalb, weil er einige Eigenschaften mit Truman gemein hatte: Beide waren klein, beide hatten tiefe Überzeugungen, beide handelten aus ihrem Instinkt ebenso wie aus ihrem Verstand heraus, und ihre Gefühle entsprangen dem, was man »gesunden Menschenverstand« nennt. Und beide hatten den Mut bescheidener und aufrichtiger Männer.
Das besondere Interesse von Vater und den anderen Emigranten galt natürlich Deutschland. Nach den Nürnberger Prozessen rückte die Diskussion um Vergeltung in den Hintergrund. Nun ging es um die amerikanische Großzügigkeit für das besiegte Land: »Die Amerikaner vergessen schnell«, war eine weitverbreitete Bemerkung. Und gleich danach folgten die unvermeidlichen Kommentare über die mangelnde

Erfahrung und über die Naivität der Amerikaner in internationalen Angelegenheiten. Hier lebten Menschen, die durch die Immigration in die USA gerettet worden waren; sie wußten, daß der Sieg über Hitler nur durch die Teilnahme Amerikas – sowohl am Kampf als auch durch die Unterstützung der alliierten Mächte – möglich geworden war, und trotzdem waren sie so übertriebene Kritiker! Nicht nur wußten diese Emigranten nicht, was tatsächlich vor sich ging, sie benutzten auch noch dieselben hochnäsigen europäischen und im besonderen typisch deutschen Argumente gegen das »naive« Amerika. Dieses jedoch war ein Fehlurteil. Tatsächlich hatten sich die »cleveren« und »erfahrenen« Europäer in Frankreich, England und anderswo und vor allem wir deutschen Juden im Vergleich zu den Amerikanern als die Naiven erwiesen. In solchen Debatten sagte Vater öfters: »Na hört' schon auf. Was wißt ihr denn schon über Amerika? Hättet ihr je gedacht, daß Truman so handeln würde? Warum wartet ihr nicht einfach ab, anstatt euch auf immer und ewig für die Klügeren zu halten?«

Als Konrad Adenauer die Bühne betrat, hellte sich Vaters Blick in die Zukunft auf. Für andere Emigranten konnte kein Deutscher irgend etwas recht machen. Für Vater dagegen war Adenauer ein gutes Omen. Seine großen Erwartungen rührten zum Teil daher, was über den Mann bekannt war: Er galt als ein standhafter, anständiger und konservativer Gegner Hitlers. Zum anderen weckte seine rheinisch-katholische und politische Prägung solche Erwartungen. Auch wenn Vater aus Neigung, ja aus Überzeugung Sozialdemokrat war, hatte er bei den letzten Wahlen in Deutschland die katholische Zentrums-Partei gewählt, da er Heinrich Brüning bewunderte, den letzten demokratischen Kanzler vor der Hitlerdiktatur. Aus Vaters Sicht trat Adenauer in die Fußstapfen Brünings. Er sah »in dem Alten«, wie man ihn später nennen sollte, eine Rückkehr zum Anstand in der Führung des demokratischen Nachkriegsdeutschlands.

Viele deutsch-jüdische Emigranten kümmerten sich nicht darum, was in ihrem alten Land geschah. So wie sie sich geschworen hatten, es nie mehr zu betreten, so betrachteten sie Deutschland als hoffnungslosen Fall, einerlei, was gesagt oder getan und wer in führende Positionen berufen wurde. Sie hatten sich einfach abgewendet. Das, was ihnen zugestoßen war, war zuviel für sie, so viel, daß sie nicht einmal mehr hassen konnten.

Vater hingegen nahm Anteil an dem, was jenseits des Atlantiks und in Deutschland passierte. Nicht aus einem fehlgeleiteten oder sentimentalen Patriotismus heraus; er war ja aus dem Ersten Weltkrieg als ein Freund der Franzosen zurückgekehrt! Er interessierte sich nach wie vor, weil er die Kultur und die Werte, die seine Prinzipien und Handlungen geprägt hatten, nie aufgegeben hatte. In einem Mann wie Adenauer sah er Ansätze einer Regeneration des politischen Verständnisses in dieser moralisch ausgebrannten Gesellschaft.

Während der Arbeit sprach mein Boß Becker wiederholt von einem wunderbaren »geeigneten« Mädchen aus einem vornehmen »reichen Hause«, das ich treffen sollte. Da er die meiste Zeit damit verbrachte, Witze zu reißen oder jemanden auf den Arm zu nehmen, machte sein Vorschlag keinen großen Eindruck auf mich. Soweit war ich noch nicht, daß ich einen Heiratsvermittler für meine »Familienplanung« brauchte. Bei einer Gelegenheit fragte ich Becker, warum sie mit 26 oder 27 Jahren noch nicht verheiratet sei, wo die junge Frau doch so attraktiv, intelligent und wohlhabend sei. Er sagte, daß sie und ihre Familie wählerisch seien, und es Dinge gebe, die ich erst verstände, wenn ich ihr begegnete.

Das alles klang etwas mysteriös, beinahe unheimlich, aber als mich Becker zu einer Party bat, wo »Eva« unter den Gästen sein sollte, nahm ich die Einladung an. Warum auch nicht? Er hatte meinen Appetit angeregt; ich wollte diese mysteriöse Frau treffen.

Jener Abend wurde ein Erlebnis. Eva war wunderschön, in ihr vereinte sich eine ausgesprochen gute Erziehung mit einer Natürlichkeit, die mich gefangennahm. Sie kam aus Prag, war Tochter aus einer Industriellenfamilie, deren Name mir nichts sagte, dafür aber, wie ich bald herausfand, vielen anderen Menschen vor allem aus der Gegend von Wien und der Tschechoslowakei. Es handelte sich um die »Petschek-Familie«, Besitzer vieler Braunkohle-Bergwerke in der Tschechoslowakei und in Deutschland. Sie besaßen diverse andere Unternehmungen sowie eine Bank.

Das war alles gut und schön, aber was zählte, war diese wundervolle, natürliche und, wie ich bald erfuhr, musikliebende junge Frau. An diesem Abend begleitete ich sie nach Hause in die 57. East Street, wo sie mit einem anderen Mädchen, das – kaum zu glauben – Eva Goldman (Goldman also nur mit einem »n«) hieß, wohnte. Sie war einverstanden, mich wiederzusehen, und ich ging beglückt nach Hause.

Eva hatte die reinste, weißeste Haut, die ich je gesehen hatte. Dunkelbraune, beinahe schwarze Haare und tiefliegende, braune Augen kontrastierten auf das schönste mit der weißen Haut. Sie war klein, mit einer vollen Figur, irgendwo zwischen zierlich und rund. Ihre Hände und Füße waren klein, ihr Gang grazil und ihr Lächeln einnehmend. Was sie von all den anderen Mädchen, die ich getroffen hatte, unterschied, war ihr von Natur aus elegantes, beinahe würdevolles Verhalten. Es war keineswegs einschüchternd oder herablassend, ganz im Gegenteil. Es war ein ganz natürliches Verhalten, dessen sie sich nicht bewußt war, wodurch sie nur noch an Attraktivität gewann.
1947/48, als wir uns begegneten, herrschte ein unvergeßlich eisiger Winter. Wir lernten uns kennen, während wir durch die Straßen liefen. Die Kälte konnte uns nichts anhaben. Wir hatten so viel zu reden. Vom ersten Moment an sprachen wir Englisch, obwohl Deutsch ja unsere Muttersprache war. Zu dem Zeitpunkt fühlten wir uns beide im Englischen wohl, da wir es während der Arbeit, mit einigen Freunden und in den Alltagssituationen sprachen. Waren wir bei unseren Familien, so sprachen wir Deutsch; das war ganz natürlich, auch wenn unser Deutsch allmählich mit englischen und amerikanischen Ausdrücken durchsetzt war, da sie einem schneller in den Kopf kamen. Das zeigte sich besonders bei modernen Geräten oder anderen Dingen, die wir erst nach der Emigration kennengelernt hatten. »Ich geh' jetzt zum drugstore« oder »Die haben wunderbare corned-beef sandwiches«, war unsere neue Landessprache in der Welt der Emigranten. Man bemerkte nicht einmal mehr, daß man die Sprachen durcheinandermischte. Es wäre schon ziemlich merkwürdig, von einer »Apotheke« zu sprechen, wenn man Süßigkeiten oder Mineralwasser kaufen ging. Und corned beef war etwas ganz anderes als »Pökelfleisch«, was in Deutschland auch andere Verwendung fand; sicherlich belegte man damit keine Brote. Später kam es vor, daß eine Hausfrau anmerkte: »Ich hab' den dishwasher angedreht.« Niemand würde im Traum daran denken, dieses Gerät Spülmaschine zu nennen, ein Wort, das sich erst Jahre nach unserer Auswanderung in Deutschland einbürgerte.
Es scheint so, als ob Immigranten zwei Sprachen sprechen, zumindest in unserer Gruppe und Generation: die Muttersprache mit denjenigen, mit denen man aufgewachsen ist, und Englisch mit Menschen, die man kennengelernt hat, nachdem man bereits eine Weile in dem

neuen Land gelebt hat und mit der neuen Sprache vertrauter geworden ist als mit der alten. Für die Generation meiner Eltern blieb die deutsche Sprache die weitaus vertrautere; bis heute sprechen wir die beiden Sprachen durcheinander, mit der älteren Generation öfter Deutsch.

Nach einigen Verabredungen mit Eva erzählte ich zu Hause von ihr. Mein Gefühl an diesem Abend war ganz anders als sonst. Ich war zögerlicher, viel weniger bereit, über jemanden zu sprechen, mit dem mich ein ganz bestimmtes Gefühl verband. Zum ersten Mal ahnte ich den Unterschied zwischen einer Schwärmerei und etwas Tieferem – und ich war sehr glücklich darüber. Ich berichtete also, allerdings weniger ausführlich, als ich es über frühere Beziehungen getan hatte, und erwähnte, daß Eva aus Prag kam. Dies weckte bei Mutter eine Reaktion, an die ich nie gedacht hatte, da es das letzte war, was Evas Persönlichkeit erwarten ließ.

»Ostjuden?« sagte Mutter, und Vater sah auf, gespannt auf die Antwort wartend. »Wie lautet ihr Mädchenname?« fragte Mutter weiter. »Petschek«, antwortete ich. Bei Mutti klingelte es: »Das ist die angesehene Familie, bei der es eine Scheidung gab! Alle Zeitungen haben darüber berichtet«, sagte Mutti. »Erinnerst du dich nicht?« fragte sie Vater. Ich wußte nicht im geringsten, wovon Mutter sprach. Eva aber erklärte mir, daß es in der Tat eine berühmte »Petschek-Karo«-Scheidung gegeben hatte, die wegen der riesigen Summen von Unterhalts- oder anderer Schadenszahlungen in Europa Schlagzeilen gemacht hatte.

Der Name und die jüdische Herkunft Evas milderten Muttis Besorgnis, daß ich mit einem Mädchen aus einer »ostjüdischen« Familie in Beziehung kam. Die Erfahrung der letzten 15 Jahre hatte anscheinend wenig dafür getan, die Antipathie und das Vorurteil deutscher Juden gegenüber den Glaubensgenossen aus dem Osten abzubauen. Wir hatten dieses Thema so manches Mal gestreift, jetzt war es plötzlich wieder da: Diese Wurzeln des Vorurteils und der Klassenunterschiede sitzen tief und können, wie mich meine Erfahrung seitdem lehrt, bestenfalls gemildert, aber nie getilgt werden.

Aber eine Petschek war natürlich etwas anderes. Wie meine Mutter bald herausfand, etwas ganz anderes, als sie erwartet hatte: Dieses Mal sollten nämlich die »Ostjuden« über uns richten, anstatt umgekehrt! Die Petscheks der älteren Generation, selbst manche von ihnen in Evas Alter, waren assimilierte, manchmal sogar getaufte Juden, die auf spezifisch österreichisch gefärbte Weise die deutsche Kultur pflegten, die sie für kultivierter hielten als die des Reichs, ja sie fühlten sich den deutschen Juden ebenbürtig, wenn nicht gar überlegen. Und wenn meine Mutter Bedenken gegenüber »Ostjuden« hatte, so empfanden die Petscheks eine ausgesprochene Verachtung.

All dies würde noch früh genug auf uns zukommen, falls sich unsere Beziehung vertiefte. Und sie vertiefte sich in der Tat. Was wir neben unserem Bemühen umeinander gemeinsam hatten, waren wechselseitige Interessen: eine tiefe Verantwortung gegenüber unseren jeweiligen Familien mit all ihren Schwächen, die sie so ernst nahmen. Wir amüsierten uns darüber. Wir liebten die Musik; Eva spielte Klavier und kannte sich in der gesamten Musikgeschichte, besonders aber in der Kammermusik aus. Ich hingegen war schwach auf diesem Gebiet, hatte aber um so größeres Wissen auf dem Gebiet der Oper in die Waagschale zu werfen, wo sich Evas Kenntnisse auf deutsche Werke und einige Opern von Verdi begrenzten. Sie kannte zum Beispiel den »Othello« nicht, eines meiner Lieblingswerke, von dem ich endlos reden konnte. Das Staunenswerte war, daß sie mich hierbei nicht im mindesten bremste!

Unser erster gemeinsamer Opernbesuch galt der »Zauberflöte« in der Metropolitan, zwei Häuserblocks von meinem ehemaligen Arbeitsplatz in der Bekleidungsfirma entfernt. Bis heute ergehen wir uns in der Erinnerung an unsere Enttäuschung über das Orchester. Ungeachtet dessen war es ein denkwürdiger Abend, da es die erste einer lebenslang geteilten Musikerfahrung war.

Evas Leben in Prag war nicht sehr behaglich gewesen. Sie hatte in einer Villa gelebt, die nach dem Ende des Zweiten Weltkriegs Wohnsitz des amerikanischen Botschafters wurde. Dazu kamen noch andere Umstände, die sie von ihren in frühen Jahren geschlossenen Freundschaften mit anderen Kindern trennte. Die Musik war das Bindeglied, das die Familie zusammenschloß; Eltern und Kinder – also Eva, ihr Bruder und die Zwillingsschwestern – liebten gleichermaßen die Werke von Mozart, Beethoven, Brahms und Wagner.

Evas Ausbildung isolierte sie auch von den Gleichaltrigen aus weniger anspruchsvollen Elternhäusern. Die zweite Sprache nach dem Deutschen war Englisch, das ihr von Gouvernanten beigebracht wurde, die zu dem Zweck aus England nach Prag geholt worden waren. Das

Gymnasium, das sie schließlich aufnehmen sollte, nachdem der Privatunterricht die höhere Bildung nicht mehr abdeckte, war das Lycée Français. – Tschechisch war für sie praktisch eine Fremdsprache.
Sie sehnte sich nach dem, was sie »normales Leben« nannte. Im Frühjahr 1938 – vor dem Münchner Abkommen, welches das Ende der Tschechoslowakei bringen und die bevorstehende Ausdehnung der Judenverfolgung deutlich machen sollte – war Eva mit ihren Geschwistern und ihrer Mutter nach Kanada emigriert. Die Mutter starb, kurz nachdem sie sich in Toronto niedergelassen hatten. Der Vater war bereits 1934 einem Herzanfall erlegen. Schließlich kamen die Schwestern nach New York, wo die Onkel und Tanten ihr »Hauptquartier« aufgeschlagen hatten.
Wir hatten einen völlig anderen Hintergrund und hätten uns in Europa niemals getroffen, geschweige denn uns ineinander verliebt. Aber Amerika war eine Art »Gleichmacher«. Eva fühlte sich befreit von den Einschränkungen, den Zwängen und der Einsamkeit von Prag. Sie rebellierte nicht ostentativ – das war nicht ihr Stil. Sie lebte einfach so, wie sie leben wollte, setzte ihre eigenen Maßstäbe.
Im Frühjahr 1948 sprachen wir erstmals von Heirat. Das machte die Sache komplizierter, sowohl bei der Arbeit als auch hinsichtlich der familiären »Billigung«. Ja, wir waren in Amerika, aber es steckte immer noch eine Menge Prag und Reinheim in uns – dies vor allem in der älteren Generation.
Ein Onkel Evas, der jüngste Bruder ihres Vaters, Hans, übernahm die Rolle des Familienvormunds für die Töchter. Auch meine Eltern wollten Eva kennenlernen, allerdings ohne sie einer so genauen Prüfung zu unterziehen, wie es Hans und seine Frau mit mir taten. Meine Eltern wollten Eva als Mensch kennenlernen. Aber Hans und Eva wollten sichergehen, daß ich mit Messer und Gabel essen konnte und mich in größeren familiären und gesellschaftlichen Kreisen in Scarsdale und Rye, wo sich die meisten älteren Petscheks niedergelassen hatten, zu benehmen wußte. Sowohl Eva als auch ich, die Heiratskandidaten, fanden derlei Inspektionen eher amüsant als erniedrigend.
Im Lauf der Zeit wurde ich mit dieser Familie vertraut, die Bedeutendes nicht nur für die Tschechoslowakei, sondern für das wirtschaftliche und finanzielle Leben Zentraleuropas und auch Entscheidendes zum kulturellen Leben Prags beigetragen hatte. Evas Vater war der

wichtigste Träger des Deutschen Theaters in Prag gewesen. Seine liebsten Opern waren die von Wagner, deren Inszenierungen er förderte. Die Familie fühlte sich eher österreichisch als jüdisch, so wie die meisten deutschen Juden, nur wurde dies in der gesellschaftlichen Schicht, zu der die Petscheks gehörten, viel deutlicher artikuliert. Es war eine der großen Ironien des Nationalsozialismus, daß die Stützen urdeutscher Kultur in dem »Protektorat«, wie die Nazis Böhmen nannten, sich davonstehlen mußten wie die armseligsten Schneider.

Das Abendessen bei Onkel Hans war ziemlich furchteinflößend, da er an Worten und Gesten sparte. Glücklicherweise war seine Frau Eva nicht ganz so förmlich. Man plauderte etwas, dann kam die Rede auf meine Familie und meine Arbeit. Es war peinlich, zugleich aber auch amüsant. Eva, die »Kleine«, wie sie Hans' Frau nannte, wirkte angespannt und tat alles, um dies zu verdecken.

»Sie arbeiten also für die ›Stimme Amerikas‹«, sagte Hans in klarem Englisch mit nur leichtem Akzent. »Denken Sie an eine Karriere?« Ich erzählte ihm von meinen Plänen, amerikanischer Journalist zu werden.

Das Essen bei Hans wurde wie einst in Prag von einem Diener serviert. Das Haus in Scarsdale war im Grunde eine kleinere Replik der Prager Villa, wie Eva sie mir beschrieben hatte: ein großes, ausladendes, weiß gestrichenes Haus mit einem endlos erscheinenden Garten, für mich eher ein Park. Zum Ende hin, kaum sichtbar, lag ein riesiges Schwimmbad. Blumen zierten die Ränder des Gartens in voller Pracht und in tausend Farben. Tante Eva führte das Kommando über ein erfahrenes Garten-, Haus- und Küchenpersonal.

Das Abendessen verlief einigermaßen gut, auch wenn es steifer ausfiel, als ich erwartet hatte. Ich kam, vorbereitet auf die Blicke, die mein Aussehen prüften, hoffte aber, daß wir miteinander warm werden und eine lebendige Unterhaltung führen würden. Das trat zunächst nicht ein, später aber sorgte das Thema Politik für Belebung, das deutlich die unterschiedliche soziale Herkunft der Petscheks und der Goldmanns widerspiegelte.

Wenig später folgte der Besuch von Hans und Eva bei meinen Eltern. Hans nahm seine Verantwortung als Ersatzvater sehr ernst. Er wollte sichergehen, daß der künftige Ehemann der kleinen Eva aus einem anständigem Elternhaus stammte. Dieses Treffen verlief sehr gut.

Meine Eltern hatten für den Nachmittagstee keine besonderen Vorbereitungen getroffen und waren so natürlich, wie sie es immer waren. Hans und Eva waren freundlich, was auf mich wie die großmütig gewährte Geste wirkte, die man Fremden gegenüber auch dann an den Tag legte, wenn man nicht die Absicht hatte, mit jener gesellschaftlichen Schicht dauerhaft zu verkehren.

Eva und ich betrachteten dies alles als ein Ritual, das wir zu überstehen hatten. Wir beide zogen es immer noch vor, mit dem Segen und nicht gegen den Willen unserer Familien zu heiraten. Eva war noch etwas unabhängiger als ich. Auch wenn sie noch sehr auf ihren Onkel hörte, vor allem was den Umgang mit Geld betraf, mußte sie auch eigene Entscheidungen treffen: In England und Kanada hatte sie sich zur Kindergärtnerin ausbilden lassen, dann nahm sie bei Freunden, die eine Schule in Detroit gegründet hatten, eine Arbeit an und zog dorthin; später zog sie nach New York zurück, wo sie nun in einer Schule für schwer erziehbare Kinder arbeitete.

Für die nächsten zwei Jahre hatte ich mir vorgenommen, zuerst mein Spanisch zu vervollkommnen und mir Kenntnisse über Lateinamerika zu erwerben, um anschließend die Fakultät für Journalismus zu besuchen, wo ich das »Masterdiplom« erlangen konnte. Zuerst aber mußten unmittelbare Entscheidungen getroffen werden: der Abschluß an der »School of General Studies« und unsere Hochzeit.

All die Zeit über hoffte ich auf ein aufregendes Leben, aber auch auf ein Leben, das sich viel komplizierter, weniger vorhersagbar und kontrollierbar gestalten würde. Die Hochzeit wurde auf den 30. Juni 1948, direkt nach meinem Abschluß, angesetzt. Aber wohin sollten wir gehen, vielleicht weg von hier? Pläne waren ja schön und gut, aber ließen sie sich verwirklichen? Und was würde aus meinen Eltern werden? In Mutters Verhalten fand sich kein Anzeichen dafür, daß sie mich »verlieren« würde. Selbst Großvater war für unsere Heirat. Vater überließ die Dinge mir. Er war der einzige, der mich seit England wie einen Erwachsenen behandelte.

Und dennoch: Sagte nicht Mutter zu Vater, vielleicht auch nur zu sich selbst, ihr »Wie konntest du«, wenn sie an meinen Auszug dachte? War ich dabei, ihr sehr weh zu tun, und hatte sie nur beschlossen, ihre Gefühle zu verheimlichen? Hinzu kam, daß ich nach wie vor universalistisch eingestellt war, was für meine Eltern, besonders für meinen Vater, eine Entfremdung vom Judentum, unseren Wurzeln und sei-

nen tiefsten Überzeugungen bedeutete. In der Petschek-Familie jedoch würde ich mich bei Lage der Dinge zu Hause fühlen. Dort wurde man nur wenig, wenn überhaupt an das Judentum erinnert. Aber für Vater war eines schnell entschieden: Eva und mich sollte ein Rabbi trauen.
Zwangsläufig entwickelte sich unter Freunden und Verwandten ein gewisser Vorbehalt angesichts der Tatsache, daß ich »in eine Familie mit Geld einheiratete«, mit dem ich weder umgehen konnte noch wollte. Würden wir wirklich über all das hinwegsehen können, und würde ich mit meinen Schuldgefühlen, der Ungleichwertigkeit und dem Unbehagen klarkommen? Zu all dem war Eva der Schlüssel. Es war nicht das, was sie sagte, sondern was sie in ihrem Verhalten spiegelte: Sie scherte sich kein bißchen um die Unterschiede der sozialen Herkunft.
Der Hochzeitstag rückte näher, und wir schmiedeten Pläne: Ich sollte zu Eva in die 57. East Street ziehen. Das bedeutete, daß ihre Freundin Eva Goldman eine neue Bleibe finden mußte. Wir fühlten uns alle nicht gut bei diesem Gedanken, aber wir kamen nicht drum herum. All die Jahre über sind wir dennoch Freunde geblieben. Eva Goldman war eine deutsche Jüdin, sie kam aus Wuppertal. Ihr deutscher Akzent beging zusammen mit dem von Eva Petschek einen Doppelmord an der englischen Aussprache. Da hätte auch kein John Merlin helfen können! Der Akzent der Wuppertaler Eva war schlimmer: Kein »th« war jemals über ihre Lippen gekommen, und kein »r« bahnte sich den Weg aus ihrer Kehle. Sie wußte das, und ihr Sinn für Humor wirkte so entwaffnend wie stärkend für sie selbst...
Anscheinend versuchten die Petscheks, ihr Leben, wie es in Prag gewesen war, wieder herzustellen, es mit allem Drum und Dran in der Westchester County wieder erstehen zu lassen. Die Onkel und Tanten hatten ähnliche Villen, wie Hans sie besaß. Alle hatten sie Hauspersonal, Gartenhilfen und Chauffeure. Sie waren reich seit eh und je, und ihr Geld erlaubte es ihnen, ihr früheres Leben mit geringfügigen Änderungen weiterzuführen. Dieser Lebensstil schnitt sie von ihrer Umgebung ab. Für die älteren Leute war Amerika, anders als für Eva und andere unserer Generation, ein Ort, an dem man in Ruhe alt werden konnte, nicht unbedingt ein neues Land, in dem man verstanden sein wollte und das Herausforderungen bereithielt.
Wie anders war diese Einstellung zu der von uns Goldmanns! Wir

hatten Deutschland ohne die geringsten Geldmittel verlassen. Wir hatten nicht einmal unsere sorgfältig und nicht ohne Risiko verpackte Fracht mit unseren Möbeln erhalten. Sie war in Antwerpen steckengeblieben und von dort zurückgeschickt worden. Wir gehörten in Deutschland der gehobenen Mittelklasse an und waren nun sozial abgesunken.

Das Geld machte den großen Unterschied. Eva und andere Angehörige der Petschek-Familie ihrer Generation ließen sich ihren Lebensstil nicht durch das viele Geld diktieren, aber es beeinflußte ihn durchaus. Die Heirat mit einem Menschen wie mir konnte den alten Prager Einfluß verringern; deshalb begrüßte Eva unsere Hochzeit als Teil einer Entwicklung, die ihr half, Prag endgültig hinter sich zu lassen.

Für mich war das alles schon schwieriger, da ich die Befreiung von den Auswirkungen des vielen Geldes nicht brauchte. Ich mußte eine Möglichkeit finden, mit Evas »Befreiung« zu leben, ohne selber ein Gefangener zu werden. Ich hatte ja die Anlage dazu, und es war nicht leicht, mit meiner instinktiven Vermeidungsstrategie des »Wie konntest du« umzugehen.

Das war für mich das Wichtigste. Hatte sich unsere Beziehung in dieser Hinsicht gefestigt, würde sich vieles andere wie von selbst regeln. Der Klassenunterschied, der nur noch einigen der älteren Petscheks etwas bedeutete, die tiefere Bindung meiner Familie und, ohne daß es mir bewußt war, auch meine eigene an das Judentum, die vielen Fragen, die uns in der Gemeinde gestellt werden würden, die Augenbrauen, die sich bei Nennung des Namens Petschek in die Höhe zogen – dies alles war weder unwichtig noch irgendwie ermunternd. Eva und ich mußten das einlösen, was wir versprochen hatten. Die Dinge würden schon ins Lot kommen.

Der nächste Diskussionspunkt betraf die Hochzeitsvorbereitungen. Der Onkel der Braut und Tante Eva wollten an Eltern Statt das Fest ausrichten – in ihrem Haus in Scarsdale, wo es ohne Zweifel genügend Platz gab. Der 30. Juni stellte einen wunderschönen Frühlingstag in Aussicht, so daß einige der Aktivitäten im Garten stattfinden konnten.

Die Liste der Geladenen war lang. Unsere Familie bildete nur eine kleine Gruppe, unsere Freunde waren schon weitaus mehr, aber die Petschek-Familie schien ein Baum mit unzähligen Zweigen zu sein. Ich hatte während des vergangenen Frühlings nur einige wenige ken-

nengelernt. Noch viele Jahre würde ich benötigen, bis ich jeden dieser riesigen Familie einordnen konnte und wußte, wer jüdisch war und wer nicht. Eine Tante, die sich der Episkopalkirche angeschlossen hatte und sich in der nahegelegenen Kirche betätigte, aß an Jom Kippur keine Nachspeise. Ein anderer war nach Argentinien emigriert und dort zum Katholizismus übergetreten. Die Verhältnisse waren sehr kompliziert. Auch wenn ich aus persönlichen Gründen ein »Universalist« geworden war, brachten mich Evas Familienverhältnisse ins Grübeln über meine eigene »Konversion« und bewirkten eine neuerliche Besinnung auf mein Judentum. Ich hatte wiederum Gewissensbisse meinem Vater gegenüber. Gleichwohl änderte ich in jener Zeit noch nichts von Grund auf und hielt an meinen ethisch-kulturellen Überzeugungen über die Einheit von Humanität fest, was ein gewisses Unbehagen, vor allem an den jüdischen Feiertagen, mit sich brachte.
Wir alle, der riesige, multireligiöse Petschek-Clan und unsere kleine Familie, versammelten uns an einem strahlend sonnigen 30. Juni 1948 in Hans' und Evas Villa in Scarsdale zur Hochzeit. Rabbi Schwartz, einen reformierten Geistlichen, hatten wir zuvor kennengelernt; er handhabte die Zeremonie nach jüdischem Ritus und in dem in Scarsdale nötigen besonderen Assimilationsstil.
Für mich war wieder einmal klar, daß dies alles wie so viele andere Dinge auf diese Art »nur in Amerika« geschehen konnte. Angenommen, zwei Menschen wie wir beide hätten sich in Europa kennengelernt, was unwahrscheinlich, aber möglich ist; sie hätten sich ineinander verliebt, was gut möglich ist, und wollten heiraten, was wiederum möglich, aber unwahrscheinlich ist; und wenn dem so wäre, hätten sie in einer so warmen und ungezwungenen Atmosphäre wie in Scarsdale heiraten können? Unmöglich!
Aber so war Amerika. Wir hatten uns unbemerkt verändert. Amerika hatte uns alle verändert: die Petscheks, indem sie ihren Anspruch auf Einfluß in Evas Leben aus Verantwortung und Respekt gegenüber meiner Familie milderten; meine Eltern, indem sie ihre Ängste darüber zurückstellten, ob die Entscheidung auf lange Sicht richtig oder falsch sein würde und die Kinder unserer Ehe die sozial und religiös bedingten Barrieren überwinden würden; Eva und mich, da wir uns nicht über die Maßen mit dem Widerstand unserer Eltern herumplagen mußten, denn in Amerika finden die Familien es unangemessen, die Dinge unnötig zu problematisieren.

Nach der Hochzeit stiegen wir in Evas »Plymouth« und fuhren in die Flitterwochen nach Cape Ann, Massachusetts. Beide hatten wir in diesen ersten Tagen einige Zweifel und Fragen, aber unsere Liebe spülte sie weg. Nach einer Woche kehrten wir – wie alle frisch Verheirateten – sehr glücklich und aufgeregt zurück nach New York. Wir hegten keine Zweifel, wir waren uns in allem sehr sicher. Vielleicht zu sicher, dachte ich.
Ich räumte meine Sachen in Evas Wohnung. Der Auszug von zu Hause machte mich besorgt. Ich war im Begriff, meine Eltern und Opa zu verlassen, ich stieg nicht nur aus, sondern auch »auf«, und sie waren sich selbst überlassen. Sie wurden allmählich alt; Opa litt mit seinen 83 Jahren immer öfter unter Schwächeanfällen, weshalb er es nicht einmal mehr geschafft hatte, zu unserer Hochzeit zu kommen...
Mit Ausnahme zweier Monate in London hatte ich immer mit meiner Familie gelebt, insgesamt 27 Jahre lang. Wir waren eng miteinander verbunden gewesen, mit all den Problemen, die sich vor allem für Mutter und mich ergaben, aber auch mit all der Freude, die wir durch unsere enge Bindung um so mehr teilten.
Unser »Zuhause« hatte für mich eine starke, wahrscheinlich zu starke Bedeutung gehabt. Und nun war ich dabei, es zu verlassen. Und warum? Ich ging zu Eva, aber würde es mein Zuhause werden? Ein einziges Mal war Mutter auf überzeugende Weise positiv eingestellt. Es fand sich nicht die Spur eines »Wie konntest du« in ihrer Stimme. »Aber red' kein' Unsinn«, wiederholte sie immer wieder, als ich mein Schuldgefühl ansprach, sie im Stich zu lassen. Für Vater war dies alles nicht der Rede wert; er lachte einfach drauflos. Ich wußte aus langer Erfahrung, das eigentliche Problem war Mutter. »Du willst mich wohl loswerden, was?« antwortete ich spaßhaft, in Wahrheit aber, um herauszufinden, ob sie nicht einfach nur »nett« war.
Ich überzeugte mich davon, daß sie meinte, was sie sagte, und zwar hauptsächlich deswegen, weil alle – und vor allem Mutter – Eva ins Herz geschlossen hatten. Und dasselbe auch umgekehrt. Die folgenden Jahre bekundeten sie ihre wechselseitige »Liebe auf den ersten Blick«. »War es das Geld – die damit verbundene Sicherheit?« fragte ich mich und wußte, daß ich an einen beinahe verbotenen Gedanken rührte. Aber er drängte sich mir mehrmals auf. Als ich jedoch sah, wie herzlich und unbefangen diese beiden Frauen, die ich so gut kannte, miteinander umgingen, und ihre Zuneigung sich als aufrichtig und

echt erwies, begann ich, mich behaglicher zu fühlen. So halfen mir meine Eltern, vor allem meine Mutter, zu erkennen, wo von nun an mein Zuhause war. Sicher, ich wußte, daß ich eine neue Adresse hatte. Mutter aber überzeugte mich davon, daß ich ein neues Heim hatte, oder vielleicht sogar zwei…?

Kommunistenjagd in USA
Vor dem McCarthy-Ausschuß

Alles war wundervoll, anders, aufregend in der 57. East Street. Eine andere Welt. Gut gekleidete Menschen führten ihre Hunde spazieren. Ein skandinavisches Restaurant befand sich direkt nebenan. Es war so berühmt wie teuer. Meine Familie konnte sich nur die chinesischen Restaurants auf der West Side leisten, wenn mein Vater einmal nicht so strikt auf koscherem Essen bestand und sich mit Nudeln und Reis begnügte.

Auf der gegenüberliegenden Straßenseite war »Mario«, ein italienisches Restaurant, viel besser und viel teurer als »Schiavis« um die Ecke der Firma von David Crystal, wo wir zu besonderen Anlässen ein viergängiges Menü für einen Dollar gegessen hatten. Wir gingen sehr oft essen, später begann Eva, selber zu kochen. Sie lernte sehr viel von meiner Mutter, und wir kamen öfters zum Abendessen... Freitag abends ausnahmslos.

Zum Jahresende 1949 schmiedeten wir Pläne für eine ausgedehnte Südamerikareise. Ich hatte einige unverbindliche Zusagen von Zeitschriften für Reportagen, aber wir rechneten nicht mit einem bedeutenden Ertrag. Die Reise sollte in erster Linie dazu dienen, mein Spanisch zu vervollkommnen und mir mit Hilfe von Interviews und Nachforschungen vor Ort ein solides Wissen für einen Abschlußbericht zu ermöglichen.

Zur gleichen Zeit bewarb ich mich an der Columbia Universität für den Studiengang Journalismus. Ich hatte ernstliche Zweifel daran, ob ich zugelassen würde, da dieses erstklassige Graduiertenkolleg nur 60 bis 70 Bewerber aufnahm. Im Grunde hatte ich nur wenige Erfahrungen in diesem Bereich zu bieten. Nachrichtensprechen, und dies nur auf deutsch; meinen Abschluß an der Abendschule – immerhin, an der Columbia Universität, aber dennoch Abendschule...

Ich hatte die Bemerkung meiner Eltern über den »Ausweis fürs Leben« längst verdaut. Das Abiturzeugnis des Philanthropin in Frankfurt betrachtete ich nur noch als ein interessantes und ungewöhnliches

Dokument mit seinem bizarren Nebeneinander von Namenszügen und Siegeln. Es war in einen Ordner verbannt worden, um dereinst meinen Kindern und vielleicht der Bibliothek des Leo-Baeck-Institutes, dem großen Forschungsinstitut des deutschen Judentums, übergeben zu werden.

Zu Evas, meiner Eltern und meiner eigenen Überraschung wurde ich zugelassen. Nicht nur war ich froh, da es einigen Einfluß auf meine Karriere haben würde, ich war auch erleichtert wegen den mir fehlenden Zwischenqualifikationen.

Die Reise nach Südamerika hatten wir sorgfältig geplant. Auch wenn die Zeit des Fliegens, wie sie sich erst einige Jahre später einstellen sollte, noch nicht gekommen war, war das Reisen mit propellerbetriebenen Flugzeugen schon damals in Amerika eine fast normale Angelegenheit geworden. Allerdings nicht für uns. Eva haßte das Fliegen, sie wurde geradezu panisch, wenn sie nur daran dachte. Und da wir Zeit hatten, wollten wir so viel wie möglich über Land fahren, anstatt von Hauptstadt zu Hauptstadt zu fliegen. Auf einer Arbeitsreise die Über-Land-Strecke zu wählen, war ein eher unkonventionelles Unterfangen: Wir nahmen das Schiff von New York nach La Guaira, dem nächstgelegenen Hafen zu Caracas/Venezuela, wo wir unsere neunmonatige Reise begannen.

Ich hatte einschlägige Erfahrung mit der Art meiner Mutter, Koffer zu packen: mit den vielen verschiedenen Mänteln und Jacken für jedes Wetter, der Reiseapotheke, den sterilen Mullbinden und anderen medizinischen Geräten, die uns in Deutschland immer begleitet hatten... Aber ich wußte nicht, daß man noch unendlich viel mehr mit sich führen konnte. Ob es an Prag lag oder an der Familie oder an beidem – die Petscheks reisten mit schwerem Gepäck. Für sie wie für Eva war es zwingend erforderlich, mindestens eine Stunde früher am Bahnhof oder Hafen und eine halbe Stunde vor der von der Fluglinie empfohlenen Zeit am Flughafen eingetroffen zu sein. Warum? Um sicherzugehen. Vielleicht bekam man kein Taxi, oder es herrschte zu viel Verkehr, oder das Taxi bekam einen Platten, oder man mußte zwei Taxen für das viele Gepäck nehmen, oder irgend etwas Unvorhersehbares passierte, was nur der Vorstellungskraft der Petscheks entspringen konnte. Deshalb versuchte man so sicherzugehen, wie es menschenmöglich war.

Zu der Zeit, als wir unsere Reise planten, unterhielten meine Eltern und ihre Bekannten in Deutschland einen regen Briefwechsel. So erfuhren wir, wie es Lisbeth und Toni Scriba ging und was sie dachten, auch bekamen wir eine Ahnung davon, was aus dem Polizisten Roeth geworden war. Die Briefe der Roeths waren weniger informativ, da uns mit ihnen keine Freundschaft verband. Aber es war der Anfang einer Beziehung, die versuchte, den tiefen Graben der späten 30er und der Kriegsjahre mit neugewonnenem Vertrauen zu überbrücken. Meine Eltern teilten die tiefe Wunde und die Enttäuschung, die alle überlebenden deutschen Juden empfanden.

Auf der persönlichen Ebene stellten sich jedoch auch andere Gefühle ein: Mutter interessierte sich für Lisbeth und ihre Familie, was sie in Wort und Tat, etwa mit Paketen, bekundete. Und Lisbeth antwortete mit Berichten über ihre Erfahrungen. Fritz war an der Ostfront gewesen, und sie hatte Probleme selbst mit dem Allernötigsten. Jeder in der Stadt »red' noch immer vom Dokter«. Wann er denn wiederkäme, fragten sie alle. »Mer brauche ihn.« Auch wenn Lisbeth von dem, was uns zugestoßen war, wußte und intensiv mitfühlen konnte, ging es ihr in den Briefen hauptsächlich darum, nur ihr Herz auszuschütten. Und meine Mutter versuchte, ihr zu helfen. Es waren nicht Egoismus oder Rücksichtslosigkeit von seiten Lisbeths, ihr enger Erfahrungshorizont und der Druck persönlicher Umstände ließen unsere Leiden und die der Juden im allgemeinen im Vergleich zu ihrem Leiden zweitrangig erscheinen. Lisbeth war durchaus nicht verhärtet; das hatte sie oftmals bewiesen. Sie war eine einfache Frau, die vier Jahre lang in der Angst gelebt hatte, ihren Mann in Rußland zu verlieren, und ein kränkliches und abhängiges Kind aufzuziehen hatte. Mutter wußte, daß sie, wenn wir sie brauchten, immer für uns da sein würde, so wie damals in Reinheim. Was der Briefwechsel und die nach dem Krieg wiederaufgenommene Freundschaft einmal mehr verdeutlichte: Alle Menschen denken an sich selbst zuerst.

Mit Toni Scriba stand die Sache ganz anders. Sie war Witwe, verfolgte weitreichende Interessen und hatte in ihrer universalistischen Gedankenwelt viel Platz für das Schicksal des deutschen Judentums, sowohl für die menschliche Seite als auch für die Verurteilung der deutschen Untaten. Ohne Unterlaß wiederholte sie in ihren Briefen und auch in Gesprächen, die wir später bei unseren Besuchen führten: »Was die Deutschen an den Juden verbrochen haben, kann und darf niemals vergessen werden. Wir können's nur überleben, wenn wir stets daran denken...«

Meine Erfahrungen der frühen 30er Jahre und vor allem der Einfluß meines Vaters machten mich sensibel für das, was geschah: Hitler, den Nazis und denjenigen Deutschen, die sie unterstützt hatten, konnte man nicht verzeihen. Aber Lisbeth, Roeth, Toni Scriba und unzähligen anderen Deutschen gab es nichts zu verzeihen, denn sie hatten sich nicht unterdrücken lassen, sie hatten ihre Aufmerksamkeit und ihren Gerechtigkeitssinn nur noch gesteigert.

Mein Vater beobachtete begierig die Entwicklungen im Nachkriegsdeutschland; er wollte sehen, ob diese Gruppe von Menschen nunmehr eine angemessene Rolle spielen würde. Wenn dem so war, so verdienten sie Unterstützung. Zu ihr gehörte Konrad Adenauer, der Sozialdemokrat Kurt Schumacher und die Erben von Friedrich Naumanns einstiger Demokratischen Partei, nun der Freien Demokraten, geführt von Theodor Heuss. »Wenn die damals dran gewesen wär'n«, sagte er öfters, »wär's vielleicht net passiert...« Das war eher ein Wunsch als eine Analyse, aber er spiegelte Vaters Hoffnung auf die Zukunft. Er gehörte nicht zu denen, die blind alles Deutsche beschimpften. »Schließlich sind sie doch da, und man kann sie nicht aus der Welt schaffe...«, sagte er.

Als wir nach La Guaira aufbrachen, dachte ich oft an Deutschland und Europa. Ich nahm große Mengen von Papier mit, um eine Art Tagebuch zu führen, zusätzlich zu dem, was ich veröffentlichen wollte. Wie würden wir die Menschen und ihre Lebens- und Denkweise kennenlernen? Deutsche Emigranten waren selbstverständlich überall anzutreffen. Wir und viele unserer Bekannten hatten Verwandte oder Freunde in dem einen oder anderen Land in Südamerika. Evas Schwester zum Beispiel lebte in Brasilien, desgleichen eine Kusine meiner Mutter mit ihrer Familie. Eva hatte andere Verwandte in Buenos Aires, die einige Stunden vor der Stadt eine Farm besaßen. Weiterhin gab es die Familie Kahn in Caracas, die Langers in Bogotá, die Goldsteins in Quito und die Hellers in Santiago. Und jede von ihnen würde weitere Kontakte haben, die sie uns vermitteln würden und die, so hoffte ich, Diaz oder Posada oder Echevarría hießen.

Vor unserer Abreise erhielten wir noch eine Lektion von meinem Vater, der uns Anweisungen im Falle einer möglichen Krankheit gab. Wir sollten uns vor Schlangenbissen, Typhus und Cholera in acht nehmen, auch sollten wir trotz Impfung äußerst vorsichtig mit dem Essen sein. Die Instruktion machte uns geradezu Angst, besonders Eva, die als eine Petschek ohnehin in hohem Maße nervös war. Nach den Anweisungen bekamen wir einen ansehnlichen Koffer mit deutlich gekennzeichneten Pillen, Kapseln und Salben in die Hand gedrückt. Vater war besonders besorgt wegen Malaria und stattete uns mit den neuesten verfügbaren Mitteln aus, die gegen ihre Symptome helfen sollten. Es ärgerte ihn, daß es keinen Sinn hatte, uns Injektionen mitzugeben, da wir vermutlich Probleme haben würden, »zuverlässige Ärzte« zu finden. Mutter hörte dem allen mit großem Respekt, aber auch mit einem gelegentlichen Schmunzeln zu. Meine Eltern ergänzten einander, wenn es um Besorgnis ging: Meine Mutter ängstigte sich um meine Psyche, mein Vater um meinen Körper. Und in Südamerika gab es genügend Gründe für beides: Es gab einerseits Diktaturen und alte Nazis, andererseits eben Malaria, Typhus und Cholera...

Wenn ich mich laut darüber wunderte, wie Millionen von Menschen, Emigranten wie wir eingeschlossen, trotz dieser Zustände dort überlebten, antwortete mein Vater: »Mach nur Witze, du wirst schon sehen...« Wir gingen wie zwei zerbrechliche und schutzlose Kinder, geimpft gegen alle vorstellbaren und unvorstellbaren Krankheiten, mit unserem großen Koffer voller Medikamente an Bord des Schiffes. Obgleich wir uns tatsächlich durchaus anders fühlten, erkannten wir, daß meine Eltern wollten, daß wir uns wie Kinder fühlen sollten. Selbst wenn wir die Symptome einer Malaria überstehen sollten, wäre das »Wie konntest du«, das uns dann blühte, vermutlich schlimmer gewesen als die Unannehmlichkeit der Krankheit selber.

Nach mehreren Monaten kehrten wir mit einem Moore-McCormack-Liniendampfer nach New York zurück. Auf der zehntägigen Rückreise entspannte ich mich und schrieb meine Berichte nieder. Anschließend bereitete ich mich für mein Journalismusstudium an der Columbia Universität vor. Ich hatte keine Ahnung, was mich dort erwarten würde. Die brennende Frage war, ob ich auch nur annähernd die Sprachkenntnisse der im Lande geborenen Amerikaner erreichen würde.

Inzwischen war Großvater, der einst kräftige und unternehmungslustige alte Mann, ausgezehrt und in allem ruhiger geworden. Seine Kreislaufprobleme hatten sich verschlimmert, und seine Schwächeanfälle häuften sich. Es war Vaters Nähe und seine Therapie, die ihn am Leben hielten, auch wenn Großvater selbst das nicht mehr erkannte. Meine Mutter sah dies alles sehr deutlich. Opa freute sich, uns wiederzusehen; aber er wirkte zerstreut, war in sich gekehrt, während er in seinem gepolsterten Sessel am Fenster mit Blick auf die 98. Straße saß. Er ging nicht mehr in die Abendschule, aber es machte ihm nach wie vor Freude, das gelernte Englisch anzuwenden. Deutschland schien der Vergangenheit anzugehören. Er sprach nicht mehr über seine ehemaligen Lieblingsthemen, und ich schnitt sie auch nicht an. Als ich versuchte, ihm von unserer Reise zu erzählen, von seinen Verwandten in Brasilien, zeigte er kaum Interesse. Es schien einfach zuviel für ihn zu sein.

Hier saß ein Mann, dessen Leben sich beinahe über ein ganzes Jahrhundert erstreckte, für den Deutschland der Dreh- und Angelpunkt gewesen war. Dem Rausch des ausgehenden 19. Jahrhunderts folgten drei Jahrzehnte vergeblicher Hoffnungen und wirtschaftlicher Nakkenschläge, und diesen wiederum die zwölf Jahre, die kein Lexikon mit Worten beschreiben kann, auch nicht mit »Holocaust« oder mit dem hebräischen Wort »Shoa«. Hier saß er, runzelig und still, der Jude namens Hermann, der »Einjährige« unter Kaiser Wilhelm I., der einstig stolze deutsche Bürger, dessen Frau bereitwillig ihren Schmuck hergab, damit es von Gold in Eisen getauscht werden konnte, dieselbe Frau, deren zierlicher Körper auf einem Bürgersteig in Frankfurt zerschmetterte. Unter den neuen Machthabern wurde aus diesem deutschen »Hermann« ein »Hertz«, was sein jüdischer Geburtsname war. Seine Kunden auf den Bauernhöfen mieden ihn jetzt; er wurde notgedrungen ein früher Ruheständler, dem aber das Deutschland nachhing, das ihm so viele verschiedene Gesichter gezeigt hatte. Schließlich endete er auf einem Sessel in einem Land, dessen Präsidenten er fein säuberlich aufgelistet hatte und mit dem er wider Erwarten warm geworden war, auch wenn er dieses Land nie wirklich verstanden hatte. Es war zu spät. Auch Deutschland und das Schicksal und die Lage der Juden verstand er nie. Es war zuviel. Es war einfach zuviel, deshalb achtete er nur auf seine Mahlzeiten, seine persönlichen Bedürfnisse, seinen Schlaf und – wie er des öfteren sagte – darauf, Martha und Jacob nicht zu sehr zur Last zu fallen. Er hatte kein vollkommenes Leben gehabt. Nun war das bißchen, das es gab, aufgezehrt.

Zurück zur Universität: Wir kamen alle in dieselbe Klasse. Der Abschluß sollte nach einem Jahr erfolgen. Die Seminare bestanden aus Berichterstattung, Typographie und Schlagzeilen-Formulieren. Das Fernsehen hatte sich in dem Studiengang Journalismus im Jahre 1949 noch nicht durchgesetzt, deshalb bezog sich unser Lehrplan nur auf das, was man als Journalist bei der Zeitung brauchte. Die meisten meiner Kommilitonen hatten Erfahrung als Reporter oder Berichterstatter. Alles, was ich hatte, waren einige Jahre Übung im Interviewen und im Verfassen deutscher Textvorlagen. Die wenigen englischsprachigen Publikationen aus Südamerika zählte ich erst gar nicht.

Eine der ersten Aufgaben war eine praktische Übung in Rechtschreibung. »Eine Übung in Rechtschreibung?« fragte ich mich, und das für die 65 Studenten, die man doch gerade wegen ihrer Brillanz in der englischen Sprache ausgewählt hatte. Ich schnitt als einer der drei Besten ab. So sehr verwunderlich war dies freilich nicht, es war eher das Ergebnis verschiedener Erziehungsmethoden: In Amerika waren selbst Journalisten in Rechtschreibung keineswegs einwandfrei, und es war auch keine Schande, Fehler zu machen. Man kümmerte sich nicht groß darum, manche bemerkten sie nicht einmal. In Europa jedoch war die Sicherheit in der Rechtschreibung nicht nur für jeden selbstverständlich, der eine schulische Ausbildung durchlaufen hatte; die Kenntnis der Orthographie verriet auch etwas über den sozialen Stand. Fehler zu machen hieß, »ungebildet« zu sein. Erziehung ist Bildung. Bildung bedeutet Kultur. Die Rechtschreibung nicht zu beherrschen hieß, keine Kultur haben. Das nahm man nicht so einfach hin, es war nicht nur ein Versäumnis beim Lernen, sondern wurde als ein wirklicher Makel empfunden und bewertet.

Ich erhielt das Diplom im Juni 1950. Jetzt würde es sich herausstellen, ob die zweijährige Investition von Geld und Zeit von Nutzen war. Mit meinem Zeugnis und meinem Lebenslauf in der Hand bewarb ich mich für einen normalen Nachrichtenjob in englischer Sprache. Es stellte sich heraus, daß mir Schwierigkeiten besonderer Art blühten, an die ich nicht gedacht hatte: Ich war 29 Jahre alt, und mir wurde bedeutet, am deutlichsten von der »New York Times«, daß ich zu unerfahren sei, um als Reporter angestellt zu werden, und zu alt und überqualifiziert, um als »copy-boy« (= Laufjunge) zu arbeiten, womit die übliche Laufbahn eines Reporters zu beginnen pflegt.

Eva und ich ärgerten uns über einen entscheidenden Punkt, den keiner der Herausgeber auch nur zu erwägen bereit war: Mein »fortgeschrittenes« Alter hatte ich der rüden Unterbrechung meiner Schulbildung durch Hitler und einer Zulassungsbehörde zu verdanken, die auf diese Unterbrechung keine Rücksicht nahm. Dadurch dauerte diese Zwangspause viel länger, als sie hätte sein müssen. Zeitungen wie die »Times« schreiben Berichte und Features über ehemalige Rechtsanwälte oder Firmeninhaber, die hatten fliehen müssen und nun Avon-Produkte auf der Park Avenue verkauften. Das schien jedoch keine praktischen Auswirkungen auf den (innerbetrieblichen) Umgang mit ähnlich Betroffenen – wie ich einer war – zu haben. Es dauerte noch zwei bis drei Jahrzehnte, bis die vorrangige Behandlung von Minderheiten zu einer grundsätzlichen Änderung in der Haltung der Arbeitgeber führte. Unser Problem war, daß wir nicht die richtige Minderheit waren und die Stunde für uns nicht gekommen war.

Wieder einmal wirkten sich meine Vergangenheit und die Erfahrungen in Deutschland negativ auf mein Leben aus. Ich hatte damals noch nicht durchschaut, was mir heute klar vor Augen steht: Ich konnte diesen Auswirkungen nicht entgehen. Vielmehr mußte ich meine Ausbildung und Erfahrung dazu nutzen, um meine Möglichkeiten zu steigern, und durfte nicht einfach auf den Zufall warten. Diese unbeabsichtige Erfahrung der ersten 20 Jahre meines Lebens ging tief und war stark. Sie rief förmlich danach, eine Rolle in meinem Berufsleben zu spielen.

»Laß uns nicht mehr grübeln und schimpfen«, sagte ich eines Abends zu Eva, nachdem ich wieder von einem enttäuschenden Bewerbungsgespräch nach Hause zurückgekehrt war. »Wir sollten aufhören, uns über mein fortgeschrittenes Alter Sorgen zu machen, sondern es nutzen.« Ich dachte daran, wieder zurück zur »Voice of America« (VoA) zu gehen, diesmal allerdings nicht in meinen alten deutschen Schlupfwinkel, sondern in die englischsprachige Hauptnachrichtenabteilung. »Habe ich etwa nichts vorzuweisen?« fragte ich Eva. »Na, dann versuche es«, sagte sie, ohne über die »Ungerechtigkeit« des vorangegangenen Bewerbungsverfahrens hinweggetröstet zu sein. Mir war bewußt, daß ich einen zusätzlichen Vorteil hatte: Ich war Deutschland gegenüber nicht blindwütig. Dies verdankte ich meinem Vater, der den entscheidenden Einfluß auf mein Denken und meine Gefühle ausgeübt hatte. Er unterschied den Nationalsozialismus von dem, was wertvoll, positiv und kreativ im deutschen Leben und seiner Kultur war. Diese Einstellung hatte ich mir angeeignet. Deutschland und seine internationalen Beziehungen waren ein Schlüsselthema bei VoA. Hätte ich einen ununterdrückbaren Groll in mir verspürt, der meinen Stil beeinflußt oder mich zu unbewußten Verzerrungen der Tatsachen verleitet hätte, so wäre ich dort sicher fehl am Platz gewesen. Diese Haltung sollte später wichtig werden, als ich mich in einer Position befand, in der ich Entscheidungen für den gesamten VoA-Betrieb treffen mußte.

Mitte des Jahres 1950 begann ich meine Karriere mit einer vielversprechenden Stelle: Ich wurde ausgewählt, um Manuskripte für die englische Nachrichtenabteilung zu verfassen, die als Muster für fremdsprachige Sendungen dienen sollten. Auch wenn ich es vorgezogen hätte, für eine »wirkliche« amerikanische Institution wie die »Times« oder das »Time Magazine« oder »Newsweek« zu arbeiten, hatte ich damit die Sprachhürde bewältigt. Alle meine Kollegen und ganz gewiß mein Chef Barry Zorthian waren in Amerika geboren und ausgebildet worden. Ich war der einzige Ausländer. Die Dinge ergaben sich genauso, wie ich es erhofft hatte. Ich konnte – im Vergleich mit anderen Mitarbeitern – meinen eigenen Stil entwickeln und mein eigenes Tempo halten und sogar das Meine hinzufügen, was ich durch meine Erfahrungen mitgebracht hatte. Wir waren eine gute Gruppe; niemand war zu stolz, den anderen nach etwas zu fragen, und ich selbst befand mich schon bald in der Situation, Fragen beantworten zu können. Ich antwortete gerne und leicht und war endlich dort, wo ich immer hinwollte. Wenn Jim Fletcher sagte: »Ach, es ist leichter, den Goldmann zu fragen, als Lexika zu wälzen«, oder wenn es darum ging, wie »Fürstenfeldbruck« oder »Przemysl« auszusprechen sei, war ich in doppelter Hinsicht glücklich: Ich war zufrieden, da ich gute Antworten geben konnte, und zufrieden darüber, daß Barry Vertrauen zu mir hatte.

Nachdem ich mich in meinen neuen Arbeitsbereich und die Berichterstattung, die sich vornehmlich mit Europa beschäftigte, eingearbeitet hatte, wollte ich jenseits des Atlantiks vor Ort arbeiten. Ich erinnerte mich an die Ferien, die ich mit meinen Eltern in Wengen, im Berner Oberland, verbracht hatte, und verspürte sehnlichst den Wunsch, den Ort wieder zu besuchen. Allmählich rückten auch Frankfurt und Reinheim wieder näher: die Häuser, in denen wir gewohnt hatten, die Straßen, wie die von Darmstadt nach Reinheim, Darmstadt selbst... Lisbeth und Roeth. Was war nur mit mir los? War ich dabei, idealisierender Nostalgie zu verfallen? Seit nunmehr zehn Jahren lebte ich in Amerika, hatte ich dort geheiratet, sprach ich Englisch während der Arbeit und zu Hause und immer öfter auch mit meinen Eltern... Was war nur in mich gefahren?

In diesen ersten Monaten lernte ich beim Nachrichtenschreiben mehr als in meiner gesamten Ausbildung. Wir mußten innerhalb von zweieinhalb Stunden Zwölf-Minuten-Sendungen produzieren mit einem Umfang von 1500 Wörtern. Das waren acht bis zehn dreispaltige Seiten mit großen Rändern. Zur Arbeit gehörte die Planung der Nachrichten in einer bestimmten Sequenz, das teilweise Aufgreifen der früheren vollständigen Nachrichtensendung und deren Aktualisierung, die Auswahl und Bearbeitung der Materialien von vier Nachrichtenagenturen, das Formulieren von Schlagzeilen etc. Es war eine große Herausforderung, da verschiedene wichtige Dinge aufeinandertrafen: Ich konnte schreiben, auch wenn es nicht unsterbliche Literatur war, ich konnte anerkanntermaßen und hauptberuflich in englischer Sprache schreiben, und ich konnte in einem Tempo produzieren, das man von Profis erwartete.

1950 beherrschte Stalin Osteuropa, was uns am meisten im Hinblick auf die Tschechoslowakei schmerzte, nicht nur, weil es die Heimat von Evas Familie war – das war nur am Rande bedeutend für die am Habsburger Reich orientierte ältere Generation –, sondern weil es das einzige demokratische Land in Osteuropa gewesen war.

Nach der Siegeseuphorie und der unmittelbaren Nachkriegsfreundschaft unter den Alliierten befanden wir uns wieder in düsterer Stimmung. Diesmal war es die Gefahr eines beispiellosen nuklearen Krieges, die viele noch nicht zur Kenntnis genommen hatten, als Präsident Truman Hiroshima und Nagasaki bombardieren ließ.

»Wenn die Alliierten den Krieg nicht zu dem Zeitpunkt beendet hätten, hätte Hitler wohl auch seine Bombe gehabt«, sagte Vater. »Es ist ein Segen, daß er tot war, bevor er sie einsetzen konnte. Jetzt aber hat sie Stalin, und das ist für die Welt nicht viel besser.« Wieder einmal war Papi der Menge voraus, zumindest der Menge der Verwandten und Freunde, für die der Preis des Siegs über die Nazis nicht zählte. Sie teilten Vaters Besorgnis nicht, auch nicht die gegenüber dem »Eisernen Vorhang«. Sie bezichtigten Churchill der Übertreibung und des »Konstruierens neuer Probleme«, als er den Begriff des »Eisernen Vorhangs« in einer Ansprache im amerikanischen Middle West prägte. Und jetzt waren sie nicht einmal einer Meinung mit Vater über die Gefahr einer Bombe in Stalins Händen. »Hat er nicht mehr Opfer gebracht als jedes andere Land und ganz gewiß mehr Opfer als Amerika, um Hitler zu besiegen?« war das Argument der Nussbaums, der Neus und der Steins. Vater sagte, sie seien dort sentimental, wo es um Leben und Tod Amerikas und Europas gehe. So etwas mußte man sich auch noch von überlebenden Juden anhören! »Ihr könnt die Toten nicht zurückbringen«, sagte er äußerst verstimmt, »aber ihr könnt wenigstens die Augen aufmachen, um die Lebenden zu retten!«

Auch im Büro war dieser Standpunkt verbreitet, als wir den anwachsenden starken und klaren Widerstand der Truman-Regierung gegenüber Stalins bevorstehender Expansion im Iran, in Griechenland und in der Türkei diskutierten. Hier herrschte weniger das Gefühl der Dankbarkeit, das deutsche Juden der Sowjetunion gegenüber empfanden, vielmehr der Glaube daran, daß alles, was links ist, zugleich fortschrittlich sein mußte, und was rechts ist, reaktionär, angesteckt durch den Faschismus.

Eine große Angst überkam alle, als der Kalte Krieg heftiger wurde und es aussah, als würde er andauern und sich ausweiten. New York City würde eine bevorzugte Zielscheibe für die Bombe sein. In dieser Situation dachten wir ausgerechnet daran, eine Familie zu gründen. In New York City? Aus zweierlei Gründen war ich gegen einen Umzug: Ich hatte nicht das Gefühl, daß selbst ein Stalin die Bombe zünden würde – das amerikanische Kriegsmaterial hätte seinem Land viel mehr zufügen können –, und zweitens liebte ich dieses Pflaster zu sehr. In der Goldmann- und der Petschek-Familie war ich der seltsame Kerl, der alle Jahreszeiten in New York genoß und selbst die an heißen Sommerwochenenden ausgestorbene Innenstadt liebte. Dagegen wurde ich inmitten der Grünanlagen der Vororte geradezu ungeduldig.

Dennoch zogen wir in einen dieser Vororte. Praktische Argumente hatten über meine Abneigung gesiegt. Mit einem anständigen Gehalt, das wesentlich zur Finanzierung unseres Haushaltes beitrug, war es sinnvoll, eine Anzahlung auf ein Haus zu leisten, dessen Hypothek, Instandsetzung und Steuerlast nicht viel höher war, als wir für eine

Mietwohnung in der Stadt bezahlt hätten. Wir fanden ein Haus in Fort Hill, einem Teil von Scarsdale. Die Würfel waren gefallen. Ich wurde ein Pendler.

Eisenhowers Präsidentschaft im November 1952 wurde für mein Fortkommen geradezu schicksalsträchtig. Sie traf mit einer Bewährungsprobe für die ganze Familie zusammen: Eva hatte eine Fehlgeburt nach der anderen; die vierte hatte uns beinahe alle Hoffnung auf Kinder genommen.

Der republikanische Sieg brachte auch einen republikanischen Senat. Ein Senator namens Joseph McCarthy wurde damit zum Vorsitzenden eines Ausschusses, mit dem dieser Demagoge aus Wisconsin die amerikanische Demokratie beschmutzte und das Leben vieler Menschen zerstörte. Eisenhower erlaubte McCarthy aus taktischen und politischen Erwägungen, so lange weiterzumachen, bis sich der Senator selber zerstörte. In der Zwischenzeit nahmen viele Menschen, Institutionen und der gute Name Amerikas beträchtlichen Schaden.

Als ein Senator der Minderheit hatte sich McCarthy schon vorher einen Namen gemacht. Er wurde unterstützt von fanatischen »Antikommunisten« und geduldet von denen, die grundsätzlich nur den Sportteil einer Zeitung lasen. Er hatte die schlimmsten Konsequenzen aus den an sich legitimen Bedenken der Öffentlichkeit gegenüber Stalins Aggressivität gezogen, indem er sich zum großen Entdecker prokommunistischer Fäulnis, Verschwörung und Unschuld heuchelnder Sympathisanten innerhalb des Landes stilisierte. Nicht allein Stalin und seine Kriegsmaschinerie stellten die Bedrohung dar, es waren vielmehr die subversiven Kräfte zu Hause, die seine Arbeit erledigten. Die schädlichsten unter ihnen arbeiteten angeblich innerhalb der Regierung, in ihren exponiertesten Abteilungen und Organen.

McCarthy hatte bereits eine Menge Schaden angerichtet, als Eisenhower seine Präsidentschaft antrat und die Republikaner den Senat sowie das Repräsentantenhaus kontrollierten. Dort wurden hochrangige Mitglieder der Minderheit zu Vorsitzenden, und Joseph McCarthy war einer von ihnen. In der Tat sah es so aus, als ob er der ausschlaggebende Vorsitzende in Capitol Hill war. Sein Bekanntheitsgrad wuchs und wuchs, bis er schließlich den Namen »Mister Chairman« als Synonym für seinen eigenen erhielt.

Seine Handlanger, diejenigen, die ihn inspirierten und seine Strategie entwickeln halfen, waren Roy Cohn und David Schine, zwei auf ihren

Vorteil bedachte junge Männer, deren hemmungslose Ambitionen mit der Skrupellosigkeit des Senators einhergingen. Einmal im Sattel, gingen sie rücksichtslos über jeden, so unschuldig und wenig verdächtig er auch war, hinweg, sobald dies nur ihren Zwecken dienen konnte: Sie schürten eine Atmosphäre, in der die Angst vor dem überall und in nächster Nähe, vielleicht gar im eigenen Heim lauernden Kommunismus geweckt wurde mit dem Ziel, nach einem Umschwung selber einmal das Land zu regieren. Als erstes schüchterten sie eine Unzahl von Menschen ein und dann auch die Medien. Anschließend bewarb sich Joseph McCarthy sogar für die Präsidentschaft, um die endgültige Kontrolle und mit Roy und David die Führung zu übernehmen. – Die vielen Spekulationen von mir und Außenstehenden wurden bald überflüssig, da mich persönlich die Wirklichkeit einholte.

Zu dieser Zeit war Eva zum fünften Male schwanger geworden. Mit einer kleineren Operation war versucht worden, die Ursache ihres Problems zu beseitigen. Als Vorsichtsmaßnahme hatte der Arzt außerdem empfohlen, daß Eva die restliche Zeit der Schwangerschaft im Bett bleiben sollte – und dies schon nach den ersten drei Monaten. Eva war nun bereits im fünften Monat und auf dem Weg zur langersehnten Geburt, von uns allen gehörig verwöhnt. Sie ertrug sowohl ihre Bettlägerigkeit als auch die Überprotektion von Familie und Freunden.

In diesen Tagen wurden ein Kollege von mir, ich selber und zwei andere Kollegen ins grelle Licht des McCarthy-Ausschusses gezerrt. Zu diesem Zeitpunkt war ich bei der »Voice of America« bereits eine Stufe höher gerückt, war Redakteur in dem zentralen Nachrichtenbüro, wo das Material für alle Sprachen vorbereitet wurde. Der Ausschuß des Senators aus Wisconsin hatte unseren Sender zu einem seiner ersten Opfer auserkoren; er versuchte sich damit an einem wohlfeilen Ziel, an dem er seine verleumderischen Strategien ausprobieren konnte, um sie später an anderen Institutionen anzuwenden. Seine Machenschaften gipfelten in dem Versuch, den Status der US-Armee in der öffentlichen Meinung in den Schmutz zu ziehen.

Die Menschen scheinen, abgesehen von den hyperängstlichen oder paranoiden unter ihnen, das Gefühl zu teilen, daß das, was in ihrer Nähe geschieht, sie selbst niemals berühren wird. Und genauso war es am 20. Februar 1953: Wir saßen um den großen Tisch im Büro, hatten soeben die letzten Arbeiten erledigt und lauschten den Anhörungen

über einen Sender, der direkt mit dem Tagungszimmer McCarthys verbunden war, als der Name »Virgil Fulling« fiel. Wir waren wie gelähmt. »Hey, Fulling, habt ihr das auch gehört?« fragte Eric Halling. Noch bevor wir antworten konnten, ertönte Fullings wie immer murmelnde Stimme aus dem Lautsprecher. Er nuschelte etwas von Personen, die Beiträge im Sinne der Kommunisten verfälschten.
Ich sah hinüber zu Fullings Schreibtisch einige Meter den Gang hinunter. »Hey«, sagte ich, »er ist gar nicht da.« »Natürlich nicht, Blödmann«, antwortete Halling auf meine »Entdeckung« und fügte hinzu: »Wie könnte er auch hier sein, er ist in Washington und sagt aus.« Mein Ausruf läßt sich nur mit Ungläubigkeit erklären: Dieser zurückhaltende, träge und nicht sehr helle Redakteur für lateinamerikanische Nachrichten war eine zentrale Figur in einer der bekanntesten Untersuchungen in Washington!
Noch bevor ich mir alles klarmachte, murmelte Fulling meinen Namen, auch den von Donald Taylor, der nur einige Meter von mir entfernt saß, Redakteur der Hauptredaktion. Dann platzte Fulling mit dem Namen von Herold Berman heraus, der das Nachrichtenbüro leitete und in seinem Zimmer zuhörte.
Man muß zu jener Zeit gelebt haben, vielleicht sogar die Erfahrung einer Anhörung im Stil McCarthys mitgemacht haben, um zu verstehen, daß sechs Senatoren und vier Mitarbeiter die Aufmerksamkeit derart auf sich lenken konnten. Sie diskutierten unsere redaktionelle Arbeit an vier Sätzen eines einzigen Beitrags, von denen täglich Hunderte über die Tische der Hauptredaktion gingen, und legten daraus eine elfseitige Prozeßakte an. Fulling wurde von dem Senator Henry M. Jackson gefragt: »Denken Sie, daß es sich bei den dreien um Kommunisten handelt?« Durch die Handlanger instruiert, antwortete Fulling: »Ich will mir in der Hinsicht keine Meinung erlauben, Senator. Ich wäre froh, das dem Ausschuß zu überlassen.« »Sind Sie überzeugt davon, daß man dort der kommunistischen Sache gegenüber wohlgesonnen ist?« fragte der Vorsitzende McCarthy. »Ja, das glaube ich«, antwortete Fulling. Aber Senator Karl Mundt hatte bereits, noch bevor die vollständige Aussage Fullings vorlag, das Urteil ausgesprochen: »Sind Herr Goldmann, Herr Taylor und Herr Berman noch immer bei der ›Voice of America‹ angestellt, wo sie in dieser geschickten Art und Weise und zum Schaden Amerikas den Kommunismus unterstützen?«

Wir verlangten sofort eine Möglichkeit zur Klärung des Sachverhalts. Die Darstellung der Tatsachen würde uns wohl kaum Probleme bereiten. Unser Verbrechen bestand darin, daß ich Fullings oftmals wiederholtes Wort »Antikommunist« durch andere ersetzt hatte. Sein Beitrag handelte von Demonstrationen von Antikommunisten vor der US-Botschaft in Guatemala, das damals von einem extrem linken und antiamerikanischen Regime geführt wurde. Die Antikommunisten hatten die Wahl General Eisenhowers zum Präsidenten begrüßt und riefen antikommunistische Parolen. Es handelte sich bei ihnen um Mitglieder antikommunistischer Organisationen. – Ich korrigierte die Zeilen dahingehend, daß »Bürger« demonstrierten und antikommunistische Parolen schrien und daß es sich um Mitglieder »demokratischer« Organisationen handele. Die dreimalige Verwendung des Wortes »Antikommunist« war einfach schwerfällig und dazu noch schlechte Progaganda. »Bürger« an die Stelle von »Antikommunisten« zu setzen, war korrekt und gab nicht vor, darüber zu urteilen, ob es sich um Antikommunisten oder um amerikafreundliche Anhänger handelte, und »demokratisch« anstelle des zum dritten Mal wiederholten »antikommunistisch« zu verwenden diente dazu, dieses Adjektiv mit proamerikanisch gleichzusetzen, zu einer Zeit, in der es die Kommunisten in Lateinamerika verwendeten, um sich selbst zu charakterisieren. Don Taylor hatte sich aus der Sicht des Ausschusses schuldig gemacht, weil er meine Änderungen hatte durchgehen lassen, und Berman, weil er aufgrund seiner Position die formelle Verantwortung tragen mußte. Aus einer kleinen Maus – diesen vier Zeilen – war ein riesiger Elefant, ein ganzes »Netz« prokommunistischer Aktivitäten geworden. Es wurde kein weiteres »Beweismittel« vorgebracht.

Einige unter den amerikanischen Liberalen sahen oder wollten eine Wiedergeburt des Nazismus in der Person und in den Machenschaften des Senators aus Wisconsin sehen. Wir, die wir in den 30er Jahren in Deutschland gelebt hatten, wußten es besser: Amerika war selbst auf dem Höhepunkt der McCarthy-Ära mit Nazi-Deutschland nicht zu vergleichen, aber die Techniken McCarthys waren zu einem großen Teil denen des Führers und Joseph Goebbels' entlehnt. Zudem sahen wir zu viele Amerikaner, die den Senator nicht ernst nahmen oder ihm gleichgültig gegenüberstanden. So erhofften wir eine tatkräftige Verteidigung der individuellen Rechte,

vor allem seitens des Präsidenten, dessen Schweigen wir nicht verstehen konnten.
Daß ausgerechnet ich zur Zielscheibe wurde, war die vollkommene Ironie. Mein Vater konnte es nicht fassen, sich 15 Jahre nach Buchenwald wieder um mich sorgen zu müssen. Selbstverständlich gingen die Dinge nicht annähernd soweit wie in der »Kristallnacht«, aber die Quelle der Bedrohung, Ideologie und skrupellose Machtgier, war ähnlich. Der große Unterschied lag darin, daß wir in Amerika um unser Recht kämpfen konnten.
Nach den zwölf Jahren, die wir nun in den Vereinigten Staaten gelebt und gearbeitet hatten, waren wir nicht mehr bereit, uns wie vordem zu ducken, hatten den Willen wiedergefunden, uns zu verteidigen.
Es war Eva, um die wir uns sorgten. Es schien, als ob sie das physische Problem überwunden hatte, das sie bisher daran gehindert hatte, ein Kind auszutragen; jetzt fragten wir uns, ob die Aufregung wegen meiner »Anklage« durch McCarthy ihren Zustand gefährden würde. Sie trug es mit Fassung, die Prognosen des Arztes waren ermutigend, und ich entschied, mich auf die beiden Aufgaben zu konzentrieren, zu denen ich etwas beitragen konnte. Ich tat meine Arbeit und bereitete mich auf meine Anhörung vor.
Berman beteiligte sich nicht, da er nicht wollte, daß seine persönlichen Angelegenheiten in der Öffentlichkeit ausgebreitet wurden. Ich war eher dazu entschlossen, Fullings unsinnige Anschuldigungen zu bekämpfen als Taylor, der ein »Laß die Dinge ruhen, sie werden sich schon lösen«-Typ war. Aber er würde einverstanden sein, wenn ich die Initiative übernahm.
Wir nahmen an, daß die Vorladung von einem auf den nächsten Tag eintreffen würde, und sammelten gemeinsam mit den Kollegen des Nachrichtenbüros emsig Material. Ich schrieb eine formelle Erklärung und ließ sie von einem Anwalt prüfen, um sicherzugehen, daß ich mich auf festem Boden bewegte.
Als Fulling einen Tag nach seiner Aussage aus Washington zurückkehrte, sah er sich einem totalen Boykott ausgesetzt. Da wir alle an der Taylor-Goldmann-Verteidigung arbeiteten, war er von jedem Kontakt innerhalb des Büros abgeschnitten. Er war nie besonders beliebt gewesen, jetzt war er ausgestoßen. Einige Jahre später erfuhr ich, daß er Selbstmord begangen hatte.
Wochenlang trug ich das Material für meine Verteidigung bei mir,

wohin ich auch ging – für den Fall, daß ich zur Anhörung gerufen wurde. Ich hinterließ immer und überall, wo ich zu erreichen war. Der Anruf kam am späten Nachmittag des 5. März 1953: Don Taylor und ich wurden aufgefordert, am nächsten Morgen um 10 Uhr in Washington zu erscheinen.
Wir nahmen den Nachtzug. George Agree, mein Freund aus den Tagen in der Kleiderfabrik, begleitete uns. Er arbeitete in Washington, und sowohl seine Anwesenheit als auch sein Rat waren sehr hilfreich. George erzählte mir nach der Anhörung: »Als du da hineingingst, dachte ich: Dort geht ein stolzer Mann – bezwungen und gebrochen wird er wieder herauskommen.«
Aber es kam anders. Während ich Don Taylor zuhörte, der von Natur aus zurückhaltend war und leise sprach, wurde ich immer ungeduldiger, dort oben zu stehen und alle Punkte anzusprechen, auf die es mir ankam. Schließlich wurde ich aufgerufen. Die Gefährdung meiner Karriere, meines guten Rufes und all die anderen Risiken, die uns nach Fullings Verleumdungen bedrückt hatten, waren wie weggeblasen. Ich brannte darauf, die Angelegenheit so darzustellen, wie sie wirklich gewesen war. Aus der ganzen Anhörung wurde eine Debatte über die Bedeutung und den Gebrauch des Wortes »demokratisch« im politischen Kontext Lateinamerikas.
Mit meiner vorbereiteten Erklärung setzte ich dem Ausschuß diesen zentralen und komplizierten Punkt auseinander. Ich sagte: »Herr Fulling ließ durchblicken, daß das Wort ›demokratisch‹ in unseren Sendungen nicht benutzt werden soll, wegen einer möglichen Konfusion in Lateinamerika. Ich halte dies für falsch. Meiner Meinung nach dürfen wir es nicht zulassen, daß die Kommunisten uns dieses Wort stehlen, um es für ihre großen Lügenkampagnen zu nutzen. Genau das tun sie.«
McCarthy unterbrach mich, um zu fragen: »Glauben Sie nicht, daß sie uns in Südamerika dieses Wort bereits gestohlen haben?«
Das war der Punkt, an dem mir meine Studienreise gelegen kam. Ich hatte nämlich in Santiago etwas Wichtiges gelernt: »Das glaube ich nicht, Herr Vorsitzender. Das chilenische Gesetz zum Beispiel, welches die Kommunistische Partei verbietet und ausgrenzt, wird das Gesetz zur Verteidigung der Demokratie genannt... Ich habe beinahe ein Jahr in Lateinamerika verbracht, dort ist es nicht üblich, das Wort ›demokratisch‹ mit dem Kommunismus zu identifizieren.«

McCarthy schien mit einem Mal zu verstehen: »Mit anderen Worten, Sie denken, daß es unsere Aufgabe ist, die Kommunisten in Südamerika davon abzuhalten, das Wort ›demokratisch‹ zu übernehmen?«
Daraufhin war der Fall für den Vorsitzenden erledigt. Mir wurde erlaubt, noch etwas von meiner Erklärung zu verlesen. Die anderen Senatoren mischten sich nicht ein, schienen von Beginn an regelrecht desinteressiert zu sein, was mich sehr verwunderte, da Männer wie »Scoop« Jackson und Stuart Symington wissen mußten, was auf dem Spiel stand.

Ich wurde entlassen und rannte zum Telephon, um Eva anzurufen. Eva ging es gut, sie war erfreut über das Ergebnis. Ich erzählte ihr, daß die Anhörung nur fünf bis zehn Minuten gedauert habe. George Agree hörte das mit an und verbesserte mich: »Es waren mehr als 40 Minuten!« sagte er. Ich war so konzentriert gewesen, daß ich jedes Zeitgefühl verloren hatte.

Am nächsten Tag ging ich wieder an meine Arbeit und hörte nie wieder etwas über meine »geschickte Art und Weise, den Kommunismus zu unterstützen«. Senator McCarthy war nicht die Stimme Amerikas, er war nur eine unter ihnen und, wie sich herausstellte, nicht die entscheidende.

Peter Daniel Goldmann wurde drei Monate später geboren; er wog neuneinhalb Pfund. Wir hatten uns mit dem großen Peter in unserem Haus in Scarsdale niedergelassen und waren glücklich über den Ausgang zweier riskanter Unternehmungen, als bereits eine weitere Entscheidung anstand. Eisenhower hatte beschlossen, eine »United States Information Agency« zu gründen, um unter ihrer Schirmherrschaft die gesamte Auslandsinformation zu vereinigen. Der Haken – unser Büro sollte nach Washington D. C. umziehen.

Wir hatten einen Babysitter, der auf Peter aufpaßte, während wir nach Washington fuhren, um ein Haus zu suchen. Bald nach unserem Umzug nach Chevy Chase wurde mir klar, daß eine Zusammenballung von Bürokraten noch keine Großstadt ausmacht. Ohne die Mischung von Menschen aus verschiedenen Betätigungsfeldern und Berufen, ohne die Mischung aus Wall Street und Greenwich Village, Upper East Side und Bekleidungsfabriken, ohne die großen und kleinen Museen, die immer überfüllt waren, die beiden Opern, die riesige und die mittelgroße und die vielen Konzerthallen, die Kammerkonzert- und Vortragsabende, die auf immer und ewig ausverkauft waren, ohne die heruntergekommenen und vollgestopften U-Bahnen, Madison Avenue und 57. Street, ohne all dies hat man sich Washington vorzustellen. Mit all dem oder einer ähnlichen Buntheit hat man auch London und Paris. Was macht schon der Dreck auf den Straßen, die Übellaunigkeit der Leute und und und... Ich ziehe dieses Leben immer noch bei weitem vor. Es gibt einen Punkt, für den ich die Gründer dieses Landes rüge: sich dagegen entschieden zu haben, New York zur Hauptstadt zu machen.

Einige Wochen nach unserem Umzug nach Washington D. C. starb Großvater Hermann. Er wäre einen Monat später 90 Jahre alt geworden. Zwei der ereignisreichsten Jahre seit unserer Ankunft in Amerika hatten sich dem Ende zugeneigt. Es gab alle Anzeichen und Gründe dafür, daß die Familie nun zur Ruhe kommen würde. Aber: Ich wollte unbedingt zurück nach New York oder wieder nach Europa – um genau zu sein: nach Reinheim.

Zum Gipfeltreffen nach Genf (1955) und nach Reinheim

Nachdem wir Großvater in New Jersey, weit entfernt von dem einst neben Großmutter Hilda reservierten Grab in Frankfurt, begraben hatten, änderte sich das Leben in unserer Familie von neuem. Eva wurde wieder schwanger. Diesmal erlaubten ihr die Ärzte größere Bewegungsfreiheit. In der Familie Petschek gab es eine Tradition: Eva hatte Zwillingsgeschwister. Aber »eine Generation wird immer übersprungen«, lautete der endlose Refrain in diesen Tagen.

Theoriebildung und Rätselraten nahmen ein Ende, als Eva niederkam: Es waren Zwillinge. Andrea und Judith kamen am 21. Mai 1955 zur Welt. Als wir 1951 nach Scarsdale zogen, fragten wir uns des öfteren, was wir eigentlich in diesem großen, leeren Haus zu suchen hätten. Im Frühling und Sommer 1955 in Chevy Chase zweifelte ich daran, ob das Haus groß genug war und ob wir nicht viel eher eine ganze Reihe schalldichter Studios, wie wir sie in unserem Sender hatten, hätten kaufen sollen.

Ungefähr in dieser Zeit wurde mir ein Auftrag vom Direktor der Nachrichtenabteilung, Barry Zorthian, angeboten. Ich sollte für die »Stimme Amerikas« über die Gipfelkonferenz der Großmächte in Genf berichten. Das Datum, für das die Sitzung der Großen Vier anberaumt war, war der 8. Juli.

Das war – beruflich gesehen – ein Geschenk des Himmels. Zudem bestärkte es meinen Wunsch, nach Europa zurückzukehren. Aber allein wollte ich nicht dorthin fahren. Eva sollte mich auf meiner ersten Reise in die Vergangenheit begleiten, zumal ich Besuche in Frankfurt, Darmstadt und Reinheim geplant hatte. Nach Reinheim zog es mich besonders. Aber warum? Vor 20 Jahren war ich als Dreizehnjähriger von dort weggegangen. Was war nur los mit mir? Ich sprach mit meinen Eltern darüber.

»Warum willst du dorthin zurück«, fragte Mutter, »nach all dem, was sie uns angetan haben? Dort interessiert sich keiner für uns. Warum sollten wir uns für sie interessieren?« Vater war etwas nüchterner, doch auch ihn reizte die Vorstellung nicht: »Möchtest du einfach nur den Ort, an dem du geboren wurdest, wiedersehen? Das könnte ich noch verstehen. Aber gib diesen Verbrechern nicht die Genugtuung, indem du mit ihnen sprichst. Jetzt, wo sie den Krieg verloren haben, möchten sie wahrscheinlich nichts lieber als unsere Gunst zurückgewinnen...« Vater war rücksichtsvoll und sensibel genug, nicht weiter in mich zu dringen. Vielleicht erriet er, daß ich selbst nicht wußte, was in mir vorging.

Ich wußte es wirklich nicht. War es die reine Nostalgie, eine Rückentwicklung in die Kindheit oder die Sehnsucht nach einer wohlbehüteten Vergangenheit? Hatten sich nicht in Deutschland die extrem unterschiedlichen Einflüsse von Opa und Vater geltend gemacht? Und warum wollte ich unbedingt, daß Eva mitkam, wo es nicht sosehr um sie als meine Frau ging, sondern vielmehr darum, daß ich die Erfahrung mit jemandem teilen wollte? Hatte ich vielleicht Angst?

Zunächst mußten wir klären, ob wir so kurz nach der Geburt unserer Zwillinge überhaupt fortgehen durften. Eva meinte, daß wir, wenn es denn sein mußte, sofort fahren sollten, da die Mädchen, solange sie so klein waren, unsere Abwesenheit kaum bemerken würden. Peter hatte sich in unsere Kinderfrau regelrecht verliebt, und wir sprachen mit ihm über unsere Pläne. Natürlich erfaßte er die Bedeutung noch nicht, morgens aber nach dem Aufwachen schien er eine leise Ahnung davon bekommen zu haben. »Und Mae-Mae«, murmelte er und meinte seine heißgeliebte Kinderfrau. »Sie wird die ganze Zeit hier sein.« Mae-Mae nickte und fügte hinzu: »Ich werde hier sein, bei dir.« Ein breites Lächeln flog über Peters Gesicht. Er half uns damit, die Dinge in Ordnung zu bringen. Und sie kamen in Ordnung, aber der dafür gezahlte Preis war hoch.

Es wurde mir klar, daß mehr auf dem Spiel stand als eine dreiwöchige Dienstreise. Ich war ja auch in Washington sehr oft nicht zu Hause, weil ich – wie besessen – verhindern wollte, daß sich Irrtümer in die Nachrichtentexte einschlichen, die unbemerkt über den Sender gingen. Ich stellte mir vor, daß Tausende von Menschen die Fehler hören würden, ja vielleicht sogar Millionen, wenn man die englischen Meldungen und die in andere Sprachen übersetzten Texte addierte. Mein Berufsethos war vergleichsweise überzogen, und dies resultierte aus meiner lebenslangen emotionalen Abhängigkeit. Dieser Charakterzug verblaßte in späteren Jahren ein wenig, ohne jedoch zu verschwinden, selbst dann nicht, als sich mein Arbeitspensum und die alltäglichen beruflichen Verpflichtungen nach meiner Pensionierung reduzierten.

Genf war wunderbar. Wir bezogen für zwei Wochen eine kleine möblierte Wohnung in einer amerikanischen Siedlung. Ich hatte Kollegen, die in Europa stationiert und dorthin berufen waren, um über die bedeutendste Zusammenkunft nach dem Krieg zu berichten.

Die fünf Spitzenpolitiker Chruschtschow und Bulganin, Eisenhower, Eden und Faure brachten die sechstägige Konferenz mit einer Presseerklärung zu Ende. Der Ton war optimistisch, der tatsächliche Ertrag eher mager. Das Ereignis nimmt vorsintflutliche Züge an, da ich dies im Jahre 1990 schreibe, eine Woche nach dem mißlungenen Putsch, der das Ende der Kommunistischen Partei in der Sowjetunion besiegelte.

Im Gefolge der glücklichen Zusammenkunft der Großen Vier war noch von einem anderen Ereignis zu berichten: von einer Presseerklärung Konrad Adenauers. Der alte Mann erschien, stocksteif und mit scharf gezeichneten Linien in seinem schmalen Gesicht, die ihn, der in gelegentlichen Bemerkungen seinen Sinn für Humor bewies, streng aussehen ließen. Ich war durch Vaters gute Meinung von ihm und dem, was er repräsentierte, voreingenommen. Adenauer sagte nichts Spektakuläres, zeigte aber, daß er und seine Regierung von dem Wert westeuropäischer und atlantischer Bündnisse freier demokratischer Institutionen tief überzeugt waren, und dies war keine leere Floskel des Alten. Zurückhaltung und gleichzeitig unerschütterliche Entschlossenheit gingen von ihm aus. Mehr noch als seine Persönlichkeit und der Inhalt seiner Rede ergriff mich der ruhige Ton seiner Sprache. Zum ersten Mal, seit ich Deutschland 1939 verlassen hatte, hörte ich die Stimme eines deutschen Regierungschefs, der nicht Hitler war. Es wurde Deutsch gesprochen, nicht von einem Exilanten, von einem Besucher oder Emigranten, sondern von jemandem, der in Deutschland geblieben war, dort lebte und die Meinung der Mehrheit spiegelte. Hätte man den Unterschied zwischen Vor- und Nachkriegsdeutschland auf Persönlichkeiten reduzieren müssen, so hätte der Kontrast nicht schärfer und hoffnungsvoller ausfallen können.

Immer noch hatte ich die Stimme Hitlers im Ohr, die uns wie ein Lauffeuer traf und am Ende der Sätze höher wurde, um in hysterisch-schrillem Ton zu enden. In Inhalt und Stil glichen seine Reden einer

Welle, vor der es kein Entrinnen gab. Unbarmherzig begrub sie alles unter sich. – Und hier stand dieser alte Herr in seinem dunklen Anzug und sprach mit kaum vernehmbarer Stimme, sprach seine Sätze langsam und besonnen in flottem Rhythmus und in einem Duktus, der für Rheinländer charakteristisch ist. Ja, es war dieselbe Sprache, doch der Klang war so unterschiedlich, als handle es sich um zwei völlig verschiedene Sprachen unvereinbarer Kulturen. In der Tat repräsentierten Adolf Hitler und Konrad Adenauer zwei Kulturen, zwischen denen Welten lagen.

Unsere nächste Station war Deutschland. Wir mieteten uns ein Auto und fuhren in Richtung Frankfurt. Der erste Eindruck war enttäuschend. Es war nicht mehr die Stadt, die ich einmal gekannt hatte. Die ersten Hochhäuser ragten zaghaft aus dem Stadtbild. Einbahnstraßen, wo früher boulevardähnliche Prachtstraßen verliefen. Baulücken klafften in ausgebombten Grundstücken. Das berühmte Hotel »Frankfurter Hof« gab es noch, dasselbe gelblichbraune Gebäude, an dem ich früher so oft vorbeigegangen war. Wir stiegen in einem bescheideneren Hotel ab und machten uns sofort wieder auf den Weg. Wir gingen aus dem Zentrum hinaus in Richtung »Eschenheimer Anlage« und fanden das Haus, in das wir gezogen waren, nachdem wir Reinheim verlassen hatten. Unberührt, mit den hervortretenden runden Fenstern an der Ecke eines jeden Stockwerks. Lange Zeit sah ich zu dem Fenster hinauf. Es war mein Lieblingsplatz gewesen, da ich von dort die Innenstadt, das Grün der Eschenheimer Anlage und den Verkehr sehen konnte.

Es gab noch zwei andere Orte, die ich anschauen mußte, ein wenig widerwillig, aber dennoch entschlossen: Ich wollte in das oberste Stockwerk hinauf und mich an das verfluchte Mansardenfenster heranwagen, aus dem Oma vor 20 Jahren hinausgestürzt war. Dann wollte ich unbedingt an die Stelle auf dem Bürgersteig, wo man ihren zerschmetterten Körper gefunden hatte. Eva und ich blieben ziemlich lange dort stehen. Sie sagte kein Wort, während mir in wildem Durcheinander Erinnerungen durch den Kopf schossen: Omas furchteinflößendes Schweigen und ihr strenger Blick, ihr Lächeln und Gelächter während so vieler Jahre in Reinheim, in denen sie mir von ihrem Finger Kuchenteig zum Probieren gab oder ihre Gerstensuppe, die sie jeden Freitagabend für uns bereitete, anschließend Braten und Apfelschalet... Erinnerungen auch an den Morgen nach Vaters Geburtstag, als wir nach unten rannten und das Unfaßbare sahen. Dann wieder Bilder aus Reinheim: das Wohnzimmer meiner Großeltern, in dem ich mehr Zeit verbrachte als oben bei meinen Eltern, und Omas Ermahnungen, nicht an den »Deckchen« auf den Lehnen des Sofas zu ziehen. Dort stand ich, und in mir wurden Szenen oder auch nur Augenblicke der Erinnerung wach. Nach einer Weile – ich weiß nicht, nach wie langer Zeit – zog Eva mich sanft am Arm. Ich wußte, es war Zeit zu gehen. Oder nicht? Ja, es war an der Zeit, sonst hätte ich wohl ewig dort gestanden, festgewurzelt an den Steinen, die den Bürgersteig bildeten.

Anschließend weiter bis zum »Scheffeleck« und in die Scheffelstraße Nummer 13, wo unser Haus ebenso unbeschadet und unverändert dastand. Es gab noch das Tor, durch das ich unzählige Male gegangen war. Ich konnte beinahe in Opas altes Zimmer an der Ecke sehen. Im Hof gab es noch den gläsernen Baldachin über der Eingangstür, an der Roeth und die SS an jenem Morgen nach der »Kristallnacht« gestanden hatten. Es war still in der Straße, nur die Nummer 13 war es nicht: Sie schüttete ihre vielen Erinnerungen über mich aus: den Schrecken von Vaters Verhaftung, das Klirren der zerbrechenden Gläser, die Freude über Vaters Rückkehr, den Lärm aus meiner nebenan liegenden Schule...

Wir bogen um die Ecke zum Philanthropin. Es war unverändert, erschien mir nur etwas kleiner. Ich hatte es als riesiges majestätisches Gebäude in Erinnerung und stellte nun fest, daß ich der großen Bedeutung und Erhabenheit dieser Institution in meiner Erinnerung eine Gestalt verliehen hatte, deren Dimensionen einschüchternd riesig waren. Immer noch zierte der Namenszug das hellgraue Gebäude. Ein Schild neben dem Eingang wies darauf hin, daß das Gebäude das Büro der Jüdischen Gemeinde beherbergte. Im hinteren Teil befand sich ein Theater oder ein Kino. Wir gingen hinein, und ich sah die steinerne Treppe, die ich hinauf- und hinuntergerannt war, und das aus dunklem Holz gearbeitete Geländer, an welchem wir uns immer hatten festhalten sollen, was wir aber nie taten. Wieder ließ ich den Anblick auf mich wirken. Eva hatte viel Geduld mit mir. Vor meinen Augen ging Mathilde Rosenthal die Treppen hoch, ihr goldenes Haar wippte auf und ab. Dr. Driesen stand oben auf der Treppe und winkte uns heran. Wir sollten ins Klassenzimmer, da es an der Zeit war. Dort oben auch der komische Dr. Plaut, schließlich das Abitur... Der graue Farbton war nach der »Kristallnacht« um vieles grauer geworden. Dr. Marbach hatte Wunden in seinem Gesicht... Dr. Philipp sah so gebrechlich aus... Dann tauchte ein riesiges Hakenkreuz auf, so groß wie das Rad eines Autos. Es hing dem Schulrat vom Revers und zog ihm beinahe den Kopf auf die Knie hinab.

Philanthropin bedeutet »Stätte der Menschenfreundlichkeit«. Das war es nie für mich gewesen. Ich lernte dort zwar sehr viel, man meinte es gut mit uns, aber man wagte es nicht zu zeigen. Und nach dem November 1938 stand dieser Name für eine Mischung aus Gefahr und Versprechen oder, wie sich später herausstellen sollte, für ein falsches Versprechen.

Einmal mehr riß ich mich fort; wir gingen die Hebelstraße entlang zur Eckenheimer Landstraße, wo wir die Straßenbahn zum Jüdischen Friedhof nahmen. Es war dieselbe Straßenbahnlinie, ihre Waggons waren jedoch größer und moderner geworden. Ich wußte immer noch genau, wo Vaters Patienten gewohnt hatten: vor allem im Grüneburgweg und in der Glauburgstraße. Wir fuhren am Hauptfriedhof vorbei; an der nächsten Haltestelle stiegen wir aus. Hier war unser Friedhof: Über dem Haupttor prangten hebräische Buchstaben. Ich ging zur Verwaltung. Alles, was ich wußte, war Omas Name. Ein jiddisch sprechender Angestellter mit einer Kippa zog einen alten Aktenordner heraus. Dort stand es: Hilda Frohmann, 3 B, Nummer 64. Der Angestellte erklärte mir, wie ich dorthin fand. Er war ohne Zweifel einer der »Displaced Persons«, der die Lager überlebt und die neue Jüdische Gemeinde in Frankfurt mitbegründet hatte. Weder Oma noch Opa oder meine Eltern hätten seine Sprache verstanden, vermutlich auch nicht die meisten derjenigen, deren Gräber er versorgte und bewachte. »Gayt dorten«, sagte er. Der Weg führte uns auf den Ehrenpfad. Zu beiden Seiten lagen Gräber von Menschen, die innerhalb eines Zeitraums von zwei bis drei Monaten, im Frühling und Sommer 1942, gestorben waren. Viele von ihnen gehörten derselben Familie an, sie starben am selben Tage. Bei anderen handelte es sich um ein Ehepaar, bei dem beide am selben oder um einen Tag versetzt gestorben waren. Es waren Selbstmörder, die ihre Entscheidung getroffen hatten, nachdem sie die endgültige Nachricht von der bevorstehenden Deportation erhalten hatten. Rosenthal, Freund, Hamburger, Singer, Frank, Wertheimer, Bloch..., sie waren meine Vorfahren. Sie hatten in Wohnungen wie der unsrigen gelebt, sie waren unsere erweiterte Familie... mit

Das Grabmal von Hilda Frohmann, der Großmutter, auf dem Jüdischen Friedhof in Frankfurt am Main. Sie hatte sich 1935 nach der Flucht aus Reinheim nach Frankfurt aus dem Fenster gestürzt. Die linke Hälfte des Steins blieb frei. Hermann Frohmann, der Großvater, wurde auf einem Friedhof in New Jersey begraben

dem gleichen Hintergrund, den gleichen Bestrebungen, Ängsten, sie hatten die gleichen Zeitungen gelesen und waren wie wir zu den Veranstaltungen des Kulturbundes gegangen. Der einzige Unterschied bestand darin, daß sie keine Chance gehabt hatten, rechtzeitig fortzugehen, oder sie nicht ergriffen. »Das hätte ich gewesen sein können«, sagte ich zu Eva, indem ich auf das Grab eines Zwanzigjährigen deutete. »Und Opa ruht jetzt in seinem Grab auf dem Beth-El-Friedhof in Oradell, New Jersey. Er hat Frankfurt nur ein paar Monate, bevor das alles passierte, verlassen!«

Eva und ich rückten näher zusammen. Rechts und links vom Hauptgang setzte sich die Reihe der kleinen weißlichen Grabsteine scheinbar endlos fort. Wir wandten uns um und suchten nach dem Grabstein. Schließlich fanden wir, was wir gesucht hatten: Hilda Frohmann, 26.9.1871–24.2.1935. Neben dieser Inschrift war ein schwarzes Rechteck auf grüngrauem Hintergrund, das nie eine Inschrift tragen wird. Das Grab war gepflegt, nur das Grün, das es überdeckte, war spärlich geworden. Ich sagte den Kaddisch, langsam und gedankenvoll. Unzählige Male hatte ich in Reinheim und Frankfurt den Kaddisch sagen hören; ich war auch dabei, als ihn mein Opa und meine Eltern nach Omas Tod sprachen. Seit 15 Jahren hatte ich ihn nun nicht mehr gesprochen. Ich hatte mein Taschengebetbuch mitgenommen für eben diese Gelegenheit. Vater hatte mir das Buch in New York gegeben und mit einer englischen Widmung versehen: »Denke an unseren Gott und unsere Vergangenheit und habe Vertrauen in unsere Zukunft mit Gott. In Liebe. Deine Eltern.«

Um den Kaddisch an Großmutters Grab zu sagen, öffnete ich das Buch, brauchte es aber nicht. Ich erinnerte mich an den Text und war glücklich, daß ich mich erinnerte. An diesem Nachmittag, Ende Juli 1955, auf dem Jüdischen Friedhof in Frankfurt wurde ich wieder ein bewußter Jude. Ich stimmte den Kaddisch an, so natürlich und selbstverständlich, wie ich von der Arbeit nach Hause kam oder zu meinen Eltern auf Besuch oder mein Frühstück aß. Wieder drangen die Erinnerungen von allen Seiten auf mich ein, sie überschnitten und unterbrachen einander: das fürcherliche Begräbnis... Rabbi Hoffmanns tief empfundene und wunderbar gesprochene Grabrede. Mutti, untröstlich. Opa stand einfach da, weiß und reglos. Mein Vater, der Großmutter und ihre unausgesprochene, aber unmißverständliche Sympathie und Unterstützung so geschätzt hatte, vergoß Tränen; ich hatte Papi noch nie weinen sehen. Und wieder, wie schon früher an diesem Tag, stand Oma klar vor meinen Augen: in ihrem graugepunkteten Kleid, mit der Schürze um die Hüfte, wie sie mir erlaubte, ihr bei der Vorbereitung des Apfelschalet zuzusehen. »Das kriegste später«, hatte sie immer gesagt, »und wenn die Mutti's erlaubt, geb' ich dir noch ein halbes Stück.«

Während ich dort stand, fragte ich mich: Was hat Oma wohl die zwei Jahre über gedacht, die sie am Ende nicht mehr gesprochen hat? Spürte sie vielleicht, was passieren würde? Vielleicht wunderte sie sich darüber, daß wir blieben und uns um sie sorgten? Sie hatte nie gewollt, daß man sich um sie kümmerte. Sich zu sorgen, das war ihre Aufgabe, das lag in ihrer Verantwortung...

Wir legten nach jüdischem Brauch Steine auf das Grab: fünf für unsere Familie in Washington, zwei für meine Eltern, einen für Siegfried, ihren Neffen in New York und einen natürlich für Opa – insgesamt neun.

Wir gingen, und ich blickte immer wieder zurück. Wieder mußten wir an den Grabsteinen von 1942 vorbei. Ich sah nach oben in den Himmel. Hatte er in den Jahren 1942, 1943, 1944 wirklich genauso ausgesehen?

Bei der Verwaltung gab ich eine neue Bepflanzung der Grabstelle in Auftrag. Dann nahmen wir die »Elektrische« und warfen einen letzten Blick auf das Philanthropin und die Hebelstraße. Es sah aus wie früher. Aber wie konnte das sein?

Die nächste Station war Roeth, der zu Ehren gekommene Polizist von der »Kristallnacht«. Wir besuchten ihn im Polizeipräsidium. Er war die Karriereleiter immer weiter hochgestiegen – ein befriedigendes Ineinandergreifen von Verdienst und bürokratischen Konsequenzen. Er empfing uns herzlich, ohne dabei zu übertreiben. Er dankte uns noch einmal für die Pakete, die meine Mutter ihm in der unmittelbaren Nachkriegszeit geschickt hatte und die ihm und seiner Frau ein gutes Stück weitergeholfen hatten. Es war ein eher unbeholfenes Zusammentreffen. Wie kann man jemandem gegenüber seine Dankbarkeit bekunden, der das, was er getan hat, nicht für der Rede wert hält? Es bestand eine tiefe Kluft zwischen den Gefühlen meiner Familie hinsichtlich Roeths Hilfe 1938 und seiner eigenen Einschätzung derselben. Ich konnte ihm unsere Gefühle nicht mit einem einfachen »Dankeschön« vermitteln, und er hätte einen gewählteren und für uns befriedigenderen Ausdruck der Dankbarkeit als peinlich empfunden.

Ich schlug daher vor, den Morgen des 10. November wieder in Erinnerung zu rufen. Er stimmte zu und erzählte uns, daß er damals nahe daran war, seinen Dienst zu quittieren, und wenn er gewußt hätte, was noch passieren würde, hätte er es bestimmt getan. Aber zu der Zeit hatte er noch daran geglaubt, daß es sich um eine vorübergehende, wenn auch verabscheuenswürdige und unberechtigte Aktion handelte. Später sträubte er sich gegen einige Befehle und mußte Mittel und Wege finden, sich von der Arbeit zu befreien, um die Ausführung von

Aufgaben, die er nicht über sich bringen konnte, zu vermeiden. Roeth sprach nie über Politik oder Ideologien. Er war ein Mensch, der intuitiv der Richtung folgte, die ihm ein innerer Kompaß gewiesen hatte. Es ging ihm nicht um Verdienst oder Risiko. Als wir uns verabschiedeten, sagte ich zu mir selbst: ecce homo!
Eine weitere Station war uns wichtig: die Synagoge am Börneplatz, die wir oft besucht hatten und die mein Vater sehr schätzte. Wir hatten Schwierigkeiten, sie zu finden. Sie lag in der Nähe des Zentrums, im alten Kern, der zerstört worden war und sich in der Aufbauphase befand. Die alten Straßen, auf denen wir einst gegangen waren, gab es nicht mehr. Wir tasteten förmlich nach dem Weg. Ich sah nach vorne, nach hinten, zur Seite und sogar nach oben. Nichts. Schließlich standen wir vor einer klaffenden Lücke, neben der sich eine Tankstelle befand. Wir fragten einen Angestellten, ob er etwas von einer Synagoge wüßte, die hier einmal gestanden habe. »Ja, die war hier, genau hier«, sagte der Jugendliche, »das ham mer die Leut gesagt...«
Am folgenden Morgen verließen wir Frankfurt in Richtung Reinheim. Wir nahmen die alte Straße über Langen nach Darmstadt, wo wir anhielten. Ich wollte Eva mein altes Gymnasium zeigen, bekannt als das Humanistische. Diese Bezeichnung sollte auf den klassischen Kanon des Lehrplans hinweisen. Für mich war es jedoch der Ort, an dem ich zum ersten Mal dem Antisemitismus begegnet war. Deshalb klang diese Bezeichnung etwas sonderbar. Was weitaus ironischer war: Es gab diese Schule nicht mehr. Selbst der Kapellplatz war verschwunden!
Ich hatte große Schwierigkeiten, mich in Darmstadt zurechtzufinden. Die Bombardierung hatte sich verheerend auf diese Stadt ausgewirkt. Wir hatten davon gehört und gelesen, mir lagen auch zu verschiedenen Gelegenheiten Manuskripte für Rundfunksendungen darüber vor. Wir haben niemals herausgefunden, warum ausgerechnet diese Stadt, die keinen bedeutenden Militärstützpunkt im Zentrum oder auch nur in seiner Nähe hatte, von den Alliierten als bevorzugtes Angriffsziel ausgewählt worden war. Es gab dort zwar zwei Chemiewerke – viele Arbeiter kamen aus dem Umkreis von Reinheim und waren Patienten von Vater gewesen –, aber diese Werke, »Merck & Co« und »Roehm & Haas«, lagen außerhalb der Stadt. Ich frage mich immer noch: warum das Zentrum von Darmstadt?
Ich fand schließlich die katholische Kirche, die alte »Käseglocke« mit

ihrem runden Dach; an ihr versuchte ich mich zu orientieren, aber ohne Erfolg. »Schürmann«, das Geschäft, in dem Mutter Kleider gekauft hatte und das sich diagonal gegenüber der Kirche befunden hatte, war verschwunden. Die Säule mit dem Großherzog Ernst Ludwig stand noch oder war wieder hergestellt worden, aber um ihn herum war kaum etwas geblieben, an das ich mich erinnern konnte. Das »Landestheater« war arg beschädigt. Mutti hatte diesen Bau geliebt, ebenso die großartige Musik und die Aufführungen, die sie dort erlebt hat. Ich war mir nicht sicher, ob dieser Anblick sie jetzt noch berührt hätte. Es war inzwischen zuviel passiert; ich bin mir fast sicher, daß der Anblick ihr nur einen kleinen Stich versetzt hätte. Vielleicht nicht einmal das.

Am nächsten Morgen fuhren wir nach Reinheim. Wir fuhren in Richtung Ober-Ramstadt auf der befahreneren und etwas längeren Straße, ließen das auf einem Hügel liegende Hahn hinter uns und erreichten endlich Reinheim. Ich erinnerte mich an die Kurven, sogar an einige der riesigen Bäume und an andere Einzelheiten, als wir von Hahn abwärts fuhren. Diese Straße waren Großvater und ich so viele Male im Sommer entlanggewandert.

Wir kamen an Herrn Scribas Apotheke vorbei; seine Tochter wollten wir auf dem Weg zurück nach Darmstadt besuchen. Jetzt näherten wir uns dem Zentrum. Mir wurde schwindelig. Wir überquerten die Gersprenz, sahen an der Ecke Heinrichstraße das rotbraune alte Haus der Wolffs, die das führende Warengeschäft des Ortes unterhalten hatten. Aber ich fuhr weiter Richtung Darmstädter Straße. Da, auf der rechten Seite, stand der große Lindenbaum, direkt vor dem Haus der Nelius'. Und hier der Straße gegenüber: Nummer 16, die weiße Zahl auf glänzendem Blau. Es war erhalten geblieben! Da, das Schild, auf dem einmal »Dr. Jacob Goldmann« stand und auf dem dann bis heute »Dr. G. Jansen« zu lesen war. Es war der »Auslandsdeutsche«, dem mein Vater Haus und Praxis verkauft hatte. Auf der gegenüberliegenden Straßenseite kam ein alter Mann aus Nelius' Haus. War er es, oder welcher Generation der Nelius' gehörte er an? Er sah uns an, sah das Schweizer Nummernschild des Autos. Warum nur standen diese zwei Menschen da und starrten auf das Haus? Ich war mir sicher, daß er mich beargwöhnte, beachtete ihn aber nicht. Ich war nur zögernd bereit, mit irgend jemandem außer Lisbeths Familie, zu der wir in Kürze gehen würden, Kontakt aufzunehmen.

Am Ende der Straße, an ihrer Krümmung, stand das Haus der Appels, des Metzgers, von dem Vater wußte, daß er 1933 den Knallkörper in unseren Hof geworfen hatte. Das war das traumatische Erlebnis, das Großmutter Hildas Bruch mit der Welt und den letztendlichen Selbstmord zur Folge hatte. Jetzt sah ich wieder zu unserem Haus hinüber, sah zu dem Fenster im Erdgeschoß, an dem meine Großeltern so gern gesessen hatten, bei denen ich so viel Zeit verbracht und so Köstliches zu essen bekommen hatte. Im oberen Stockwerk, in dem wir gelebt hatten, hatte im physischen und emotionalen Sinn mehr Distanz geherrscht. Seltsam, dachte ich, sprach es aber nicht aus. Mit Eva sprach ich nur über Fakten, nicht über Gefühle. Ich wollte das alles für mich behalten. Eva sollte aber wissen, wo sich alles befand, wer wo gewohnt hatte, welches das Wohn- und welches das Eßzimmer war. Mir war danach, das Haus zu berühren, es zu umklammern. Aber ich widerstand dem Gefühl.
»Verrückt«, würde meine Mutter gesagt haben... Es war mir, als könnte ich ihre Stimme hören: »Was machst du da Dummes?« Ich preßte mein Gesicht gegen einen Spalt im Tor, um einen Blick auf den Hof und auf die Stufen in den Garten zu erhaschen. Es waren dieselben Steine... dieselben Fensterläden in den Angeln, die man, wenn es Nacht wurde, zuklappte. Nur der Anstrich war nicht mehr derselbe.
Aber da war das Schild mit der Nummer 16, es war noch dasselbe: mit dem blauen Email, in dem sich die Sonne spiegelte. Heimat. Nicht nur das Haus, auch die Menschen, die Möbel, meine Mutter auf der obersten Stufe, auf mich wartend. Vater, der sich auf sein Fahrrad schwang. Oma im Garten, ihre Blumen versorgend. Opa, der seine Aktenordner durchging. Lisbeth, die mich rief, während ich mit den Steiermanns spielte: »Komm heim, mer esse«, hörte ich sie aus dem oberen Eckfenster rufen. Nichts brachte all dies in seiner ganzen Fülle so sehr zurück wie die Nummer 16.
Dann erkannte ich das Haus nebenan, den Hof der Stuckerts. Einer seiner Söhne war 1933 Mitglied einer Bande von Reinheimer Nazis gewesen, die uns schikaniert hatten. Oma Hildas Familie hatte einstmals geholfen, ihn vom Dienst im Ersten Weltkrieg zu befreien, indem man eine Krankheit vorschützte. Nach dem Krieg, als Mutter den Kontakt zu unserem alten Dienstmädchen Lisbeth wieder aufgenommen hatte, fanden wir heraus, daß die ganze Familie aus »Ultra-

nazis« bestand. Auf diesem Hof hatte ich zugesehen, wie sie ein Schwein schlachteten und wie das Blut über das Kopfsteinpflaster lief. Seit eh und je brachte ich das Haus der Stuckerts mit Blut in Verbindung. Das Blut, das damals geflossen war, hatte heute eine etwas andere Bedeutung. Die Nummer 18 war blau, aber etwas Rotes lief über das emaillierte Schild und verdeckte die Nummer...

Wir sahen die Straße hinauf bis zum Bahnhof. Vor dem Haus der Steiermanns stand immer noch die Benzinpumpe. Wer weiß, wie es den Steiermanns ergangen war? Benzin konnte man dort noch immer kaufen. Warum leben manche Menschen glücklich, und warum werden andere verfolgt, sterben auf die eine oder andere Art und Weise, aber die Dinge und Gewohnheiten, die sie schaffen und hinterlassen, bleiben dieselben? Sind Dinge mehr wert als Menschen, oder warum haben sie ein endloses Leben? Menschen sterben entweder in Frieden oder, wie es den Menschen meiner und meiner Eltern Generation geschehen war, auf eine Weise, in der ihre Mörder Gegenstände nicht einmal im Traum behandelt hätten.

Wir stiegen ins Auto und fuhren langsam die Darmstädter Straße hinauf. Wir wandten uns nach rechts in Richtung Jahnstraße. Jede deutsche Stadt und jedes Dorf hatte eine Straße, die nach dem »Turnvater Jahn«, dem Mann, der den Sport in Deutschland zur nationalen Tugend erhoben hatte, benannt worden war. Ich ließ das Auto die Straße hinunterrollen, die in die Kirchstraße einmündete. Das Möbelgeschäft der Meyers befand sich einst an der Ecke. Das Haus von Lisbeth und Fritz stand ein wenig weiter in der Jahnstraße.

Noch bevor wir geparkt hatten, kam Lisbeth auf uns zugerannt, umarmte uns und begrüßte Eva, als ob sie sie seit Jahren kannte. Das war eben Lisbeths Art... die spontane Liebe zu Menschen.

»Robert«, rief sie aus, »du bist ja ganz schön dick geworde... hast aber a schöne Frau!«

Auf dem Weg ins Haus sagte sie in ihrer entwaffnenden Aufrichtigkeit, daß sie sich über meine Heirat freue. Manchmal habe sie gedacht, daß ich nie eine Frau finden würde, da für die »Frau Doktor« keine gut genug wäre. Ein unerwarteter Moment, in dem ihr die Dinge so klar und deutlich vor Augen standen wie niemand anderem, am allerwenigsten meinen Eltern.

Im Haus saß Fritz, der sehr gealtert war und zerbrechlicher wirkte als Lisbeth, die abgesehen von einigen zusätzlichen Kilos noch genauso

wie vor 20 Jahren aussah. Lisbeths Tochter sagte wenig, hauptsächlich deswegen, weil ihre Mutter das Gespräch führte. Fritz war wie immer still, zwar froh, uns zu sehen, aber zurückhaltend. Der wunderschöne hohe, bemalte Kachelofen in der Ecke des Eßzimmers war der Stolz der Familie. Auf dem Tisch standen fünferlei Sorten Kuchen, die Lisbeth wie früher für uns gebacken hatte: Käse- und Erdbeerkuchen, Bienenstich und die unverzichtbaren Zwetschgen- und Streuselkuchen. Es gab Kaffee und Tee, und alles war ganz darauf ausgerichtet, mich noch dicker zu machen. Glücklicherweise hatten wir das Mittagessen ausfallen lassen, weil wir auf dem Weg von Darmstadt langsam gefahren waren und meine Erkundungen und Erinnerungen vor Ort länger gedauert hatten als erwartet. Die Unterhaltung verlief etwas wirr. Wir sprachen über meine Eltern und über unsere Kinder, über Opas letzte Jahre... auch über meinen Beruf, der sie zu beeindrucken schien, aber jenseits ihrer Erfahrungen lag.
In einem Redeschwall verlor sich Fritz in seinen Kriegserlebnissen an der russischen Front. An dem, was wir erzählten, war er kaum interessiert, nicht weil es ihm gleichgültig war, sondern weil sich für ihn die Welt seit seiner Rückkehr aus diesem entsetzlichen Krieg im Osten nicht mehr bewegt hatte. Anders Lisbeth: »Wie geht es der Mutti? Rennt de Doktor immer noch, anstatt zu gehn?« fragte sie. »Wißt ihr, seit ihr aus Reinheim fort seid, is, glaub ich, kein Tag vergange, an dem der Name des Doktors net gefalle wär. Ach, hätte mer nur de Goldmann, sagt Rückert, so einen kriege mer nie wieder. Oder: Ja, wenn de Goldmann hier wär, wär se noch am Lebe, sagt Herr Kopp von seiner verstorbenen Frau. Und so geht's die ganze Zeit«, erzählte Lisbeth. Eva hörte alldem ungläubig zu.
Dann kamen einige Leute: Käthe Schmidt und der Friseur Daum, dann der alte Gerstenbauer. »Ja, du bist de Robert?« und: »Robert, erinnerst du dich noch an mich, ich hab dir immer die Haar geschnitte.« Käthe nahm das Wort und sprach für die anderen: »Ja, kommt er wieder her? Sag ihm, daß wir ihn brauche. Ich nehm immer noch die Tablette, die er mir damals verschriebe hat. Ohne sie wär ich heute längst gestorbe, sag ihm das...« Andere stimmten mit ein. Sie schwammen in einer Welle der Nostalgie und wollten Vaters Rückkehr. Diese Forderung war sicher ernst gemeint, denn sie erfolgte im eigenen Interesse.
Ich hörte nur zu, überrascht nicht von den Gefühlen der früheren

Patienten, sondern von ihrer Beharrlichkeit, die mich fast dazu gebracht hätte, meinen Vater zu verteidigen. Es hörte sich so an, als ob er sie im Stich gelassen hätte. Eva schien einer Theateraufführung in einer seltsamen und wenig überzeugenden Besetzung beizuwohnen. Und Lisbeth, zu der ich während der Aufdringlichkeiten der ungeladenen Gäste, die keine Etikette wahrten, sobald es um »de Doktor« ging, öfters herübersah, lächelte nur. Ihr Lächeln schien zu besagen: »Siehst du jetzt, was sie über deinen Vater denken? Ich habe es dir doch gesagt.«
Keiner von ihnen fragte, wie es uns ergangen war. Eine Reihe oberflächlicher Nachfragen wie »Was macht Frau Doktor?« oder »Oh, de Frohmann war auch in Amerika?«, das war alles. Das nahm ich ihnen nicht übel. Keiner von ihnen verhielt sich anders als viele andere Leute auf der Welt: Sie waren mit sich selbst beschäftigt, mit dem wichtigsten Teil ihres Selbst: ihrer Gesundheit. Dr. Goldmann war ein in ihrem Leben einmaliger Mensch. Sie waren glücklich darüber, von ihm verarztet worden zu sein. Und da er noch am Leben war, wollten sie ihn zurückhaben, damit er ihnen die Fürsorge, die Ansprache und das Verständnis zuteil werden ließ, das sie in den letzten 20 Jahren entbehrt hatten.
Machten sie die Nazis dafür verantwortlich, daß ihnen der Doktor geraubt worden war? Manche vielleicht. Aber das war kein Thema mehr. Das war vorbei. Er soll zurückkommen. Waren einige unter ihnen Antisemiten? Wahrscheinlich in dem Sinn, den man vor 1933 oft auf dem Land antreffen konnte. So sagte man in Reinheim, wenn man stolperte: »a Jud' begrabe«. Die nationalsozialistischen Rassentheorien bedeuteten den Menschen wenig, abgesehen von Dieter, dem Exgruppenführer Goebel und einigen wenigen anderen, die das Gymnasium besucht hatten. Sie waren »Lumpe«. Im Laufe des Nachmittags kam ich darauf zu sprechen, was die Nazis angerichtet hatten. Käthe Schmidt ergriff das Wort: »Dieter und die annere waren Lumpe. Sie ware Großmäuler und hawe nie richtig geschafft. Was hawe sie eigentlich gedacht, wie sie dazu komme könne, de Dokter zu belästige? Das hab ich dem Dieter mal gesagt. Er sagte, ich soll still sein, sonst würd er mich verhafte. Ich habe ihm gesagt, er soll es Maul halte, ich könnt ja schließlich sei Mutte sein. Ich war heilfroh, daß ich es nicht war...«
Gut, Käthe hatte also keine Angst gehabt, aber nicht weil sie eine

Nazigegnerin war. Sie wollte ihren Doktor, und sie hatte ein Rechtsbewußtsein, was den Wert von Arbeit betraf. Sie ahnte, wenn etwas faul an einer Sache war. Sie und im Grunde alle Menschen in diesem Zimmer waren unpolitisch – mit Ausnahme von Lisbeth. Sie hatten eine schwere Zeit während des Ersten Weltkrieges und in seiner Folgezeit gehabt. So ist das Leben. Man konnte eben nicht allzuviel erwarten. Solange man genug zum Leben hatte und gesund war… Gesundheit, das war der Moment, in dem Dr. Goldmann ins Spiel kam. Wäre Käthe da gewesen, als Appel und Dieter den Knallkörper in unseren Hof warfen, hätte sie keine Entschuldigung gelten lassen und hätte ihnen das Ding aus der Hand gerissen. Käthe war kein »von Stauffenberg«. Sie wollte einfach nicht, daß man ihrem Doktor etwas tat. Es ging nicht darum, daß ein Nazi einem Juden etwas zufügte. Viel eher war es, als ob ein Vandale Kritzeleien auf die Kirchenmauer schmierte. Käthe brauchte ihren Goldmann, wie sie ihre Kirche am Sonntag brauchte. Rührte irgend jemand eines dieser beiden Heiligtümer an, so war er ein Lump und mußte daran gehindert werden.
Einige verabschiedeten sich, dafür kamen bald andere herein. Käthe blieb sehr lange. Als sie im Begriff war zu gehen, hielt sie meine Hand sehr lange in der ihren, sah mir in die Augen und sagte: »Ich weiß, er kommt net mehr her, aber sag em: Kein Tag geht vorbei, an dem ich nicht an ihn denk. Ich brauch en so…« Ihr fehlte nicht einfach der Doktor, sondern der Mensch.
Schließlich waren alle gegangen. Eva schien erschöpft zu sein. »Jetzt hattet ihr gar keine Gelegenheit, die verschiedenen Kuchen zu probieren«, sagte Lisbeth, während Fritz denselben reservierten Ausdruck beibehielt, den er den ganzen Nachmittag über gewahrt hatte. Die Tochter fing an aufzuräumen.
Ich war überwältigt und dachte an meine Eltern, die die Dinge verstehen und viel gelassener hinnehmen würden. Oder vielleicht nicht? Sind Ereignisse wie die des heutigen Tages vielleicht der Grund, warum sie keinen Besuch erwogen? Aber hier war doch die Nummer 16, die Darmstädter Straße, Lisbeth und die »Geborgenheit«. Aber auch das »Wie konntest du«. Mehr als alles andere war es jedoch mein Zuhause, diese Straßen, das Haus…
Eva deutete an, daß es an der Zeit war zu gehen. Wir verabschiedeten uns und versprachen, irgendwann mit den Kindern wiederzukommen. »Schickt mir Photos in der Zwischenzeit«, sagte Lisbeth, »und

richte Mutti und dem Doktor aus, was die guten Leute hier über ihn gesagt haben.«
Wir gingen zum Auto. Der Friseur Daum sah aus dem gegenüberliegenden Fenster. Wir stiegen ein. Ich fuhr los und bog auf der Kirchstraße nach rechts. Wir hielten an, stiegen wieder aus und gingen die Gasse hinunter zu dem Platz, an dem die Synagoge gestanden hatte. Jetzt stand dort eine Scheune. Im Geist sah ich Herrn Vorenberg, der uns auf unsere Plätze trieb, da die Religionsstunde begann. Nur die schmutzige Straße war dieselbe geblieben.
Wir fuhren am Bahnhof vorüber. Einige Waggons standen auf den Schienen. Ob sie dieselben waren? Oder vielleicht doch nicht? Vielleicht hatte ich in einem von ihnen gesessen? »Sei nicht verrückt«, sagte Eva, was in Ordnung, aber auch etwas kränkend war. Ich wollte glauben, daß es dieselben waren. Ich wollte warten, bis das »Lieschen« kam, wollte die Maschine sehen, den Türknauf eines Dritte-Klasse-Wagens anfassen..., aber es gab keine Dritte Klasse mehr, nur noch eine Zweite Klasse. Die Zweite war damals für uns Schüler »zu fein« gewesen. Nun schien die Zweite die Dritte Klasse zu sein. Ein Fortschritt?
Wir kamen zu den Gleisen, an die Straße nach Darmstadt über Spachbrücken und Roßdorf heran. Ich hielt erneut an. Weiter wollte ich nicht. »Komm, laß uns fahren«, sagte Eva. Ich konnte einfach nicht. Ich blieb im Auto sitzen, genau gegenüber dem Café Hanemann, war wie gelähmt. Ich konnte mich nicht dazu überwinden, meine Hand auf das Steuerrad zu legen. Ich machte den Motor aus. Wir saßen. Meine Gedanken uferten aus, wie ich es noch nie erlebt hatte. Hier war mein Zuhause. Hier gehörte ich hin. Wie konnten wir einfach so wegfahren? Aber meine Eltern lebten doch in New York. Und meine Kinder waren in Washington. Doch die Nummer 16 war hier, genau hier. Und dann all diese Menschen, die Papi zurückhaben wollten. Aber er würde nicht wiederkommen. Und das Haus der Stuckerts. Das Blut. Dieter und die Nazis. Wo waren sie jetzt? Ich mußte sie in die Finger bekommen. Darum mußte ich hierbleiben.
Unsinn. Kindische Sentimentalität? Nein, es war mehr. Heimat. Nummer 16. Oma und der Ofen. Opa, der mit Würstchen nach Hause kam. Blanka, unser alter Hund, der um den Hof humpelte. Ich nehme das »Lieschen« nach Darmstadt. Genau hier, wo wir das

Auto parkten, war ich gegangen. Nein, ich konnte nicht zurück nach Darmstadt.
»Laß uns fahren«, sagte Eva, »es wird spät.« Ich hatte keine Antwort darauf und wollte nichts sagen, was mich innerlich zerriß. Eva zerrte an mir. Käthe Schmidt und die Nummer 16 zerrten an mir. Ich wußte, daß ich gehen mußte. Aber ich wollte warten. »Warten auf was?« fragte Eva. »Das weiß ich nicht, aber ich will eine Weile bleiben.«
»Wir können nicht einfach auf der Straße stehenbleiben. Laß uns zurückfahren und darüber reden.« »Gut, aber ich möchte morgen für eine Weile zurückkommen.« »Wir werden sehen, wie es dir geht«, sagte Eva. Ihr Einfühlungsvermögen bewahrte sie davor, sich über mich lustig zu machen. Sie hätte ja auch sagen können, daß wir selbstverständlich am nächsten Tag zurückkommen würden. Ich war mir ziemlich sicher, wie ich mich fühlen würde: am nächsten Tag würde ich zurückwollen. Mir wurde klar, daß wir für die Nacht nach Darmstadt zurückmußten, aber nach dem Frühstück würden wir zurückkommen und unseren Plan ändern. Auf einmal bedeutete mir die sonst unantastbare Tagesordnung nichts mehr.
Ich schüttelte meine Benommenheit ab, startete den Motor, und wir setzten uns in Bewegung. Langsam und widerwillig; die ruckartige Bewegung des Autos spiegelte meine Gefühle wider.
»Nun, mach schon, zögere es nicht unnötig hinaus. Sei nicht kindisch«, sagte Eva. Ich ärgerte mich und setzte die Fahrt fort. Wir kamen an Opas altem Getreidespeicher vorbei. Käthe Schmidt wohnte in der Nähe, ich wußte nicht genau, wo. Papi hätte ihr Haus im Schlaf gefunden. Wir fuhren auf der Landstraße. »Spachbrücken – 2 Km«. Dasselbe Schild, dieselbe alte Straße. Spachbrücken war ein kleines Dorf, eine Art Vorort von Reinheim. Nun befanden wir uns auf der Straße nach Roßdorf. Jede Kurve erkannte ich wieder. Mutti war diese Straße entlang nach Darmstadt zum Einkaufen gefahren. An diesen Tagen pflegte mein Vater sein Motorrad für unvorhergesehene Krankenbesuche zu benutzen. Morgens war ich nie mit ihr gefahren, da sie das Haus zu spät verließ. Aber auf dem Rückweg begleitete ich sie, nachdem wir im Café Jolasse in Darmstadt eine Schokolade getrunken und ein Stück Torte gegessen hatten. Nun fuhr ich, wie ich es von damals gewohnt war, mit dem einzigen Unterschied: Ich saß selber am Steuer. Wir fuhren schweigend. Ich konzentrierte

mich kaum auf das Fahren, da Reinheim meine ganze Aufmerksamkeit beanspruchte. Die vielen Menschen gingen mir durch den Kopf: Käthe wieder und wieder, Lisbeth, der Friseur Daum, Fritz, wie er teilnahmslos dasaß, »was er mir damals verschrieben hat, sag es ihm«. Ich wollte, daß Vater hier wäre; er sollte es hören. Was würde er sagen, fühlen...? Ich war doch nur die Vertretung. Warum bin ich überhaupt gekommen, um mir all das anzuhören? Aber ich wollte es doch hören. Ich wollte sogar mehr davon hören... Ich mußte zurück, aber worum ging es mir eigentlich? Das war doch egal. Ich wollte wieder zu Hause sein, mit Mutti, die oben an der Treppe stand und mir das unweigerliche »Wie konntest du« entgegenhielt. Diesen Preis war ich bereit zu zahlen, nur um meine Geborgenheit wiederzuerlangen. Aber war ich nicht aus all dem herausgewachsen? Da war Eva, sie saß neben mir, wir waren selbst Eltern, und alles, woran ich denken konnte, war die Sehnsucht nach der Bestrafung und der Geborgenheit der Kindheit. »Hör auf damit«, sagte ich mir. Aber ich wollte nicht aufhören.

Wir fuhren an Roßdorf vorbei und näherten uns Darmstadt. Es fehlten noch wenige Kilometer. Es ging zu schnell, um so vieles schneller als in früheren Tagen. Über die Gleise, vorbei am »Woog«, dem großen Weiher in der Nähe des Ostbahnhofs, und ins Zentrum zum Hotel »Traube«. Wir gingen auf unser Zimmer. Ich war erschöpft wie nach einem Tag harter körperlicher Arbeit. Ich warf mich auf das Bett, Eva legte sich neben mich.

»Morgen will ich zurück, ich muß zurück!«

»Nein, das wirst du nicht«, sagte Eva fest. Sie wußte, was sie sagte und tat. Ich ahnte es, aber ich mußte mich gegen sie wehren.

»Warum nicht«, sagte ich, »ich brauche nur noch etwas mehr Zeit dort. Noch einen Vormittag, vielleicht...«

»Nein, wir werden nicht fahren. Du mußt eine Nacht darüber schlafen. Reinheim ist nicht dein Zuhause, nicht unser Zuhause. Ich glaube, ich verstehe, was du fühlst, da ich mit dir dort war, selbst wenn ich deine Gefühle nicht teile. Und ich selbst war verblüfft darüber, wie diese Leute über Papi sprachen. Ich wußte und weiß, was er für ein Mensch ist. Wie gut sie ihn kannten! Papi und deine Mutter würden aber auch nicht wollen, daß du dorthin zurückgehst. Sie wollen ja nicht einmal selbst hierherkommen, vielleicht weil sie sich diese Erfahrung ersparen wollen. Und um so mehr, weil sie weggezogen sind, mit ihrer Vergangenheit gebrochen haben und mit Reinheim, erst recht mit Deutschland abgeschlossen haben. Sie waren erwachsen, als ihr Reinheim verlassen habt, du dagegen warst erst 13. Wie auch immer, entspann dich und laß uns etwas spazierengehen. Morgen wirst du schon klarer sehen. Vergiß nicht, wir wollen Toni Scriba noch besuchen.«

An diesem Abend im Restaurant der »Traube« stocherte ich, gewöhnlich ein Feinschmecker, lustlos in meinem Essen herum. Wahrscheinlich hatte ich auch zuviel von Lisbeths Kuchen gegessen, so daß ich einfach keinen Appetit hatte. Nach dem Essen machten wir einen Spaziergang. Ich lenkte unseren Weg in Richtung Schule, Eva strebte eher davon weg. Sie wußte genau, warum, und hatte recht. Wir gingen zu der Statue Ernst Ludwigs, schauten uns noch einmal das Theater an und kehrten ins Hotel zurück. Allmählich wurde ich ruhiger. Wir telephonierten mit Toni Scriba und verabredeten uns für den nächsten Tag.

Toni war in bester Verfassung, etwas dick geworden, aber sehr beweglich und geistig noch sehr rege. Sie war Mutters beste Freundin, ihr Interesse für politische und soziale Probleme ging jedoch weit über dasjenige meiner Mutter hinaus. Toni war eine Nazigegnerin aus Überzeugung. Sie verabscheute Pomp und entsetzte sich über jegliche Gewalt. Sie lehnte konsequent alle die Menschen ab, die sich mit Terroristen und Schindern einließen. Das betraf auch ihren Vater, der einer jener Konservativen war, die Hitler einige gute Ideen zusprachen, ihn aber nicht für würdig hielten, ihn bei sich zu Tisch zu bitten. Toni sprach über diese Dinge, nachdem wir ihr im Detail auf all ihre Fragen zu unserer Familie und im besonderen zu meinen Eltern und Opa Hermann geantwortet hatten. Sie wußte bereits viel durch den Briefwechsel mit meiner Mutter, aber sie wollte noch viel mehr wissen. Wie lange hatte es gedauert, bis mein Vater wieder praktizieren durfte? Gab es irgendwelche Folgeerscheinungen seiner Haft in Buchenwald? Hatte ich Deutschland verlassen, ohne allzuviel aufs Spiel zu setzen? Wie war es Opa Hermann gelungen, aus Deutschland hinauszukommen? – Toni war wie ein Schwamm, der alles aufsaugte, was ich an Informationen geben konnte. Sie fragte aus reinem, unverfälschtem Interesse und aus tiefgreifender Betroffenheit. Als ich ihr nicht darauf antworten konnte, was mit den anderen Juden Reinheims geschehen war, starrte sie vor sich hin...

Aus ihrem Briefwechsel mit Mutter hatten wir erfahren, daß sie während des Krieges sehr krank gewesen war. Sie verlor nicht ein Wort über ihr eigenes Leiden, weil sie zu jenen Menschen gehörte, die nicht anders als selbstlos sein konnten. Das waren die wirklichen Helden, denn sie wußten nichts davon.
Toni teilte die gängigen deutschen Vorurteile über das »kulturlose« Amerika nicht. Als Musikliebhaberin kannte sie sich im musikalischen Leben Amerikas bestens aus. »Ich bin sehr froh, daß Menschen wie Bruno Walter und Wilhelm Steinberg nicht nur physisch gerettet wurden, sondern auch die Gelegenheit hatten, ihre Arbeit wiederaufzunehmen und ihrer Kreativität freien Lauf zu lassen«, sagte sie. »Die grundlegende Sünde von uns Deutschen war, daß wir nicht erkannten, was wir mit diesen Menschen und den vielen anderen, die unsere kulturelle Hauptstütze waren, verloren haben. Ich habe nichts übrig für die vielen Künstler und Publizisten, die in den Jahren 1933, 1934 und sogar 1935 ihren Mund hielten. Ich glaube, daß, wenn Furtwängler und andere Menschen seines Kalibers in der Kunst, in der Wissenschaft und im akademischen Bereich ihre Stimme erhoben hätten, wir vielleicht eine Chance gehabt hätten!«
Toni machte nicht viel Aufhebens von ihrem eigenen Verhalten. Ich wußte von Mutter, und dies bestätigte sich bei diesem Besuch, daß sie nicht still geblieben war. »Ja, einer von den Bonzen hat mir gedroht«, sagte sie. »Aber was wollten die von mir? Ich war kein großer Fang. Und wenn sie mich mitnehmen wollten..., bitte, in diesem Staat war das Leben ohnehin nicht viel wert. So wie die Dinge während des Krieges lagen, überall Bombardierungen, das Leiden, das uns Hitler zufügte: Wir befanden uns selber in einem landesweiten Konzentrationslager!«
»Hattest du denn keine Angst, denunziert zu werden? Dann hätte es für dich doch wirklich schlimm ausgesehen«, fragte ich. »Ich bin sicher, daß ich denunziert wurde. Aber sie hatten zu viel anderes zu tun mit den Juden und anderen, ›gefährlicheren‹ (das sagte sie in einem bitter-ironischen Ton) Leuten als mich. Und was soll's? Ich habe die Leute, die uns bombardierten, angefeuert, da der Sieg eurer Armeen und Streitkräfte die einzige Rettung unseres Landes und unserer Leute bedeutete!«
Hätte unser Besuch bei Toni nicht ohnehin auf der Tagesordnung gestanden, dann hätte uns jemand diese Idee just in diesem Moment

eingeben müssen. Das, was Toni sagte, wirkte wie ein chemischer Stoff, der, in eine trübe Lösung getaucht, für Klarheit und Transparenz sorgt. Als wir sie um die Mittagszeit verließen, hatte ich die Kontrolle über meine Gefühle zurückgewonnen. Toni Scriba hatte mich in die Realität zurückgeholt: Das Amerika Bruno Walters war mein Zuhause, das meiner Familie und das meiner Eltern.
Toni hatte auch meine bisher verschwommenen, beinahe romantischen Gefühle für Deutschland einerseits gefestigt, andererseits entmystifiziert: Es war in Ordnung, wenn ich mich über die Schilder mit den Hausnummern und das, was sie mir bedeuteten, freute und in Erinnerungen schwelgte. Wichtig aber war es, tiefer zu gehen und an der Realität der schrecklichen Geschichte, die Deutschland geschrieben hatte, zu rühren und nach den Roeths und Tonis und Lisbeths zu suchen, um mit ihnen Verbindung aufzunehmen. Vaters eiserne Entschlossenheit, die grundlegenden Werte in der deutschen Gesellschaft wiederhergestellt zu sehen, war dabei entscheidend. Es war die nützlichste und wirksamste Art, Hitler und den Nationalsozialismus zu begraben. – Konrad Adenauer, Kurt Schumacher und Theodor Heuss benötigten die Roeths und die Toni Scribas, und diese brauchten uns. Ich war entspannt, erfrischt und vielleicht um einiges reifer, als ich von Toni Scriba Abschied nahm.

Rückkehr zum Judentum und Aufbruch in die Welt

Vieles hat sich in persönlicher und beruflicher Hinsicht in den Jahren seit 1955 ereignet, allerdings nichts, das meine Weltanschauung, meine Interessen und meine Verbundenheit zu Europa, im besonderen zu Deutschland, die ich in Folge unserer ersten Reise entwickelt hatte, verändert hätte.
Ich war die Karriereleiter weiter hinaufgestiegen. Seit 1958 leitete ich das Nachrichtenprogramm der »Voice of America«. Ich entfernte mich, wenn nicht physisch, so auf andere Art von meiner Familie. Wenn ich zu Hause war, las ich mitgebrachte Manuskripte, beschäftigte mich mit Zeitungen und Zeitschriften oder telephonierte mit dem Büro...
1961 war Vater das erste Mal in seinem Leben ernsthaft krank geworden. Er war 74 Jahre alt, einige Monate nach seinem Geburtstag hatte er hohes Fieber und Schüttelfrost bekommen. Verschiedene Spezialisten, mit denen er die letzten 19 Jahre zusammengearbeitet hatte, wurden konsultiert. Man brachte ihn ins Krankenhaus, wo man ihm jedes erdenkliche Medikament verabreichte. Das Fieber stieg und stieg. Zeitweise verlor er das Bewußtsein. Jede Diagnose erwies sich als falsch. Sein Körper reagierte auf nichts. Fünf Tage nach seiner Einlieferung ins Krankenhaus starb er. Die Spezialisten standen hilflos herum, nachdem man ihn für tot erklärt hatte. Die Autopsie ergab, daß er einen Bazillus in sich getragen hat, gegen den es zu der Zeit noch kein Medikament gab. Der Bazillus zerstörte meinen Vater unbarmherzig. Er, der Diagnostiker mit dem »Fingerspitzengefühl«, starb ohne Diagnose.
Zunächst ahnte ich, später wußte ich, was ich ihm zu verdanken hatte. Ich wußte, daß ich ihm niemals gleich sein oder seiner Standhaftigkeit auch nur nahekommen konnte. Unerschrocken ertrug er den Terror, die Drohungen und die ungerechte Kritik. Mit unerschöpflicher seelischer Kraft reagierte er auf zahllose Anforderungen, wie ich es nie zu tun vermocht hätte. Nun brannte mir viel mehr als vorher auf der

Seele, daß ich ihm Schmerz bereitet hatte, als ich mich aus dem jüdischen Leben zurückzog. Wenn sich meine Einstellung zum Judentum nun änderte, würde er es nicht mehr erfahren können.
Mutter hatte gelegentlich Schwindelanfälle und war hilflos ohne meinen Vater. Es war die Hilflosigkeit einer selbstbewußten Frau, die von ihrer Abhängigkeit nichts wußte. Nun kam sie ihr zu Bewußtsein. Nur ich war noch übrig. Sie hatte einen hohen Blutdruck und depressive Anwandlungen.
1962 verließ ich die »Voice of America« und wurde Sprecher des gerade erst ins Leben gerufenen Kennedy-Programms für Lateinamerika, das bekannt wurde als »Allianz des Fortschritts«.[1] Die 1949 unternommene Reise nach Südamerika zahlte sich nun aus! Doch nach weniger als zwei Jahren wurde John F. Kennedy ermordet. Sein Nachfolger und die Mitarbeiter, die Lyndon B. Johnson berief, machten den zarten Versuch einer neuen und sozial engagierten Zentral- und Südamerikapolitik zunichte. Als sich die unter Kennedy eingeschlagene Richtung änderte, schied ich aus. Dies war das Ende meines Staatsdienstes, was nur zu meinem Besten war.
Ich war nun über 40, und es war höchste Zeit, daß ich mich auf dem privaten Sektor bewährte. Mir wurde eine Tätigkeit in New York angeboten als Mitarbeiter bei »Vision«, einem Nachrichtenmagazin für Lateinamerika. Beinahe ein Jahr lang mußte ich pendeln. Ich hatte ein Zimmer auf der East Side in der Nähe des Büros von »Vision« gemietet. Anfang des Jahres 1965 fanden wir ein Haus in Englewood, New Jersey, einer Gemeinde, in der versucht wurde, rassische Spannungen mit Integrationsprogrammen auszugleichen und die deshalb für uns als Bürgerrechtaktivisten interessant war. Ich brachte meine Mutter in den Tagen unseres Umzugs in einer von Grün umgebenen Wohnung unter, einen Katzensprung von unserem Haus entfernt. Sie starb einige Tage später an einem Schlaganfall.
Mutters Tod traf mich sehr hart. Ein neues Leben, ein neuer Beruf, die Kinder, die schon in der Pubertät waren, und Mutti war fort. Leere. Viele Jahre lang hatte ich Muttis Hilfe schon nicht mehr in dem Sinne gebraucht wie damals in Deutschland, nicht einmal in der Eingewöhnungsphase in Amerika. Damals war mir ihre Unterstützung wichtig, um sicherzugehen, daß ich alles richtig machte. Jetzt, wo sie

1 Alliance for Progress.

fort war, sehnte ich mich nach ihrer bloßen Anwesenheit. Es gab Eva, ja, aber sie liebte ich. Mutter war reserviert für meine Einsamkeit. Ich wollte nie jemandem gehören. Ich brauchte die Menschen nicht. Ich wollte alleine sein, aber nicht ganz. Die Risiken von Verantwortung und Verpflichtung, die ich mit dem Alleinsein vermeiden wollte, waren mir nicht zu Bewußtsein gekommen, solange es Mutti gab. Bisher konnte ich alleine sein, und hatte doch immer noch Mutti, wodurch ich letztlich die Einsamkeit vermied. Jetzt war ich wirklich einsam und mußte den Preis dafür zahlen. Völlige Leere, die schwer auf mir lastete. Eva verstand das.

Peters Bar-Mitzwa rückte näher. Keine Bar-Mitzwa. Ich war meinem Universalismus treu geblieben, wenn auch nicht mehr mit jener Begeisterung der frühen Tage meiner Besuche des »Ethical Culture«. Ich ging meiner Arbeit nach, die nicht viel erforderte. Warum beschäftigte ich mich eigentlich mit Lateinamerika? Nach Kennedys Tod hatten diese Themen für mich ihren Reiz verloren. Europa ging mir wieder durch den Kopf. Deutschland. Damit wollte ich mich beschäftigen.

Die Feiertage kamen. Meine jüdischen Kollegen bei »Vision« dachten nicht daran, zu arbeiten. Deshalb arbeitete ich auch nicht. Aber was sollte ich sonst tun? Weder zur Arbeit noch in die Synagoge gehen? Einige Jahre schon fühlte ich mich unbehaglich, unglücklich und verloren, das war schwer zu ertragen.

Mit Eva ging ich den Hudson entlang spazieren. Zum ersten Mal sprachen wir über jüdische Belange. Vater hatte mir nie ein Gefühl der Schuld vermittelt, daß ich mich vom Judentum entfernt hatte. Nun fühlte ich mich gerade wegen seiner Großzügigkeit unbehaglich. Hier in New York fühlte ich etwas, was ich nie zuvor empfunden hatte; er wäre der Mensch gewesen, mit dem ich darüber hätte sprechen können, ohne seine Reaktion fürchten zu müssen. Sogar Mutti hätte hilfreich sein können. Eva versuchte mir zu helfen, konnte es aber nicht, da ihr ihr Judentum nie viel bedeutet hatte. Ich konnte es kaum erwarten, bis Jom Kippur vorbei war. Danach fühlte ich mich befreit von einer zusätzlichen Schuld oder was immer es war, was diese zehn Tage in mir auslösten.

Der Akzent meiner Arbeit hatte sich nun von der Außenpolitik auf die Probleme der Innenpolitik, der Städte Amerikas, verlagert. Mir wurde die Möglichkeit geboten, ein neues Programm auszuarbeiten, das der ärmsten Bevölkerung New Yorks helfen sollte. Das bot sich an, weil ich ähnliche Erfahrungen bei der wirtschaftlichen und sozialen Entwicklung in Lateinamerika gesammelt hatte. Man suchte Leute, die diese Art von Problemen in New York lösen konnten. Aber nein – ich war ein Mann für auswärtige Angelegenheiten: Europa, Deutschland standen noch immer im Zentrum meiner Interessen. Aber, so hieß es, Europa führe in die Sackgasse. Es gibt dort nichts zu tun, außer sich gegen die Russen zur Wehr zu setzen, wenn sie vorrükken. Deutschland? Wen kümmerte das schon. Soll es doch für immer ein geteiltes Land bleiben! Hatte nicht de Gaulle gesagt, daß er Deutschland so sehr liebte, daß er nichts lieber als zwei von dieser Art hätte... »Unsinn«, dachte ich. »Dort gab es viel zu tun...«

Aber es gab keinen Bedarf. Dafür gab es ziemlich großen Bedarf hier bei uns. Und die Herstellung der Bürgerrechte war das, was uns beschäftigte. Wir waren mit Bayard Rustin in Washington bei der großen Bürgerrechtsdemonstration mitmarschiert. Eva war in der Demokratischen Partei aktiv gewesen. Es schien ganz natürlich, sich daran zu beteiligen, und als Juden konnten wir einiges besser verstehen als die meisten anderen... Als Juden? Wieder kam alles hoch. Was hatte es auf sich mit New York, daß hier alles wieder hochkam? Das Jahr 1967 war das der Unruhen in Newark, Plainfield und ja, Englewood, New Jersey. Ich erhielt einen Anruf von einem Freund, mit dem ich in Washington gearbeitet hatte und der nun in New Jersey in öffentlichen und politischen Angelegenheiten tätig war. »Ich möchte, daß du für die Regierungskommission einen Bericht über die Unruhen schreibst«, sagte er. »Ich? Was weiß ich denn schon davon?« fragte ich. »So viel oder wenig wie irgendein anderer«, gab er zurück, »aber du kannst schreiben.«

Dies geschah genau in der Zeit, in der ich von Arthur Fisher Besuch bekam. Er wollte einen Beitrag für Israel und schlug zudem vor, einen Zweig des »American Jewish Committee« (AJC) in New Jersey zu gründen. Er war Mitglied, und ich sollte mich am Aufbau der Organisation beteiligen. Wieder klopfte das Judentum an meine Tür. »Das Komitee tut sehr viel für soziale Belange«, sagte Arthur, »und wir könnten jemanden mit deiner Erfahrung gebrauchen. Also, wenn du keinen rechten Grund dafür hast, dann suche dir einen, und hilf uns, das American Jewish Committee auf die Beine zu stellen.« Meine Zustimmung beendigte meine 27 Jahre alte Distanz zum Judentum. Die

Wiederannäherung beschleunigte entscheidend der Sechs-Tage-Krieg. Er weckte mein Interesse an Israel, das seitdem mein besonderes Augenmerk als Jude behalten hat.
Nun fand ich mich selbst in einem ganz neuen Zusammenhang wieder: Deutschland und die Juden in der zweiten Hälfte des Jahrhunderts. Mein reges Interesse an Europa und Deutschland, mein beständiges Gefühl, daß man an dem, was im Nachkriegs-Deutschland gut war, anknüpfen müßte, war unverändert. Und dies führte zu anhaltenden, oft hitzigen Debatten mit meiner neuen, aktiv jüdischen Umgebung. Es waren anregende Diskussionen, die bis heute anhalten.
Anfang 1968 erhielt ich den Anruf eines früheren Kollegen aus Washington, der mich bat, für die »Ford Foundation« zu arbeiten. Es handelte sich um eine der renommiertesten Institutionen Amerikas, und das Angebot, das ich bekam, war besonders verlockend.
Zuvor wollte ich aber einige Zeit mit meiner Familie verbringen. Peter war 15, Andrea und Judy waren 13, und ich kannte sie immer noch nicht wirklich oder hatte mir nie die Zeit genommen, sie kennenzulernen. Ich war noch immer kein fester Bestandteil der Familie. Es war Sommeranfang. Ford war damit einverstanden, daß ich meine Arbeit erst im Spätsommer 1968 aufnahm; so konnte ich mit meiner Familie eine lange Reise machen. Wir würden nach Europa fahren, und der Höhepunkt der Reise sollte ein Besuch in Reinheim sein.
Ungefähr zwei Wochen vor der geplanten Abreise brach sich Eva das Bein. Mit Zustimmung des Orthopäden entschied sie, die Reise dennoch zu wagen, und so zogen wir los: ihr Bein in Gips, die Krücken in der Hand und ein Rollstuhl im Gepäck. Der Unfall hatte auch gute Seiten: Wir vier mußten eng und geschickt zusammenarbeiten, um Evas Genesung zu ermöglichen und gleichzeitig unseren Fahrplan einzuhalten. Es wäre, wenn alle Knochen heil geblieben wären, kein großartigerer Einstieg in das Familienleben möglich gewesen. Und wie wir uns kennenlernten! Jeder hatte die ausgefallensten Ideen, wie man Mami am günstigsten die Straße hochkarrte. »Krücken«, sagte der eine. »Nein, mit dem Rollstuhl«, sagte die andere. »Seid nicht albern, das Kopfsteinpflaster wird dem Stuhl den Rest geben! Wir werden sie tragen.«
Irgendwie ging es immer. Ich hatte einen Mercedes mit Platz für acht Personen geliehen. Diese Ausführung nannte sich »Pullman«. Im

Kofferraum brachten wir unser ganzes Gepäck samt dem Rollstuhl unter. Ich mußte fahren und stellte nach einer Weile fest, daß mir die Chauffeure anderer Limousinen ungewohnt vertraute und kollegiale Blicke zuwarfen.

Als wir Rom erreichten, wurde es ganz deutlich. Vor dem Hotel Flora, am Beginn der Via Veneto, wo wir Zimmer reserviert hatten, standen große alte Chryslers und Cadillacs. Als wir hielten und ich ausstieg, fragte mich einer der Chauffeure in gebrochenem Deutsch (wir hatten deutsche Nummernschilder): »Wen fahren Sie?«

Der Höhepunkt war Reinheim. Diesmal war alles wunderbar – kein Trauma, keine Verwirrung über Vergangenheit und Gegenwart. Lisbeth hatte noch mehr Kuchen und Gebäck vorbereitet als 13 Jahre zuvor: Diese hungrigen Kinder, über die sie durch den Briefwechsel mit meiner Mutter beinahe ebensoviel wußte wie wir, mußten doch versorgt werden. »Das ist also Peter mit seinen blonden Haaren. Sieht genau wie sein Vatter aus. Und die Zwillinge! Das ist die Andy, sieht wie ihr Großvater aus, und hier die Judy, de Mutter aus em G'sicht geschnitte!«

Unser früheres Haus berührte die Kinder ganz besonders. Sie faßten den Stein ungläubig an. Peter, bereits ein kleiner amerikanischer Historiker, sagte verwundert: »Aber Paps, ich dachte, du wärst in einem Holzhaus geboren.« Das hatte unser junger Lincoln-Schüler von einer Kindheit auf dem Land erwartet.

Sie wollten dann auch das Geburtshaus ihrer Mutter in Prag sehen, was aber 1968 auch für eine geborene Petschek nicht möglich war. Die Sowjets hatten gerade den Prager Frühlingsaufstand niedergeschlagen. Unser Besuch in Prag sollte noch 17 Jahre auf sich warten lassen. So blieb derweil das steinerne »Holzhaus« in Reinheim im Mittelpunkt des Interesses. »Wurdest du dort geboren?« fragte Judy. »Das hat man mir wenigstens gesagt«, antwortete ich. »Was ist daran so merkwürdig?« »Wäre es nicht besser gewesen, du wärst im Krankenhaus geboren?«

»Aus welchem Grund hattet ihr eine so große Haustür?« wunderte sich Andrea. »Mußten die Pferde mit ihren Wagen durch das Tor hindurch? Hatte Großvater selbst auch Pferde?« »Nein, das nicht, aber mein Großvater hatte welche, bis der Lastwagen erfunden wurde und die Pferdewagen ersetzte«, antwortete ich.

Wie sehr unterschied sich doch dieser Besuch von dem ersten! Da Eva und die Kinder um mich waren, sah ich Reinheim und Deutschland in neuer, realistischer Perspektive, und mir wurde bewußt, wie tief die Wurzeln waren, die uns mit Amerika verbanden. Nach diesem Erlebnis sind wir wirklich eine Familie geworden. Meine Augen, meine Gedanken und meine Gefühle öffneten sich nun für meine Kinder. Und mein Vorhaben, künftig eine Rolle in den Beziehungen zwischen Juden und Deutschland zu spielen, wurde mir deutlicher.

Diese Erfahrung war auch entscheidend für Peters wachsendes Interesse an Deutschland und an der deutschen Sprache. Einige Jahre später baute er dieses Interesse beruflich aus.

Nach unserer Rückkunft nahm ich meine Arbeit bei der Ford Foundation auf. Die zahlreichen sozialen Aufgaben verpflichteten mich dazu, viel Zeit in den von Minderheiten besiedelten Stadtteilen zu verbringen. Ich lernte eine Menge durch die engen Kontakte, die sich über Wochen und Monate entwickelten, so daß ich mir nicht mehr vorstellen konnte, die Verhältnisse zwischen Schwarzen und Weißen sowie die sozialen und wirtschaftlichen Ungleichheiten nur durch die Zeitung oder durch Diskussionen im Wohnzimmer zur Kenntnis zu nehmen.

Mir wurde klar, daß die Situation der Juden und die der Schwarzen vieles gemeinsam hatten. Dies sahen meine nichtjüdischen Kollegen anders. »Der Antisemitismus ist tot«, sagte einer der höheren Angestellten bei Ford, und deshalb gab es für sie keinen Grund mehr, sich mit den Problemen der Juden auseinanderzusetzen. »Juden sind in der glücklichen Lage, sich um sich selbst kümmern zu können«, sagte derselbe Philanthrop zu mir und bezog Israel in seine Argumentation mit ein.

1973 bot man mir an, ein Mitglied des Aufsichtsrates der Ford Foundation nach Israel zu begleiten, der an einer international besetzten Konferenz von gemeinnützigen Banken teilnehmen wollte. Dies wurde mein erster Besuch in Israel. Ich hatte meine Reise vorbereitet, um die unmittelbaren Erfahrungen durch Kenntnisse aus Büchern zu ergänzen. Gleich nachdem ich in meinem Hotel in Tel Aviv abgestiegen war, lieh ich mir ein Auto, studierte eine Landkarte, betrachtete das blaue Wasser und machte mich bereit, so viel von dem Land wie nur irgend möglich zu sehen. Dieser erste Tag war der seit vielen Jahren aufregendste: Von Tel Aviv fuhr ich Richtung Süden nach Beer Sheva und kam auf dem Weg in ein seltsames Gebiet, das Gaza-

Streifen genannt wurde. Unterwegs nahm ich zwei holländische Touristen mit, und weiter ging es nach Eilat im Negev, zurück zum Toten Meer und nach Massada. Ich ließ meine Beifahrer am frühen Abend in Jerusalem aussteigen, konnte nur einen kurzen Blick auf die Stadt erhaschen und war um ungefähr 21.30 Uhr zurück in Tel Aviv. Erschöpft, aber nicht müde. All das hatten Juden zuwege gebracht? Und ich hatte nicht einmal die Hälfte, ja kaum ein Drittel von dem allen gesehen! Dies alles gehörte »uns«? Nicht mir, ich hatte ja nichts zum Aufbau beigetragen! Aber die anderen – die Zionisten. Darüber mußte ich nachdenken...

Am nächsten Morgen traf ich auf eine andere Gruppe früh Ankommender: Es war die deutsche Delegation, die für die Konferenz angereist war. Sie zögerten, mit jemandem Kontakt aufzunehmen. Als ich mit ihnen deutsch zu reden begann, brach das Eis. Es wurde eine Tour in den Norden angeboten: Drei Busse sollten fahren; in jedem von ihnen saß ein Begleiter, der eine andere Sprache beherrschte: Englisch, Französisch oder Deutsch – die jeweiligen Sprachen der größten Delegationen. Ich wählte die deutsche Gruppe, weil ich die deutschen Konferenzteilnehmer kennenlernen wollte. Mit ihnen wollte ich Israel erleben. Hier in diesem Bus der »Egged«-Gesellschaft war ich nun erstmals mit meinen beiden Interessenschwerpunkten konfrontiert. Wir redeten viel, die Deutschen tauten allmählich auf. Israel war so aufregend, daß schnell alle scharfen Kanten abgeschliffen wurden. Im Gespräch mit diesen Menschen fühlte ich mich viel wohler als in Gesprächen über Juden und Israel mit meinen Kollegen aus dem American Jewish Committee oder von der Ford Foundation.

In der zweiten Hälfte der 70er Jahre spiegelten sich meine zwei Interessengebiete – Judentum und das Verhältnis zwischen Juden und Deutschland – in Entscheidungen, die zwei unserer Kinder trafen: Peter wollte ein Semester in Deutschland studieren, nachdem er deutsche Außenpolitik zum Schwerpunkt seines Studiums an der Universität von Michigan gemacht hatte. Später verfolgte er sein Ziel weiter in seiner Abschlußarbeit an der »London School of Economics«.

Andrea, die mit ihrer Schwester Judy die Schule und später die Duke Universität in North Carolina besucht hatte, entdeckte dort ihr Judentum. Sie besuchte ein Seminar in »Vergleichender Religionswissenschaft« und traf einen charismatischen jungen Rabbiner-Lehrer, was sie dazu veranlaßte, an die Brandeis Universität hinüberzuwechseln, wo sie einen Studiengang über den Nahen Osten wählte. Schließlich beendete sie ihr Studium in Jüdischem Gemeindewesen und entschied sich, nach Israel auszuwandern. Sie hatte die hebräische Sprache erlernt und plante nun ein Jahr praktische Arbeit in den Vereinigten Staaten, bevor sie sich um eine Stelle in Israel bewarb. Andrea hat eine romantische und idealistische Ader, nicht unähnlich ihrem Großvater väterlicherseits. Ich fragte sie nach den Gründen für ihre Entscheidung und erwartete eine längere Darlegung des Pro und Contra der »Alijah« (d. h. »hinaufsteigen«; für die Zionisten bedeutet die Einwanderung nach Israel eine Aufwärtsbewegung). Statt dessen gab Andrea eine Antwort, die keiner weiteren Debatte bedurfte: »Ich kann mich nicht länger aufspalten.« Mit anderen Worten: Sie nahm, wie schon des öfteren angedeutet, Anstoß an dem ambivalenten Verhältnis der amerikanischen Juden zu Israel.

Teilweise war ihr Bekenntnis zum Zionismus dem Einfluß einer Gruppe israelischer Studenten an der Brandeis Universität zuzuschreiben. Zum anderen Teil hatte dies auch mit Erfahrungen zu tun, die sie in der Sonntagsschule in Englewood mit ihren jüdischen Mitschülern gemacht hatte. Und schließlich hatte sie meine Entwicklung mitbekommen: Ich, der ich mit dem Judentum zunächst nichts zu tun haben wollte, hatte inzwischen einen regelrechten Kampfgeist entwickelt, und dies nach einer Jugend, die von religiösen Ritualen und Studien durchsetzt war. In den letzten Jahren hatte sie zugehört, wenn ich mich über die Frustrationen und trockenen Diskussionen ausließ, die ich während der Sitzungen des American Jewish Committee über mich ergehen lassen mußte. Auch meine Erfahrung bei Ford prägte sie. Sie hatte sich dazu entschlossen, ein »vollkommen jüdisches Leben« zu leben, wie sie sagte, und dies in einem Land, in dem man vieles von dem, was man gewohnt war, entbehren mußte, aber als Jude unter Juden leben konnte. Es war in Israel nicht wie hier, wo man mit seinen verschiedenen, auch divergenten Identitäten leben mußte.

Andrea hat ihre Sache gut gemacht: Sie lebt seit 1983 in Israel, hat selbst Zwillinge, ebenfalls Mädchen (dies nun schon in der dritten Generation). Sie wohnt auf dem Land und hat sich längst von bestimmten Erwartungen, die sie vor ihrer »Alijah« hatte, verabschiedet. Mittlerweile beschwert sie sich genauso wie die gebürtigen Israelis, ist unzufrieden mit dem jüdischen Leben und hat auch schon daran gedacht, mit ihrer Familie nach Amerika zurückzukehren. Doch bei den Plänen ist es dann aber geblieben. Ich glaube, sie wird dort bleiben. Wenn sie jedoch eines Tages aus wirtschaftlichen Gründen »Yordim« (d. h. Menschen, die »absteigen«) werden sollte, so wird eines immer klar sein: Ihre Jüdischkeit ist ihr zur zweiten Natur geworden, und das hätte nirgends anders als in Israel geschehen können.

Das Wissen, das ich mir in Erinnerung an die Verfolgung der Juden in Deutschland auf dem Gebiet rassisch-ethnischer Konflikte in Amerika erworben hatte, brachte mich auf eine neue Idee, für die ich die Ford Foundation gewinnen wollte. Ausgelöst wurde sie durch die wachsende Zahl der Todesopfer auf den vielen Kampfplätzen der Welt – so in Nigeria, auf dem indischen Kontinent, in Malaysia – und die Feindschaft in Ländern, die als »Dritte-Welt-Länder« bezeichnet wurden. Ich machte darauf aufmerksam, daß die Ford Foundation sich nur um wirtschaftliche und bildungsorientierte Notwendigkeiten kümmere und nur ihre technische und entwicklungsbezogene Hilfe für Projekte in den sogenannten Entwicklungsländern beisteuere. Angesichts der ethnischen Konflikte in Afrika und Asien, die an den organisierten Gesellschaften zerrten, war unsere Art von Hilfeleistungen oft nutzlos und verschwendet. Für Europa, wo die Ford Foundation nicht aktiv war, erwähnte ich als Beispiele Nordirland und Jugoslawien. Für die sogenannte dritte Welt zählte ich nur einige von vielen Ländern auf: Nigeria, Ruanda, Burundi und den Sudan. Konflikte, die einzelne Stämme in tödliche Kämpfe verwickelten, gefährdeten die Existenz vieler neuer Staaten. In Asien war der über Jahre andauernde Streit über Kaschmir oder der Bürgerkrieg auf den Philippinen symptomatisch für ein weltweit grassierendes Problem.

Der einzige ethnische Konflikt (ethnisch soll in diesem Kontext alle Gruppenunterschiede, von der Rasse über Sprache bis zu Religion, abdecken) jedoch, an denen die Vereinigten Staaten als Land und Institutionen wie die Ford Foundation Interesse bekundeten, war der zwischen den Weißen und den Nichtweißen: in Südafrika und im Nahen Osten, wo die Juden als Weiße galten, die Araber hingegen und besonders die Palästineser als Nichtweiße. Es schien, daß wir uns nur auf Probleme einlassen wollten, wenn wir uns mit ihnen identifizieren

konnten. Sobald es um Konflikte unter Nichtweißen ging, wurde das Problem sehr viel weniger interessant.
Es dauerte fünf Jahre, bis ich mein Anliegen auf die Tagesordnung von Ford gesetzt sah und bis ich schließlich die Genehmigung zur Gründung eines »Instituts für Ethnische Studien« auf Sri Lanka erhielt. Sein Tätigkeitsfeld war leider viel eingeschränkter, als ich erwartet hatte. Der Grund war, daß »Außenstehende da nicht viel machen konnten«, ohne große Verwicklungen in die Politik des Landes zu riskieren. Warum waren wir Vorkämpfer für Gerechtigkeit in Südafrika und im Nahen Osten, wenn wir es dem Roten Kreuz überließen, die durch die vielen Kämpfe in ganz Afrika und Asien klaffenden Wunden zu behandeln?
Ich schloß daraus, daß meine Erfahrung und meine wiedererwachte jüdische Identität sich nicht mit dem festgefahrenen Denken bei Ford vereinbaren ließ. Wenn ich sage »jüdisch«, so meine ich so etwas, was meine Kollegen eher »militant« nennen würden. Für mich ist es normal und akzeptabel, wenn »Minderheiten« ihre Identität geltend machen. Meine Prioritäten hatten sich verlagert, und meine Kündigung bei Ford fiel mit einer Kündigungswelle zusammen. Der neue Präsident entließ die alten und stellte ganz junge Leute ein.
Noch bevor ich Ford verließ und noch mit dem Aufbau des Instituts in Sri Lanka beschäftigt war (das übrigens noch heute funktioniert und immer produktiver wird), rief mich ein jüdischer Philanthrop an und fragte mich, ob ich bereit wäre, den Zweig einer jüdischen Stiftung aufzubauen, der nicht im großen Maßstab operierte. Ich sagte auf der Stelle zu. Auch wenn die Stiftung an völlig verschiedenartige Institutionen Kredite vergab, stand der Aufbau von Isreal immer mit auf der Tagesordnung des Mitarbeiterstabs. Dies erforderte Wissen über Landwirtschaft und Immigration, das ich bisher nicht besaß. Meine berufliche Erfahrung und mein Interesse an jüdischem Leben und israelischen Belangen verschmolzen nun miteinander.
Einige Jahre später »fügte sich alles zusammen«: 1986 zog ich nach Paris, um das europäische Büro der »Anti-Defamation-League« (ADL) zu leiten. Ich war schon 1980 zur ADL gestoßen, nachdem ich mich beim American Jewish Committee immer unzufriedener gefühlt hatte. Das bezog sich vor allem auf Israel-spezifische Themen, und das Argument »Wir brauchen deinen (militanten) Standpunkt«, das immer dann hervorgeholt wurde, wenn ich wieder einmal entmutigt

war nach unendlichen Diskussionen über immer dieselben Themen, verfing nun nicht mehr. Ich empfand, daß die Distanz zur Mehrheit zu groß geworden war, und begann nach Alternativen zu suchen, die ich in der ADL gefunden habe.
Über die 70er, noch bis Anfang der 80er Jahre, hielt ich während der Zeit bei der Ford Foundation den Kontakt zu Europa, vor allem zu deutschen Institutionen, und verfolgte in Berichten von Zeitungen und Zeitschriften die Entwicklungen in der Alten Welt. Eva und ich hatten oft unsere Ferien in Europa verbracht, meist im Zusammenhang mit meinen Arbeitsaufenthalten für Ford. Mein Interesse daran, als Jude und Amerikaner mit europäischen und im besonderen mit deutschen Organisationen zusammenzuarbeiten, hielt ich immer aufrecht.
Die Möglichkeit, dieses Interesse umzusetzen, bot sich – wie erwähnt – im Jahre 1986, als die Stelle des europäischen Direktors der ADL in Paris frei wurden. Damals war ich 65 Jahre alt, nicht gerade das Alter, in dem man eine neue Karriere begann und sich einen schwierigen Umzug wünschte. Aber doch eben ein Alter, in dem ich mich vom Ruhestand noch weit entfernt fühlte.
Vieles sprach gegen den Umzug: Eva hatte ihr Leben als Pianistin und eine Schwester in New York, und zwei unserer inzwischen verheirateten Kinder lebten in oder in der Nähe von New York. Ein einjähriges Enkelkind wuchs in Brooklyn auf, und andere würden bald folgen. Andererseits waren Andreas Zwillinge in Israel unterwegs, und in Europa würden wir ihnen immerhin fünfeinhalb Flugstunden näher sein. Jeder, auch ich, machte dieses Argument für den Umzug geltend; Eva erwiderte: »Ja, in New York haben wir zwei. In Paris werde ich niemanden in meiner Nähe haben!«
Der Familienrat trat zusammen und fällte ein einstimmiges Urteil: Das Pariser Angebot war zu verlockend, um abgelehnt zu werden. Gut, nicht weil es Paris war mit seiner romantischen Atmosphäre, sondern weil es für mich genau das Richtige war. Es hätte nichts ausgemacht, wenn das Büro in London oder irgendwo anders in Westeuropa gewesen wäre. Was schließlich zählte: Nach einem lebenslangen Suchen, nach Zufällen und nur teilweiser Befriedigung waren endlich die drei entscheidenden Aspekte meiner Entwicklung gefragt – Judentum, europäische und insbesondere deutsche Traditionen und amerikanische Kultur.

Mitte des Jahres 1986 zogen wir um. Ich begann zu arbeiten. London, Brüssel, Rom, Madrid und Frankfurt lagen auf meiner »Route«. Israel, jüdische Bestrebungen und die Arbeit mit jüdischen Gemeindeorganisationen standen auf meiner Tagesordnung. Wir blieben zwei Jahre. Ich schloß neue Freundschaften – Freundschaften in dem Sinne, wie ich sie verstand: mit dem von mir benötigten Maß an Distanz. Ich stellte fest, daß diese Distanz, der Widerwille, sich tiefer einzulassen, in Europa, vor allem in Frankreich, viel bereitwilliger akzeptiert wurde als in Amerika. Für mich war das ideal. Schmerzhafter war es allerdings für meine gesellige Frau. Sie sprach immer noch mit Prager Akzent, war jedoch eine wirkliche Amerikanerin geworden. Ich hatte meinen Akzent fast vollkommen verloren, die meisten sagen sogar ganz und gar, war aber ebenso froh wie meine europäischen Mitreisenden, wenn ich es im Zug oder Flugzeug bei einem »Bonjour« oder »Au revoir« bewenden lassen konnte.

Einige meiner engsten Freunde, mit denen ich regelmäßigen Kontakt pflege, lebten in Deutschland. Ohne Zweifel verhilft die Sprache dazu, Menschen einander näherzubringen. Immer und immer wieder stelle ich fest, daß Sprache soviel mehr ist als bloßes Kommunikationsmittel: Sie gibt nicht nur Einblick in die Gedankenwelt, auch in die Psyche, fördert die Aufrichtigkeit und suggeriert »Zusammengehörigkeit«, auch inmitten von Meinungsverschiedenheiten. Menschen, die davon ausgehen, einen Amerikaner oder anderen Ausländer vor sich zu haben und in ihrem eigenen Dialekt von ihm gegrüßt werden, reagieren mit diesem Ausdruck: »Oh, Sie sind einer von uns.« Das hat nichts mit der Staatsbürgerschaft oder der tatsächlichen »Zugehörigkeit« des Besuchers zu tun. Es ist ein spontanes Gemeinschaftsgefühl, das »wir verstehen einander« besagen will.

Ich beschäftige mich mit jüdischen und anderen Problemen von Minoritäten, dies als Amerikaner mit Europäern, insbesondere mit Deutschen. In Deutschland fand ich aus verständlichen historischen Gründen die klarsten und hilfreichsten Reaktionen. Ich hatte den Eindruck, daß meine Arbeit gut und richtig und ich für sie geeignet war.

Was sich jetzt herauskristallisierte, hatte sich einige Jahre vorher in Colombo, Sri Lanka, schon angedeutet. Eine der Aufgaben bei der Entwicklungsarbeit zugunsten des Instituts für Ethnische Studien war das Werben von englischen und deutschen Stiftungen, die als zusätzliche Geldgeber in Frage kamen. Hierbei hatte ich den deutschen Botschafter in Colombo kennengelernt und mit ihm zusammengearbeitet. Während eines Besuches wurde eine Gruppe von uns zum Abendessen in die Botschaft eingeladen. Es war ein größeres Dinner, bei dem auch einige deutsche Wissenschaftler und Mitglieder des diplomatischen Dienstes zugegen waren. Der Botschafter hob sein Glas und sprach über das geplante Institut. Nun wurde eine Reaktion von unserer Seite erwartet. Der dafür in Frage kommende Kandidat war der Vorsitzende des Instituts, der mir gegenübersaß. Ich machte ihm Zeichen, damit er reagiere. Er schüttelte aber seinen Kopf und bedeutete mir, daß dies meine Aufgabe sei. Er blieb sitzen, und ich wußte, er würde sich nicht rühren. So stand ich auf, mit dem Glas in der Hand, und erlebte einige der spannendsten Minuten meines Berufslebens. Was in aller Welt sollte ich als amerikanischer Jude in einer deutschen Botschaft im fernen Südasien zum Thema ethnische Konflikte sagen? Ich hatte keine Zeit nachzudenken und mußte das sagen, was mir in den Kopf kam:

»Der ethnische Konflikt in seiner schlimmsten Erscheinung, in der tödlichen Verfolgung, prägte den Anfang meines Lebens. Der Entschluß, sich mit ethnischen Konflikten zu befassen, war das Ergebnis meines Lebens. Deutschland war damals die Quelle allen Übels. Deutschland versucht heute zu helfen. Eine amerikanische Stiftung hat diese Initiative ins Leben gerufen, auf Anregung eines Juden, der selber einmal in Bedrängnis war.« Ich erhob mein Glas auf unsere gemeinsamen Bemühungen und stieß darauf an, daß sich »der Kreis nun schließe«.

Es gab keinen Applaus. Stille. Aber der Ausdruck auf den Gesichtern der Umgebenden sprach für sich. Die vielen Fäden hatten sich zu einem vereint.

Die Zeit des Nationalsozialismus

Eine Buchreihe

Herausgegeben von Walter H. Pehle

H. Graml (Hg.)
Widerstand im Dritten Reich
Probleme, Ereignisse, Gestalten
Band 12236

Günter Grau (Hg.)
Homosexualität in der NS-Zeit
Band 11254

Norbert Haase/ Gerhard Paul (Hg.)
Die anderen Soldaten
Wehrkraftzersetzung, Gehorsamsverweigerung und Fahnenflucht im Zweiten Weltkrieg
Band 12769

Sebastian Haffner
Anmerkungen zu Hitler
Band 3489

Jost Hermand
Als Pimpf in Polen
Erweiterte Kinderlandverschickung 1940-1945
Band 11321

Raul Hilberg
Die Vernichtung der europäischen Juden
Drei Bände in Kass.
Band 4417

Wieslaw Kielar
Anus Mundi
Fünf Jahre Auschwitz
Band 3469

Ernst Klee
Persilscheine und falsche Pässe
Wie die Kirchen den Nazis halfen
Band 10956

Ernst Klee
Was sie taten – Was sie wurden
Ärzte, Juristen und andere Beteiligte am Kranken- oder Judenmord
Band 4364
»Euthanasie« im NS-Staat
Band 4326
Dokumente zur »Euthanasie« im NS-Staat
Band 4327

A. Königseder/ Juliane Wetzel
Lebensmut im Wartesaal
Die jüdischen Displaced Persons im Nachkriegsdeutschland
Band 10761

Fischer Taschenbuch Verlag

fi 1710 / 9 c

Die Zeit des Nationalsozialismus

Eine Buchreihe

Herausgegeben von Walter H. Pehle

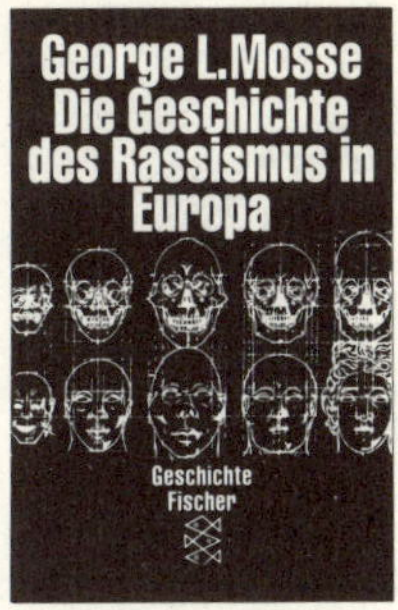

(Hg.) Eugen Kogon/
Hermann Langbein/
A. Rückerl u. a.
Nationalsozialistische Massentötungen durch Giftgas
Dokumentation
Band 4353

Paul Kohl
Der Krieg der deutschen Wehrmacht und der Polizei 1941-1944
Sowjetische Überlebende berichten
Band 12306

Helmut Krausnick
Hitlers Einsatzgruppen
Die Truppe des Weltanschauungskrieges 1938-1942
Band 4344

Hermann Langbein
...nicht wie die Schafe zur Schlachtbank
Band 3486

Georg Lilienthal
Der »Lebensborn e. V.«
Ein Instrument nationalsozialistischer Rassenpolitik
Band 11061

Marianne Loring
Flucht aus Frankreich 1940
Die Vertreibung deutscher Sozialdemokraten aus dem Exil
Wolfg. Benz (Hg.)
Band 12822

A. Mitscherlich/
Fred Mielke (Hg.)
Medizin ohne Menschlichkeit
Dokumente der Nürnberger Ärzteprozesse
Band 2003

George L. Mosse
Die Geschichte des Rassismus in Europa
Band 10237

Rolf-Dieter Müller/
Gerd R. Ueberschär
Kriegsende 1945
Die Zerstörung des deutschen Nationalstaates
Band 10837

Fischer Taschenbuch Verlag

fi 1710 / 9 d

Die Zeit des Nationalsozialismus

Eine Buchreihe

Herausgegeben von Walter H. Pehle

Das Tagebuch der Hertha Nathorff
Berlin - New York
Aufzeichnungen
1933 bis 1945
Wolfg. Benz (Hg.)
Band 4392

Walther Hofer (Hg.)
Der National-sozialismus
Dokumente
1933-1945
Band 6084

Franz Neumann
Behemoth
Struktur und Praxis des Nationalsozialismus 1933-1944
Band 4306

Benjamin Ortmeyer
Schulzeit unterm Hitlerbild
Band 12967

Walter H. Pehle(Hg.)
Der historische Ort des National-sozialismus
Band 4445

Der Juden-pogrom 1938
Von der »Reichs-kristallnacht« zum Völkermord
Band 4386

Peter Reichel
Der schöne Schein des Dritten Reiches
Faszination und Gewalt des Faschismus
Band 11356

Luise Rinser
Gefängnistagebuch
Band 1327

Hans Safrian
Eichmann und seine Gehilfen
Band 12076

Ernst Schnabel
Anne Frank
Spur eines Kindes
Band 5089

G. Schoenberner
Der gelbe Stern
Die Judenverfol-gung in Europa
1933-1945
Band 10601

Rolf Schörken
Jugend 1945
Politisches Denken und Lebensgeschichte
Band 11814

Fischer Taschenbuch Verlag

fi 1710 / 8 e

Deutsche Geschichte im 20. Jahrhundert

Wolfg. Benz (Hg.)
Die Geschichte der Bundesrepublik Deutschland
Vier Bände in Kass.
Band 4424
Die Bände sind auch einzeln erhältlich:
Band 1: Politik
Band 4420
(z. Z. vergriffen)
Band 2: Wirtschaft
Band 4421
(z. Z. vergriffen)
Band 3: Gesellschaft
Band 4422
Band 4: Kultur
Band 4423

Hermann Glaser
1945
Ein Lesebuch
Band 12527

Herausgegeben von H.-M. Lohmann
Extremismus der Mitte
Vom rechten Verständnis deutscher Nation
Band 12534

Golo Mann
Deutsche Geschichte des 19. und 20. Jahrhunderts
Band 11330
Zeiten und Figuren
Schriften aus vier Jahrzehnten
Band 3428

Herausgegeben von W. Michalka/ Gottfried Niedhart
Deutsche Geschichte 1918-1933
Dokumente zur Innen- und Außenpolitik
Band 11250

Rolf Steininger
Deutschland seit 1945
in vier Bänden
Band 1: 1945-1947
Bd. 12841
Band 2: 1948-1955
Bd. 12842
Band 3: 1956-1974
Bd. 12843
(in Vorbereitung)
Band 4: 1975-1995
Bd. 12844
(in Vorbereitung)

Fischer Taschenbuch Verlag

fi 1707 / 7

Raul Hilberg

Unerbetene Erinnerung

Der Weg eines Holocaust-Forschers

Aus dem Amerikanischen von Hans Günter Holl
192 Seiten. Gebunden

Als Raul Hilberg 1948 mit seinen Forschungen über die Vernichtung der europäischen Juden begann, traf er überall auf Skepsis, Ablehnung und Desinteresse. Die amerikanische Öffentlichkeit war mit dem Kalten Krieg beschäftigt und wollte weder vom Leiden und Sterben der Millionen Juden noch von der Schuld der – mittlerweile verbündeten – Deutschen allzuviel wissen. Der Holocaust war nicht nur tabuisiert, sondern es gab auch keine Sprache, die dem ungeheuerlichen Sachverhalt gerecht wurde. Hilbergs Versuche, seine Forschungsergebnisse in Worte zu kleiden, gerieten so zu einer »Revolte gegen das Schweigen« (Hilberg). Von Anfang an konzentrierte er sich auf das Schicksal der jüdischen Opfer. Er beschrieb bewußt deutsche Geschichte: Die Judenvernichtung war eine deutsche Tat und nicht ein Ergebnis jüdischen Handelns oder Unterlassens. In den USA lösten Hilbergs Publikationen heftige Kontroversen aus. In Deutschland wurde er zunächst ignoriert; in der Fachöffentlichkeit wurde sein bedeutendes Werk später zwar rezipiert, ein breiteres Publikum nimmt es jedoch erst seit den 80er Jahren wahr – verstärkt nach der Publikation seines Hauptwerkes *Die Vernichtung der europäischen Juden* (1989). Hilbergs Autobiographie enthält nicht nur Kommentare über einen Zweig der Geschichtsschreibung, den er selbst »erfunden« und geprägt hat, sondern auch Rückblicke auf die politische Dimension des Verdrängens und der Erinnerung, die lange unerbeten war.

S. Fischer

fi 1514 / 5

Wolfgang Benz, Hans Buchheim,
Hans Mommsen (Hg.)

Der Nationalsozialismus

Studien zur Ideologie und Herrschaft

Band 11984

Aus dem Vorwort: »Dieser Band ist, verfaßt von seinen Freunden, einem Historiker gewidmet, der wie wenige andere sich der Erforschung des Nationalsozialismus, seiner Ursachen, seiner Erscheinungsformen in Ideologie und Herrschaft und seiner Folgen zur Lebensaufgabe gemacht hat. Hermann Graml, der am 10. November 1993 fünfundsechzig Jahre alt wurde, hat damit fern dem äußeren Glanz der großen Karriere einen bedeutenden Platz in der deutschen Geschichtswissenschaft errungen...«. Die in diesem Band versammelten Studien sind allesamt Themen gewidmet, die im engeren Sinne zum Arbeitsfeld des Zeithistorikers Graml gehören. Wesentliche Aspekte von Ideologie und Herrschaft des Nationalsozialismus werden untersucht und dargestellt, dazu gehören die programmatischen Voraussetzungen, die Affinitäten zwischen Duce und Führer, die Probleme von Recht und Macht im Hitler-Staat, die ökonomischen, mentalen und außenpolitischen Bedingungen der Expansion des NS-Regimes, Judenfeindschaft und Holocaust, die Auseinandersetzung schließlich mit der Schuld nach dem Untergang des Nationalsozialismus.

Im Mai 1993, Wolfgang Benz

Fischer Taschenbuch Verlag

fi 1546 / 3

